吉林大学本科"十四五"规划教材

文渊 管理学系列

# 数字创业

## Digital Entrepreneurship

李雪灵　王冲　蔡莉　主编

机械工业出版社
CHINA MACHINE PRESS

数字创业作为新经济形态增长的核心引擎，正在从根本上改变着全球价值生态、国家发展动能和组织创新模式。本书通过大量生动鲜活的例子紧扣数字创业发展的内在逻辑，内容涉及数字创业资源、数字商业模式创新、企业数字化转型、数字平台、数字创业的国际化等，力求为读者呈现出数字创业发展的基本脉络、要素和模式，帮助读者快速掌握数字创业相关的专业基础知识，启发读者的数字素养，提升读者的数字创业能力，培养能够引领数字时代潮流的数字创新创业人才。

　　本书适合高等院校经济类、管理类等专业本科生作为教材使用，也可供 MBA、EMBA 学员以及其他对数字创业感兴趣的人士阅读参考。

## 图书在版编目（CIP）数据

数字创业 / 李雪灵，王冲，蔡莉主编. —北京：机械工业出版社，2024.7
（文渊·管理学系列）
ISBN 978-7-111-75837-2

Ⅰ. ①数…　Ⅱ. ①李…　②王…　③蔡…　Ⅲ. ①创业–高等学校–教材
Ⅳ. ①F241.4

中国国家版本馆 CIP 数据核字（2024）第 098395 号

机械工业出版社（北京市百万庄大街 22 号　邮政编码 100037）
策划编辑：吴亚军　　　　　　　责任编辑：吴亚军　董一波
责任校对：龚思文　李小宝　　　责任印制：任维东
河北鹏盛贤印刷有限公司印刷
2024 年 7 月第 1 版第 1 次印刷
185mm × 260mm · 12 印张 · 2 插页 · 259 千字
标准书号：ISBN 978-7-111-75837-2
定价：59.00 元

电话服务　　　　　　　　　　网络服务
客服电话：010-88361066　　　机 工 官 网：www.cmpbook.com
　　　　　010-88379833　　　机 工 官 博：weibo.com/cmp1952
　　　　　010-68326294　　　金 书 网：www.golden-book.com
**封底无防伪标均为盗版**　　　机工教育服务网：www.cmpedu.com

文渊 管理学系列

"师道文宗
笔墨渊海"

文渊阁 位于故宫东华门内文华殿后，是故宫中贮藏图书的地方
中国古代最大的文化工程《四库全书》曾经藏在这里，阁内悬有
乾隆御书"汇流澄鉴"四字匾。

# 文渊
## 管理学系列

## 作者简介

**李雪灵** 吉林大学商学与管理学院副院长，教授、博士生导师，吉林大学创新创业研究院副院长。入选"教育部新世纪优秀人才支持计划""教育部全国万名优秀创新创业导师""吉林省有突出贡献的中青年专业技术人才"等。主要研究方向为数字创新创业、中小企业管理，为国家社会科学基金重大项目首席专家，以第一作者身份在《管理世界》《南开管理评论》、JGIM、MD、SRBS等国内外高水平期刊发表多篇学术论文。主要讲授创业管理、数字创业、投资经济管理等课程。

**蔡莉** 吉林大学商学与管理学院教授、博士生导师，吉林大学创新创业研究院院长，国家杰出青年科学基金获得者，首批新世纪百千万人才工程国家级人选。教育部高等学校工商管理类学科专业教学指导委员会副主任委员，中国科学学与科技政策研究会副理事长。主要研究方向为创业与创新管理，在《管理世界》《南开管理评论》《中国工业经济》、ETP、JBR等国内外学术期刊发表论文百余篇，出版专著、译著多部。主持国家自然科学基金重大项目、重点国际（地区）合作研究项目、重点项目、面上项目及国家社会科学基金项目等。主要讲授技术创新学、工商管理学科前沿研究等课程。

**王冲** 东北电力大学经济管理学院副院长，副教授、硕士生导师，工商管理博士，南加利福尼亚大学访问学者。主要研究方向为创新创业管理和电力经济研究。主持和参与以国家自然科学基金为代表的国家级项目10项，主持横向项目10余项，发表CSSCI、SSCI、SCI、EI论文20余篇，出版专著一部。主要讲授创业学、管理学原理等课程。

在世界百年未有之大变局的当下，以数字技术为代表的新一轮技术和产业革命全面爆发，颠覆了原有的经济秩序，形成了新的数字经济形态。数字创业作为新经济形态增长的核心引擎，正在从根本上改变着全球价值生态、国家发展动能和组织创新模式。许多"唯变所适"的数字创业企业，突破了传统的物质和时空限制，谱写了新的创业故事，创造了新的创业奇迹。从国家顶层战略到产业跨界融合，再到企业创新实践，数字创业都是既反映经济脉动又具有深刻理论前沿的时代命题。为了回应数字创业这一时代命题，高校迫切需要立足数字经济人才需求，全面推进具有数字思维与素养、掌握数字创业知识与技能的人才培养模式，践行国家加快建设教育强国、创建创新型国家和人才强国的战略举措。本着"立足专业、归于综合、探索实践、融于时代"的创业教育理念，本书旨在培养能够引领数智时代潮流的数字创新创业人才。

面对数智时代的新兴创业实践，数字创业是一个亟待挖掘的"深矿"。我们比以往任何时候都更加迫切地需要在理论与实践的交互中有效地推动创业知识体系的迭代与发展。回顾整个创业研究的发展历程，随着经济发展从工业经济、信息经济走向数字经济，创业领域的研究主线也经历了从基于"人格特质"的创业特质论，到基于"情境－行为－结果"的创业过程学派，再到基于"情境－认知－思维"的创业认知学派的变迁。在信息空间、物理空间和人类社会三元并举的时代格局下，新兴数字技术的快速发展加大了创业情境的不确定性，这要求创业活动具有更强的情境敏感性，创业教育需要在回应新情境和新问题中谋求新的突破转型。因此，数字创业如何以数字技术为驱动力，创新性地开发机会来创建新企业或改造现有企业，以此来创造价值；数字时代如何塑造新的创新创业理论体系，探索新的数字创业管理模式，是本书要回答的重点内容。

本书既对已有创业知识体系进行了凝练与拓展，也对数字创业新时代、新要素、新模式的相关知识体系进行了探索与发展，兼具学术价值和现实意义。本书以解决数字创业过程中的关键问题为主线，注重理论知识的系统性、完备性；扎根中国企业实践，强调案例采编的典型性、实用性；从学科导向转向需求导向，从适应服务转向支撑引领，为数字创业者提供可落地应用的实践指南。

本书共分为3篇8章内容。在"数字创业背景"篇中，本书介绍了全球数字经济发展概况，提炼了数字技术发展历程，系统阐释了数字技术与数字创业含义、特征及类型（第1章）。在"数字创业要素"篇中，基于蒂蒙斯的创业三要素模型，本书将数字创业者与创业团队（第2章）、数字创业机会（第3章）、数字创业资源（第4章）作为数字创业活动的核心要素。在明晰数字创业要素各自内涵、特征的基础上，本书提供了数字创业团队治理、数字创业机会的识别与评估、数字资源的获取与应用思路。在"数字创业模式"篇中，本书讨论了数字商业模式创新（第5章）、企业数字化转型（第6章）、数字平台（第7章）、数字创业的国际化（第8章）等重要的创业模式及形态。在归纳数字创业模式内涵、类型和特征的基础上，本书解析了不同模式的独特性，讨论了它们在数字创业过程中存在的价值。为了便于阅读学习，每章开篇设计了名人名言、核心问题、学习目的，每章结尾设置了本章小结、重要概念、复习思考题和实践练习等，力求巩固和拓展读者的学习成果。本书为读者呈现出数字创业知识体系的基本脉络、要素和模式，旨在帮助读者快速了解与数字创业相关的专业基础知识，培育数字意识与素养，提升数字创业能力。

本书由国家社会科学基金重大项目（22&ZD101）和国家自然科学基金重大项目（72091310-72091315）共同支持，由吉林大学李雪灵教授、吉林大学蔡莉教授、东北电力大学王冲副教授负责提出全书总体构想、明确写作框架并完成核心章节的撰写修订工作；吉林大学朱秀梅教授、郭润萍教授、于洋副教授、张玲副教授对本书的部分章节进行了校核与修订工作；吉林大学博士研究生樊镁汐、刘京、刘晶、刘源、王逊、张笑妍同学共同参与了本书部分章节的资料收集、案例整理工作；吉林大学硕士研究生王馨凝、隗誉铭同学参与了文字校对工作。在此，向上述参与本书相关工作的老师和同学表示深切的感谢。

在编写过程中，许多专家学者的优秀研究成果和创业领袖的先锋实践经验，为本书提供了扎实的知识养料；另外，机械工业出版社相关工作人员对本书的修订提出了许多宝贵意见，在此一并致谢。由于数字创业是一个新兴的研究领域，书中部分内容还存在不足之处，恳请大家批评指正。

编者

CONTENTS **目 录**

# 第 1 篇

# 数字创业背景

# 第1章 数字创业导论

## ■ 名人名言

数字时代的不确定性是一把双刃剑。它既是非常可怕的挑战，也会带来美好的机遇。

——海尔集团创始人 张瑞敏

## ■ 核心问题

我们面临怎样的数字经济时代？

数字技术具有哪些特征？

数字创业活动有哪些类型？

## ■ 学习目的

理解数字经济时代

认识数字技术的特征

了解数字创业活动现状

## ■ 引例

### 柯达与富士：成也"数字化"，败也"数字化"

"你只要按下按钮，其余的都交给我们！"

柯达创始人乔治·伊士曼在一个世纪前创造的广告语，以简洁的语言表明了柯达的企业精神和产品导向。在短短几年内，柯达迅速占领美国乃至全球的胶卷市场。鼎盛时期，柯达胶卷占全球市场份额高达六成以上。然而，伴随着数字化浪潮席卷全球，"按下按钮"的人越来越多，"交给柯达"的市场却越来越少。

**数字化浪潮冲击下，柯达悲情破产**

1976年，柯达公司应用电子研究中心试验成功了世界上第一台数码相机原型机。柯达高层意识到原有的以化学为基础的摄影行业可能会受到冲击，影像数字化可能给该行业带来颠覆性的改变。面临挑战，柯达考虑到该项成果可能对自身的胶卷和相纸行业产生冲击，从而选择不急于将该项试验成果转化为新产品。同时，柯达将数码技术的研发分散到不同部门，并独立他们的工作内容，试图干预数字技术的研发进展。然而，数字时代已然到来，佳能和尼康均基于擅长的光学镜头生产经验开始推出数码单反相机；富士胶卷则启动数字化转型，利用自己擅长的化学技术转向医疗影像、光膜与美容护肤行业。各大摄影相关的企业都开始追寻自己的数字化转型之路。

2003 年，柯达宣布全面数字化转型，试图将胶卷业务的利润投入数字产品中，并且放弃胶卷业务，但该计划遭到了股东们的抵制。同时，柯达在前数码时代的固定资产（仅在中国就拥有 8 000 多家的快速冲印店），也成为其数字化转型的包袱。数字时代日新月异，技术创新层出不穷，这些变化都让柯达措手不及。柯达在相机生产技术上并无积累，也无法长期投入大规模资金进行新功能研发，柯达数字产品发展之路充满坎坷。转型开始后，柯达连年亏损，仅 2007 年有所盈利，到 2012 年申请破产保护时，柯达的市值已从 1997 年的 310 亿美元锐减至 1.5 亿美元以下。事已至此，昔日的行业巨头在数字化浪潮的冲击下，悲情落幕。

### 数字化浪潮助力下，富士华丽转身

20 世纪 80 年代，富士同样意识到数码影像业务可能对胶卷业务产生毁灭性影响。与柯达不同的是，富士及时将资金从胶卷业务中抽出，转投数码影像的研发，积极开展数字化新业务。到 2000 年，富士胶卷正式启动转型，在柯达将自己的发展核心放在"影像"时，富士已经将自己的定位放在了"精密化学"上，试图利用自身的产业技术优势来实现转型。

到 21 世纪数码时代来临时，富士已经成功度过市场摸索阶段，开启了多元化发展，将其早期的传统事业部（包括胶卷、相机、印刷、文件处理等）转为医疗生命科学、光学元器件、高性能材料等新事业部，并将胶卷业务的占比降为 2%。富士最初的转型从医疗领域入手，利用原有技术来提升企业自身实力。富士将原冲印照片中的先进技术（即在保持胶片颜色鲜亮和稳定的状态下，进一步适当地将显影所需的成分送到指定位置）运用到药物制造中，解决传统药物无法精准到达疾病所在病灶位置的问题。2006 年，富士收购了两家法国的医疗设备公司，以扩大其医疗诊断设备生产线，而后富士陆续完成了十余次的收购和兼并，在医药、医疗领域大有作为。富士还利用自身在化学领域的优势，推出了自己的护肤品牌艾诗缇（ASTALIFT），到 2010 年，艾诗缇的销售额高达 200 亿日元。同时，富士进军光学元器件领域，陆续为该项新事业投入了 40 亿美元的研发经费，以生产数字时代产品——扩大液晶显示屏视角的薄膜，该产品一经投入市场便供不应求，最终富士占据了该领域 100% 的市场份额。

资料来源：张志前，等 . 柯达兴衰启示录 [M]. 北京：社会科学文献出版社，2012.

在应对数字技术挑战时，柯达采取了保守战略，将其数字技术创新保护起来，延期公开研发成果，希望以此延长胶卷产品的生命周期，继续赚取垄断利润。然而，它忽略了其他企业的数字化创新进程并不会因为其保守战略而有所延缓。反观富士，早在数字时代到来前就做好了准备，利用自身技术优势，在不同领域开展多元化业务，成功进行了数字时代的"二次创业"。柯达在转型之路上被自身的保守战略选择拖累，最终被市场淘汰；富士则秉持进化战略，时刻保持着对市场需求和技术前沿的敏锐洞察，并于近年在全球各地设立开放创新中心，掌握各个区域的市场和技术前沿状态。企业需要紧随时代变化，不断调整企业战略，适应市场需求。富士华丽转身成为"数字创业"成功的教材，而柯达则被挑战击败，走向破产保护。

历史上每一次技术进步与变革，在改变和颠覆原有商业逻辑的同时，也产生和创造了大量新的商业机会，催生了新一轮创业浪潮的涌现。数字技术变革也不例外。在创业管理越来越多的成为国内外管理及相关专业必修课程的同时，如何观察和认识数字技术变革催生的创业活动实践，总结和提炼这类特殊经济活动的经验与规律，进而有效指导和践行数字创业是创作本书的目的和意义所在。

# 1.1 数字经济时代

## 1.1.1 全球数字经济规模持续增长

近年来，数字经济呈现出极快的增长速度和发展态势，不仅在科技实力雄厚的发达国家表现强劲，也为发展中国家带来了赶超发达国家的机会，世界经济在数字时代发生了巨大变化。

### 1. 数字经济发展概况

据中国信息通信研究院（以下简称"中国信通院"）发布的《全球数字经济白皮书（2022年）》显示，2021年，全球47个国家数字经济规模已达38.1万亿美元，占GDP比重接近50%。2021年，在数字经济规模较大的国家中（见图1-1），美国以15.3万亿美元的规模位居世界第一，与其他国家拉开了较大差距。中国以7.1万亿美元的规模位居第二，是前五名中唯一一个发展中国家。德国、英国以及美国数字经济占本国GDP的比重均已超过65%，数字经济已然成为这些国家经济发展的主导范式。

我国数字经济发展呈现阶段化特点。21世纪之初，我国数字经济发展速度较为缓慢，2005年我国数字经济的发展规模为2.6万亿元，占GDP比重只有14.2%；2005年之后，数字经济开始进入快速发展阶段（见图1-2），年平均增长速度达 17.7%。2021 年开始,数字经济发展取得新突破,规模达到 45.5 万亿元,与 2020 年相比增长 16.07%,占 GDP 比重达到 39.8%。数字经济在我国国民经济中的地位更加稳固、支撑作用更为明显。党的二十大报告中也提出,要"加快发展数字经济,促进数字经济和实体经济深度融合"。

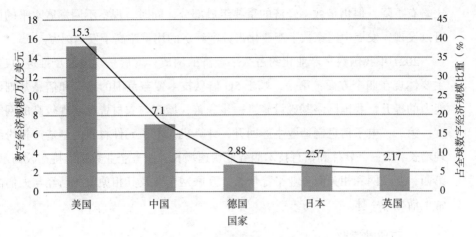

图 1-1  2021 年全球数字经济规模前五名国家

资料来源:作者根据中国信通院《全球数字经济白皮书(2022 年)》整理绘制。

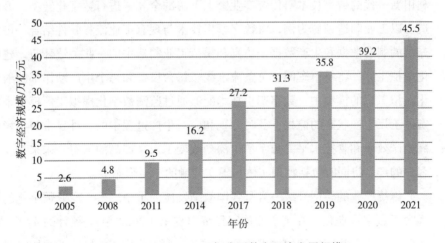

图 1-2  2005—2021 年我国数字经济发展规模

资料来源:作者根据中国信通院《中国数字经济发展报告(2022 年)》整理绘制。

### 2. 数字产业化

快速发展的数字产业化是数字经济的重要组成部分。数字产业化指应用数字技术来开拓市场,并最终形成产业的过程。整体来看,数字产业化为数字经济的发展提供了最基础的技术、产品、服务等方面的支持,例如云计算、人工智能等新兴行业都是将先进数字技术进行产业化的结果。数字产业化的形成主要有两种形式:一种是将数字技术与原有的产品或服务相结合,生成一种新型的数字化产品或服务，如可穿戴智能设备制造、工业机器人制造等；另一种是完全基于数字技术产生的新业态，如各类软件开发、互联网服务、数字内容与媒体等。

据统计，2021年全球数字产业化占数字经济的比重为15%，虽然与往年相比略有下降，但仍是数字经济的重要组成部分。同时，观察不同发展水平的国家可以发现，发展中国家数字产业化占数字经济的比重略高于发达国家。

2021年我国数字产业化约占数字经济的两成，发展呈现出稳步推进的趋势。主要体现在四个方面：第一，基于5G信息技术覆盖范围的推广和信息基础设施能力的提升，我国网络基础设施进一步完善，城市与农村皆已实现较高的网络速度；第二，电子信息制造业生产回升，计算机与电子元件材料的制造产量纷纷实现增长；第三，软件和信息技术服务业快速增长，服务企业数量维持在较高水平；第四，互联网和相关服务业平稳增长，互联网企业及其相关服务已经与人们的日常生活融为一体。

### 3. 产业数字化

产业数字化是指应用数字技术对传统产业进行变革与升级，更准确地说，是利用新一代的数字技术对传统产业链上下游的全要素进行数字化转型、升级和再造。以工业制造领域为例，将数字孪生技术与现有工业流程软件结合，可以获得充足的制造数据和生产数据，仿真和模拟工业制造中的一些关键环节，建立数字化虚拟工厂，将每个车间、每条流水线、每台设备和每个生产动作都映射到数字化虚拟工厂的模型中。数字孪生技术能够通过监测数字化虚拟工厂模型来实现对实体工厂生产状态的监控，及时发现和应对生产过程中的各种异常与不稳定，提高生产效率和管控水平。数字孪生深刻改变了未来产品的形态，未来企业交付给客户的产品将同时包括物理实体与虚实共融的孪生形态。

传统产业的转型升级一直是各国鼓励发展的重中之重，产业数字化的规模也远大于数字产业化。在《全球数字经济白皮书（2022年）》统计的47个国家中，产业数字化占数字经济的比重达到了85%。德国作为传统制造业强国，对数字经济与实体经济的融合较为重视，该项比重已经超过九成。放眼整个欧洲，传统产业数字化升级已经成为促进数字经济发展的关键动力。

我国同样重视对传统产业的数字化改造升级，2021年我国产业数字化规模已达37.2万亿元，占数字经济的82%，该比例还在逐年提升，成为驱动我国数字经济发展的主要引擎。随着我国信息基础设施的增强，传统工业逐渐进入"万物互联"的时代。同时，新冠疫情的暴发也让人们逐渐意识到，对传统产业进行数字化升级已势在必行。数字化不仅仅是提升效率、降低成本的工具，更是其应对不确定环境应做出的必要准备。

## |重要概念|　数字孪生

数字孪生，又称"数字双胞胎"，是将现实世界物理系统映射到数字化的虚拟世界，这种映射贯穿整个物理系统的全生命周期且随其动态演化。现实世界物理系统包括制造生产系统、城市交通系统等复杂系统，在映射的过程中，会将其结构、状态、行为、功能和性能等全部映射到数字化的虚拟世界中。本质上来说，数字孪生的建立是为了方便对现实物理系统的分析和预测。具体来说，数字孪生的建立需要分为三个主要部分：第一，物理系统需要嵌入传感器，便于数字化建模和实时状态信息传感；第二，构建传感数据与数字化模型的连接映射，让数字化模型尽可能真实地、实时地反映现实物理系统的状态；第三，利用人工智能算法对当前的系统状态进行分析，并对未来系统状态进行预测。这一切听起来非常完美，完美的全息数字化对很多行业来说都能够极大地提升其生产力。然而，在现实生产过程中，数字孪生技术还没有发展完善到可以全息复制物理系统的程度，通常情况是只能对物理系统关键信息部分进行局部复制。

以航空业数字孪生技术的应用为例，采取数字孪生技术，通过传感器的嵌入将每一个实体工业产品变成数字化虚拟模型，进而对产品状态和设备健康稳定性进行监测。当航空飞行器在天上飞行时，地面人员可以通过数字孪生系统实时采集传感器的数据，精确模拟飞行器的运行状态，预测飞行器的未来性能，甚至可以提前 15 ～ 30 天发现一些潜在故障。2019年，澳大利亚航空管理局启动了数字孪生技术开发项目，旨在利用数字孪生技术提升空中交通网络的管理能力，改善航线、减少航班延误、优化起飞时间等。他们首先使用空中交通历史数据来开发公司的空中交通网络数字孪生体；其次利用现有的空中交通管制系统进行并行测试；最后等项目全部投入使用后，基于实时情况不断优化航线，从而提供更高效的空中交通流量管理。

资料来源：1. 中国电子技术标准化研究院、树根互联技术有限公司，《数字孪生应用白皮书（2020 版）》。

2. 德勤，《2020 技术趋势报告》。

## 1.1.2　国内外数字经济政策法规

### 1. 国外数字经济政策法规

美国是数字革命的重要发源地之一，从电子计算机的诞生到人工智能等相关技术的突破，其在科技方面的实力一直是洞察数字经济发展方向、增强发展动力的关键原因。早在 1998 年，美国商务部就发布了《浮现中的数字经济》报告，自此美国率先进入数字经济的发展轨道；2012 年美国接连发布《大数据研究与发展计划》《美国开放数据行动计划》，旨在通过技术研发巩固自身优势。即使在新冠疫情的冲击下，《美国就业计划》等法案的颁布也宣告着，利用人才吸引与资金投入等多种方式助力前沿领域技术的突破，仍然是美国数字经济发展的重要利器。

欧盟作为一体化发展组织，也非常重视数字经济的规则制定及生态发展。2020 年，欧盟制定了《数字市场法案》和《数字服务法案》，通过这些数字市场的全新规则助力数字经济健康发展。推动规则与立法进程不仅帮助欧盟建立了良好的市场秩序，保护了个人与企业的数字隐私与网络安全，也为数字经济的发展带来了效益。自 2015 年起，欧盟开始实施数字单一市场（Digital Single Market，DSM）战略，主要目的是消除成员国家间的管制壁垒，将多个成员国家市场统一成单一市场。据统计，数字单一市场领域的立法成果每年为欧盟带来 1770 亿欧元的经济贡献。

值得注意的是，欧盟成员国家的发展模式却不尽相同。德国依托其制造业强国的优势，致力于传统企业的数字化转型与突破。2021 年 2 月，德法两国在共同制定新的《欧洲新工业战略》时强调加强工业和数字主权。英国在传统制造业转型升级的同时大力发展新兴数字产业：在制造业中不断增加数字技术的采用率，通过人工智能等技术提高生产效率和敏捷性；在网络游戏产业中，实体与线上销售额均实现快速增长，目前游戏业已成为英国娱乐市场的支柱产业。

### 2. 国内数字经济政策法规

我国基于政府和市场双向驱动而实现数字经济的快速增长。我国庞大的人口基数奠定了数字经济的市场规模和潜力，同时完整的制造业体系有利于数字化转型升级。在这些条件的基础上，我国出台了一系列政策来推动数字经济的发展：

（1）助力人工智能、量子信息、区块链等前沿尖端领域的创新发展。我国在《中共中央关于制定国民经济和社会发展第十四个五年规划和二〇三五年远景目标的建议》中明确提出要强化上述领域科技创新的全球竞争力，为前沿尖端领域的发展提供政策支持。

（2）加强数字基础设施建设，加快 5G、光纤、工业互联网等建设的普及。在《工业和信息化部办公厅关于推动工业互联网加快发展的通知》中明确了工业互联网在融合各领域创新中的作用：通过对人、机、物的全面互联，构建起全要素、全产业链、全价值链全面连接的新型生产制造和服务体系，是数字化转型的实现途径，是实现新旧动能转换的关键力量。

（3）重视中小企业的数字化转型，颁布了系列政策支持其迭代升级。早在 2008 年我国就发布了《关于强化服务 促进中小企业信息化的意见》，2020 年又发布了《中小企业数字化赋能专项行动方案》，以帮助中小企业通过数字化网络化来对抗高不确定性的环境。

（4）支持绿色经济和数字化相结合，助力可持续发展。为实现 2030 年和 2060 年"碳达峰"和"碳中和"目标，我国在"十四五"规划中明确提出"智能制造"和"绿色制造"的融合模式。

在国家层面不断推出相关政策的同时，各地政府也在根据自身资源和产业特色制定符合区域发展的不同数字化政策。北京市依据自身人才力量优势及较高的经济技术水平，打造以创新引领为核心的数字经济创新生态；辽宁省根据自身良好的农业与工业基础，推动智能制造转型，助力农业、工业和服务业的融合发展；甘肃省通过发挥自身能源优势，积极与京津冀、长三角、粤港澳大湾区联合，共同推进数字经济发展，实现了数字经济规模较快增长。

### 1.1.3 数字技术赋能千行百业

数字经济发展的浪潮不仅体现在其发展规模以及各个国家和地区的政策中，更体现在千行百业里，体现在居民日常生活的方方面面。

#### 1. 数字经济时代下的千行百业

**金融业**。数字技术在银行与证券公司中发挥着越来越重要的作用，不仅将传统的金融业务由线下变为线上线下相结合，同时从根本上改变了金融产品与服务（见图 1-3）。比如，针对小微企业的贷款业务，可以通过大数据技术对其风险控制进行精准推算，有针对性地解决以往小微企业贷款难的问题；对转型的证券公司来说，数字技术结合海量的金融数据既可以不断推出新的数字金融产品，又可以有效监测金融数据安全。

图 1-3 银行数字化业务矩阵

资料来源：《2022 银行零售客户经营数字化转型最佳实践白皮书：企业微信视角下，开启银行数字化转型之道》。

**制造业**。生产实践中，数字技术的发展极大地提高了制造企业的生产效率。大数据与区块链的应用给制造企业带来了海量的数据，制造企业能够实时获取制造过程中每一步的数据信息；云计算与人工智能等技术可以在数据的基础上对生产过程进行实时调整与优化，实现更迅速的反应、更高效的生产，同时也实现产品的定制化，突破生产效益和经济效益瓶颈。

**传媒业**。数字时代的传播媒介改变了我们的阅读方式，传统意义上的报纸与杂志离我们越来越远。我国国家统计局数据显示，2022年报刊发行收入、广告收入均有不同程度下降。在生活中，人们逐渐转为通过线上渠道获取媒体信息，打开手机中的微信公众号或App查看消息与报道已经成为很多人日常了解信息的方式。数字时代下的传媒产业正在建立自身的生态体系，数据服务与内容付费会进一步带动数字经济的发展。2010—2022年我国报刊广告及发行收入如图1-4所示。

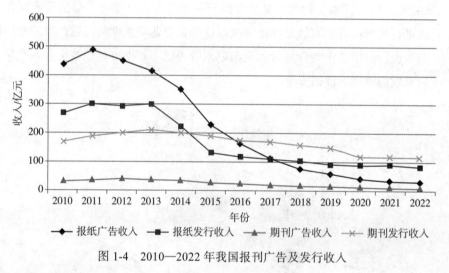

图1-4　2010—2022年我国报刊广告及发行收入

资料来源：国家统计局。

**医疗业**。随着数字技术的发展，医疗线上支付与线下就诊开始进入信息化和自助化阶段，医院运行效率大大提高；通过数字平台等方式出现的互联网诊疗以及医疗系统间的资源互通，可以在线上线下有效分配医疗资源，进一步提高服务质量与效率。当患者的数据积累到一定量级，医院就可以实现以用户为中心的数据洞察，通过大数据技术将用户数据打通（见图1-5），实现主动健康管理，提高患者满意度和信任度。

**2. 数字经济时代下的居民生活**

**数字消费**。数字消费是指对信息产品和服务的消费，也包括通过数字化手段实现的消费。数字经济的发展带来了数字消费的大规模增长，数字消费规模达到了前所未有的高度。据国家统计局数据，2022年，全国网上零售额已经达到

13.79 万亿元，比 2021 年增加 4%。可以说，数字消费已经成为人们日常生活的必选方式。就我们熟悉的外卖而言，截至 2022 年 12 月，我国网上外卖用户数已经达到 5.21 亿。无论工作餐，还是下午茶，或者晚饭与夜宵，点外卖已经成为生活中再正常不过的事情。

图 1-5　以用户为中心的数据互通

资料来源:《神策数据：在线医疗平台数字化运营解决方案》，2022 年。

**数字出行。**数字时代的出行方式与以往相比更加强调便捷和共享，以网约车与共享单车为主的数字出行方式目前仍然保持着较高的增速。网经社"电数宝"大数据库监测数据显示，2022 年我国网约车市场规模约为 3 146 亿元，用户规模达到 4.37 亿人；同样，与之相似的数字出行方式如共享单车、数字租车业务、在线旅游业务等也迎来了快速发展。一方面，数字出行方式为人们的生活提供了极大便利，海量的数据资源和强大的数据分析能力有助于为每位用户提供最优质的服务；另一方面，共享经济的普及也为节能减排作出了贡献，完美契合了可持续发展的时代主题。

**数字社交。**随着不同社交媒体的普及以及社交媒体营销的增长，数字时代的社交体现出巨大的发展潜力。目前，共有超过一半的世界人口是互联网活跃用户，这个数字在 2022 年 1 月达到 49.5 亿。移动互联网和社交媒体的结合赋予了每个互联网人发言权。随着社交媒体平台上用户数的增加，每天能获取的社交数据数量空前庞大。具体来说，在 2021 年，每 60 秒内，X（原 Twitter）上有 35 万条推文被推送；Instagram 上的赞助帖子被点击 4 100 次，2 100 万张照片被创建；TikTok 上有 69.4 万个视频被观看。人们在社交媒体上分享自己的生活，学习自身感兴趣的内容，经营着自身的一方小天地。2021年全球最受欢迎社交媒体平台排名如图1-6所示。

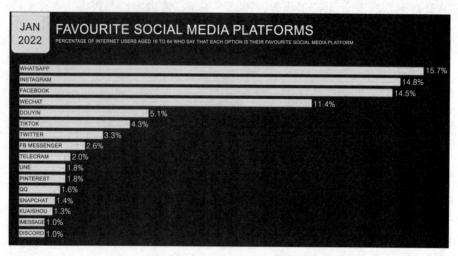

图1-6    2021年全球最受欢迎社交媒体平台排名

资料来源：App Annie。

### 1.1.4    数据治理问题任重道远

据IDC公司（国际数据公司）测算，2025年全球产生的数据量将达到惊人的175ZB⊖。这些数据资源作为新的生产要素，在与劳动、资本、技术等其他生产要素结合提高生产效率的同时，也产生了庞大数据资源的治理问题。

从全球视角来看，数据的跨境流动可以使各国充分获取数字技术带来的价值。2020年以来，数据跨境流动对全球经济发展的作用日益凸显，数据跨境流动不仅可以实现相关数据的资源共享，也能够通过线上互通实现业务的连续性。然而，目前国家之间缺乏互信，数据流动也受到国家间不同政策目标、法律条文等的阻碍，打破各国碎片化的数字资源治理格局仍然困难重重。另外，跨国境势力对网络的攻击手法隐蔽且持续不断，这对各国数字治理提出了更高的要求。

从国家层面来看，我国数据治理体系正在日益完善。政府相关职能部门为充分挖掘和释放数据要素在产业转型升级、经济高质量发展等过程中的重要价值，正在制定相关法律、政策、标准等。一方面，为了保护数字资源不受损害，需要对个人隐私以及国家的数字安全进行立法保护，并对企业进行持续监管；另一方面，目前数据脱敏技术的开发和应用不足，导致个人敏感信息未能及时脱敏，相关部门应继续加大技术开发力度，为数据安全提供更为坚实的技术保障。

从企业层面来看，目前不少企业的数据安全保障能力尚不完善。数据在流动

---

⊖    ZB，中文名泽字节，代表十万亿亿字节。

过程中仍存在较大的隐患,由企业内部的违规操作或者管理不当引起的数据泄露等问题时有发生。另外,部分头部平台企业在早期发展过程中积累了一定的用户与资源,逐步建立起自身的数据规模优势,当它们利用自身压倒性优势对其他企业活动造成损害,破坏市场公平竞争环境时,便构成了数据垄断,损害数字经济的可持续发展。

## |创业聚焦|　华为数据湖治理中心

企业在进行数据治理时,不仅会遇到数据安全和数据垄断的隐患,而且还会面临数据运营和创新的挑战。业务环境的快速变化带来大量多样化的分析报表需求,当企业数据运营效率较低时,数据开发周期长、效率低,不能满足运营决策人员的需求;当企业内部数据不共享、不流通时,企业内部存在大量"数据孤岛",就无法实现跨部门的数据分析与创新。

为解决以上问题与挑战,华为构建了数据湖治理中心(DataLake Governance Center,DGC),对企业数据进行全生命周期管理。DGC是具有智能数据管理能力的一站式治理运营平台,功能包含数据集成、数据开发、规范设计等。DGC支持大数据存储、大数据计算分析引擎等数据底座,支持行业知识库智能化建设,通过多数据源的接入与计算解决运营效率问题,帮助企业快速构建从数据接入到数据分析的端到端智能数据系统,统一数据标准。这不仅能消除"数据孤岛",实现跨部门数据分析与创新,而且能加快数据变现,实现数字化转型。DGC产品架构如图1-7所示。

应用DGC,华为不仅解决了数据运营与创新的问题,而且降低了数据安全隐患。通过敏感数据识别、分级分类、隐私保护、资源权限控制等功能,DGC帮助数据消费用户建立安全预警机制,提升公司与用户的整体数据安全。通过数据加密传输、加密存储、数据风险识别以及合规审计等措施,增强整体安全防护等级,让数据安全合规。

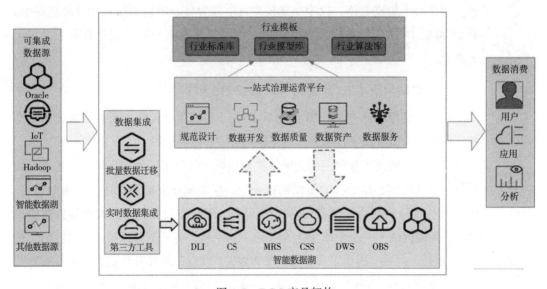

图 1-7　DGC 产品架构

资料来源:"行走的数据智能"微信公众号。

## 1.2 数字技术

### 1.2.1 数字技术发展历程

数字技术比历史上任何一项创新都进步得更快、应用得更广泛，引发了商业、工业、农业、教育、医疗等众多领域的变革。数字技术从早期以硬件开发为主的革新到今天软硬件开发齐头并进的智能进化，其发展历程大致可以分为三个阶段：计算机阶段、互联网阶段与新一代信息技术阶段。

#### 1. 计算机阶段（1946 年—20 世纪 70 年代）

计算机是第二次世界大战的产物。同盟国在英国计算机科学家艾伦·图灵（Alan Turing）和美籍匈牙利计算机科学家约翰·冯·诺伊曼（John von Neumann）的带领下研发电子计算机以满足战争对快速计算的需要。同时，美国为了完成战争中火炮弹道的运算，也着手研制可编程的通用计算机。

1946 年，第一台电子计算机诞生，标志着数字技术开启了一个新的时代。到 20 世纪 70 年代，硬件技术逐步成熟、软件研发不断加速，这三十年是数字技术发展的第一阶段。在该阶段，数字技术的发展经历了由电子管、半导体分立器件到集成电路的过程。

第一代以真空电子管为主要电路元件的电子计算机，即"真空管计算机"，体积庞大、耗电量大、容易发热，导致其可运行时间极短。1947 年，"20 世纪最伟大的发明"晶体管在贝尔实验室研发成功，随之诞生的是以晶体管取代真空管作为核心器件的第二代晶体管计算机。1958 年，德州仪器和仙童半导体公司成功研发了集成电路，以中小规模集成电路为核心器件的第三代计算机诞生。到 20 世纪 70 年代，采用大规模和超大规模集成电路的第四代计算机登上了历史舞台。

#### 2. 互联网阶段（20 世纪 70 年代—2015 年）

互联网是冷战的产物。20 世纪 70 年代，美国国防部将其研发组建的阿帕网投入使用，标志着数字技术进入以互联网为主的发展阶段。

第一期阿帕网工程使用的是网络控制协议，只能用于同构环境，仅连接了加利福尼亚大学洛杉矶分校、圣巴巴拉分校，斯坦福研究院和犹他大学四个节点。1973 年，传输控制协议研发成功。10 年后，网络控制协议彻底被传输控制协议取代，阿帕网成了一个全球互连的网络。1989 年，英国工程师蒂姆·伯纳斯 - 李（Tim Berners-Lee）提出了"万维网（WWW）设想"的开发计划，标志着互联网进入万维网时代。1993 年，万维网对所有人免费开放并迅速普及。1994 年，我国全功能接入国际互联网，开启了数字中国的新纪元。

### 3. 新一代信息技术阶段（2016 年至今）

与前两个电子技术鲜明变革的阶段相比，新一代信息技术阶段并未有重大的硬件技术变革。但随着计算机处理成本的指数级下降以及互联网的蓬勃发展，该阶段呈现出以集成应用为主、数字技术与经济社会全方位深入融合的特征。

腾讯研究院将这一阶段的开始定位在 2016 年，认为"2016 年是计算机发明 70 周年、人工智能提出 60 周年、光纤通信提出 50 周年、微处理器发明 45 周年、量子计算机提出 35 周年、电子商务提出 20 周年、云计算提出 10 周年"。同年，G20 杭州峰会举办，多国领导人共同签署了《二十国集团数字经济发展与合作倡议》。数字技术的高效使用成为经济结构优化的重要推手，这一阶段，计算机的发展展现出万物互联的新特征，数字革命进入了融合深化的新时代，人类再次站到了换代发展的新起点。消费互联网以及工业互联网企业基于交易和互动产生并累积了海量的数据、强大的算力与算法，为大数据、人工智能、机器学习等数字技术预测消费者和生产者行为提供了更多可能性，开启了一个更加崭新的"数智时代"。

随着数字化、智能化的不断发展，数字中国的发展也不再局限于电商平台、共享经济等领域，开始向产业发展、城市服务等方面拓宽。例如，在产业发展上，腾讯金融云聚焦金融新基建和数字新连接，助力中国银联、广州农商银行等企业进行数字化转型。在城市服务领域，巧用移动互联网，数字政府的"掌上办""指尖办"等政务服务已成为各地政府的标配。

## | 行动指引 |

静下心来想一想，自己生活的各方面是否都受到数字技术的影响？例如，你在一天中使用笔记本电脑或者智能手机的时间是多久？你是否日常使用微信和家人朋友们聊天？你在有疑问的时候，是否会使用搜索引擎去搜索答案？尝试在一天中让自己不使用这些数字产品或者数字服务，以此感受一下数字技术在生活中的重要性。

## 1.2.2　数字技术的内涵与特征

### 1. 数字技术的内涵

著名数字创业领域学者萨蒂什·南比桑（Satish Nambisan）提出了一个兼具学术严谨性和通俗性的定义：数字技术是指嵌在信息通信技术内或是由信息通信技术所支撑的产品或服务，包含数字组件、数字平台和数字基础设施。

（1）数字组件。它是指数字应用程序和物理设备中的软硬件。软件类，包括手机 App、电脑操作系统等；硬件类，包括电子芯片、汽车导航内的追踪器等。

数字组件是数字技术实现的基础，在日常生活中的应用非常广泛。例如，在智能交通系统中，交通信号灯搭载数字组件智能系统，可以即时对交通状况做出动态响应，实现城市交通智能化。

（2）数字平台。它是数字组件的重要载体，为数字组件提供通用服务和体系架构。比如具有可扩展性的安卓操作系统就是较为典型的数字平台。湖北恩施政务数字化过程中，华为公司为其打造了"智慧恩施"政务云平台，开发了恩施城市停车、恩政通等一系列智慧应用，减轻了市民和企业办事难的压力，切实提高了市民的"数字幸福感"。

（3）数字基础设施。数字基础设施一般分为两类：一类是数字化的基础设施，如5G网络、物联网、智能计算数据中心等；另一类是加入了数字化元素的传统物理基础设施，通过增加数字组件提高传统基础设施性能，例如在城市水管系统内嵌入探测传感器，即时察觉和维修泄漏的水管。

### 2. 数字技术的特征

数字技术的特征众多，包括可编辑性、可扩展性、可追溯性、可记忆性等，这里按照数字技术发展的三个阶段来介绍每一个阶段数字技术的主要特征和相关元素，便于深化对数字技术的理解，具体的特征如表1-1所示。

表 1-1 数字技术的特征

| 发展阶段 | 主要特征 | 特征内涵 | 主要技术要素 |
| --- | --- | --- | --- |
| 计算机阶段[1][2] | 可编辑性 | 指将各种信息转化为二进制的同质化状态以使其可被其他对象访问和修改的特征，尤其是嵌入式和多功能性的计算能力使得非数字组件变得更可编程和可重塑 | 数字组件、数字基础设施 |
| | 可扩展性 | 是指数字技术具有以低成本、高速度的方式增强性能的特征 | |
| 互联网阶段[1][3] | 可追溯性 | 是指数字技术具有可以复原和追溯记忆数据的特征 | 数字组件、数字基础设施、数字平台 |
| | 可记忆性 | 是指数字技术具有可以记录数字产品的使用时间、地点、主体以及历史的特征 | |
| | 可供性 | 是指数字技术具有对各种特定用户或特定情景提供行动的潜力特征 | |
| 新一代信息技术阶段[4] | 可优化 | 是指数字技术能够响应和满足生产生活中个性化、多样化需求，并能够根据市场需求持续进行自我优化迭代的特征 | 数字组件、数字平台、数字基础设施以及这三种要素的联动 |
| | 智能化 | 是指利用数字技术对可能的解决方案进行比较，以此为决策者提供备选方案，在允许范围内替代自然人决策的特征 | |

① 郭海，杨主恩. 从数字技术到数字创业：内涵、特征与内在联系 [J]. 外国经济与管理，2021，43(9): 3-23.
② YOO Y, HENFRIDSSON O, LYYTINEN K. Research commentary: the new organizing logic of digital innovation: An agenda for information systems research[J]. Information systems research, 2010, 21(4): 724-735.
③ YOO Y, BOLAND R J, LYYTINEN K, et al. Organizing for innovation in the digitized world[J]. Organization science, 2012, 23(5): 1398-1408.
④ 刘志阳，邱振宇. 数智创业：从"半数智"时代迈向"全数智"时代 [J]. 探索与争鸣，2020(11):141-149, 179.

（1）计算机阶段下数字技术的特征。此阶段的数字技术主要以研发计算机等数字基础设施和计算编码工具等数字组件为主，呈现出可编辑性和可扩展性的特征。最初数字技术的诞生就是应对复杂信息的处理，需要将信息编辑成代码，并使其标准化后可以被计算和再编辑。在此基础上，通过对软硬件的简单修改或者增减，以更少的人力资源和更高速的方式实现较高水平的性能优化。

（2）互联网阶段下数字技术的特征。随着数字基础设施的不断完善和数字组件的不断创新，在该阶段下，数字技术主要呈现出可追溯性、可记忆性和可供性这三个特征。"互联网是有记忆的"，信息储存在互联网上，可以随时被追溯和查找，比如手机 App 对地理位置、使用时长等信息的记忆可以供用户追溯和查找。另外，数字技术的可供性也体现在为用户（如手机 App 的使用者）提供新的商业机会的可能性，如用户创业。

（3）新一代信息技术阶段下数字技术的特征。新一代信息技术阶段更强调数字基础设施、数字组件、数字平台三者之间的联动作用，因此呈现出可优化和智能化的特征。例如，制造业领域的智能工厂中，不仅机器代替了生产线上的操作工人，而且当零部件生产出现问题时，智能设备与设备之间可以实现相互优化、自助调整，智能化解决生产问题。

## ｜行动指引｜

请自行上网搜索全球最先进的智能机器人都具有哪些功能，可参考能自助规划路线的波士顿机械狗（Boston Dynamics BigDog）和可以打败国际围棋大师的 AlphaGo。随着数字技术的极速创新，智能机器呈现出拟人化的特征，在我们欢呼省钱、省时、省事的同时，是否担忧有一天智能机器人会操控世界呢？

### ⭐ 专栏 1-1　数字技术的独特魅力

数字技术为社会和经济的长期发展提供了数不尽的机会，那么数字技术与以往的技术有何不同？是否也像以往技术一样，在带来发展的同时引起经济震荡和社会混乱？以下从五个方面来探讨数字技术与以往技术的不同，及它带来的社会变革。

**数字技术具有前所未有的渗透力。**各项技术渗透到日常生活中都需要相当长的周期，达到普及程度更是需要漫长的时间，然而数字技术却在短时间内达到了极高的渗透力。以互联网技术为例，截至 2022 年 1 月全球互联网用户数多达 49.5 亿人，占全球总人口数六成以上；移动互联网用户占比高达九成以上，平均每天互联网的使用时间是 6 小时 58 分钟 / 人。

**数字技术的低成本让数字化价值得到充分发挥**。从计算机被发明开始，数字技术就以前所未有的创新速度备受瞩目。物联网、云计算、人工智能等一系列智能化的技术不断涌现，提高了数字技术的使用效率，降低了数字技术的渗透成本。在不到 50 年的时间里，1GB 存储空间的成本从 1000 万美元降到 0.02 美元。这一切都推动着各个行业的数字化进程，数字化价值得到了充分发挥。

**数字技术吸引新兴市场的消费者和生产商**。新兴市场，例如中国和印度，对于数字技术都具有极大的热情。值得注意的是，新兴市场甚至跨过了个人电脑时代，短时间内就来到移动互联网时代，并且在发展移动互联网的某些方面拥有比发达国家更丰富的经验。

**数字技术推动数字化应用到更广泛的社会层面**。数字基础设施的全面建设，实现了工业互联网、物联网、人工智能、云计算、区块链等技术的集成创新和交叉融合技术，数字化应用也推广到包括智慧交通、工业互联网、远程医疗、线上教育、协同办公、移动政务等社会经济运行的方方面面。

**数字技术变革是一把双刃剑，红利与鸿沟并存**。2020 年联合国发布的数据显示，全球仍然有 30 多亿人口不能上网，他们大多数是妇女、老人、残疾人或是少数民族，无法享受到数字时代的红利。在非互联网用户中，90% 的青年来自非洲或者亚洲的不发达地区。

资料来源：1. 罗汉堂. 新普惠经济：数字技术如何推动普惠性增长 [M]. 北京：中信出版集团，2020：63-68.
2. 联合国网站。

## 1.2.3 跃迁式数字技术开启新篇章

新时代数字技术持续发展，根据中国信通院与工业互联网产业联盟共同发布的《数字技术赋能工业碳达峰碳中和应用指南 V1.0》，以下六种跃迁式数字技术正推动着千行百业产生剧变。

### 1. 5G

5G 是指第五代移动通信技术。从 20 世纪 80 年代的 1G 开始，移动通信技术基本保持 10 年一代的发展规律，逐步演进到现在的 5G。相对于 4G，5G 技术可以为数字经济发展提供更强大的动力，支持开发更先进的技术，探索以往未知的领域，进一步建立网络化与生态化的情境，加速"万物互联"时代的到来。对传统产业来说，5G 具有高速率、低时延、广连接的特征，能够很好地满足柔性化生产、工业 AR、云化机器人等新兴融合应用场景的需求，推动产业数字化转型进程。

### 2. 工业互联网

工业互联网是将人、机、物全面互联，实现全要素、全产业链、全价值链全面连接的一种全新工业生态、关键基础设施和应用模式。工业互联网正在不断颠覆传统制造模式、生产组织方式和产业形态，助力新兴产业加速发展壮大，推动传统产业加快数字化转型升级。通过工业互联网技术建立企业生产数据采集平台，对人（人员）、工（工艺）、料（原料）、法（方法）、环（环境）等进行全面数据采集与分析，构建数据驱动的智能优化闭环，引领新生产模式和业态突破创新。

### 3. 云计算

云计算是一种通过网络整合组织和灵活调用各种信息资源，实现大规模计算的信息处理方式。云计算的优势在于以动态按需和可度量的方式向用户提供服务。在提供服务的过程中，主要采用分布式计算和虚拟资产管理技术，将分散的信息与技术等资源整合成共享资源池。云计算的应用不仅可以减少企业对传统硬件设施的依赖，而且可以提升数据处理速度，为成千上万的行业提供服务。

### 4. 大数据

大数据主要包含数据管理、数据分析应用和数据安全流通等内容。一方面，大数据的应用提高了生产效率；另一方面，大数据的应用有助于管理体系的完善与升级。比如以大数据为基础的"城市大脑"，可以探索交通出行、经济运行、社会服务等应用场景下的对策。

### 5. 人工智能

人工智能是指利用机器学习和数据分析，对人的意识和思维过程进行模拟与拓展，赋予机器类人的能力。随着数智时代的到来，人工智能在智能交通、无人驾驶、智能制造等方面的作用逐渐显现，比如人工智能不仅能够有效替代劳动力、提高生产效率，甚至还能执行某些超出人类能力的任务。

### 6. 区块链

区块链是指分布式数据存储、点对点传输、共识机制、加密算法等计算机技术的新型应用模式。区块链的应用充分体现了数据的去中心化、安全共享、不可篡改等特性。在数字时代的背景下，区块链的应用不仅能够提升协作效率，促进数据共享，而且可以优化业务流程，帮助建立信用体系。

**|重要概念|　元宇宙**

2021年3月，在线游戏创作平台Roblox上市，成为"元宇宙第一股"；10月，脸书（Facebook）的公司名更名为Meta（取自元宇宙的英文名Metaverse），这引发了全球范围内资本市场的广泛讨论，形成了"元宇宙"现象。同年，上海市正式将元宇宙纳入《上海市电子信息产业发展"十四五"规划》。元宇宙的火爆让2021年成为"元宇宙元年"。

**元宇宙的起源。** 从1979年在游戏中出现，到现在元宇宙概念的风靡，游戏体验提升是永远的主线。人们对于游戏体验的不断追求，造就了游戏技术的不断进步。当3D图形游戏成为游戏标配时，人们又会追求更高的游戏体验，那就是沉浸式、可交互、用户可编辑、永久在线、实时的游戏体验，这就为元宇宙概念的提出创造了肥沃的土壤。

**元宇宙是什么？** 元宇宙是平行于现实世界的一个虚拟世界或数字世界；是以信息基础设施为载体，以虚拟现实（VR/AR/MR/XR）为核心技术支撑，以数据为基础性战略资源构建而成的数字化时空域。

**元宇宙的生态构成。** 元宇宙是一个由多种技术构成的生态体系，不仅包括底层硬件和核心技术，还包括基于应用场景构建起来的数字世界（见图1-8）。

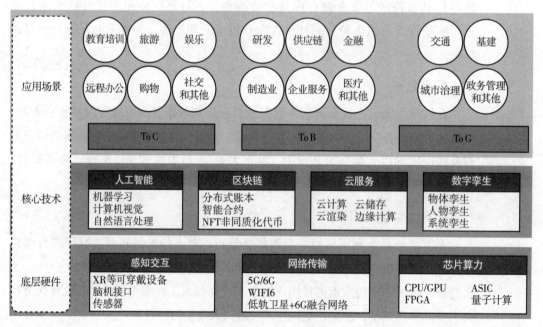

图1-8　元宇宙生态体系

资料来源：1. 北京信息产业协会等，《中国元宇宙白皮书》，2022年。
2. 中国电子信息产业发展研究院、江苏省通信学会，《元宇宙产业链生态白皮书》，2022年。

# 1.3　数字创业活动

## 1.3.1　数字创业发展现状

以人工智能、区块链、物联网、云计算等为代表的数字技术不断推陈出新，变革和催生数字新产业、新业态、新模式。数字创业成为数字经济高速发展的新引擎，在数字产业化和产业数字化进程中发挥关键作用，促进全球数字新生态的繁荣发展。

### 1. 数字新创企业发展现状

数字经济的高速发展催生了更多的创业机遇，越来越多的创业者将目光放在数字创业上。以我国 2022 年的新创企业为例，天眼查数据显示，新增注册的 2 930 余万家企业中，有 258 余万家为人工智能、新能源汽车、机器人、高端装备、新材料等数字新兴产业企业。

数字新创企业通过数字技术打破时间和空间限制，突破传统商业模式的束缚，颠覆已有市场规则，实现价值快速增值，并呈现出前所未有的高成长性。比如 SpaceX、长光卫星等企业实现了卫星科技的商用化，推动了高尖端科技产业与数字技术的深度融合，开创了卫星信息数据商业服务的新形式。胡润研究院《2023 全球独角兽榜》显示，截至 2022 年 12 月 31 日，中国独角兽企业以互联网和高新科技为主，互联网独角兽企业主要集中于电子商务行业，代表企业包括得物、车好多、希音等；高新科技独角兽企业主要涉及人工智能、半导体等前沿领域，代表企业包括主攻人工智能的小马智行和文远知行、主攻半导体的嘉立创、集创北方和歌尔微电子。

### 2. 数字转型企业发展现状

数字时代，数据已成为除土地、劳动和资本之外新的重要生产要素，深刻改变着企业资源配置、生产组织和价值创造的方式。在数据要素作用下，产业原有业态发生变革。数字化转型成为传统企业应对挑战和未来发展的必由之路，为传统产业带来二次创业的新机遇。

根据埃森哲的研究报告，传统行业中的头部企业凭借资产和市场的规模效应及产业链、价值链的整合能力，在数字化转型中呈现出较大的优势，尤其在快消、医疗、零售等领域。而大量非头部企业因缺乏成熟的数字化思维和能力，数字化转型仍处于初期阶段，在未来产业数字化转型中具有极大发展潜力。随着我国企业数字化转型服务支撑体系的逐渐建立与完善，未来中小企业全面数字化也指日可待。

### 3. 数字平台企业发展现状

在数字经济时代，数字平台企业（建设和运营互联网平台的企业）的崛起是一种世界性的现象。根据普华永道发布的"2022 全球市值 100 强上市公司"排行榜，全球市值排名前 10 的企业中，有 9 家典型的数字平台企业（如微软、苹果、特斯拉等）。

数字平台企业与传统企业遵循完全不同的商业逻辑，给商业发展带来了巨大变化，具体体现在三个方面：第一，数字平台企业替代了多个层级的中间商，成为价值传递的主要承担者，使行业信息更加透明；第二，数字平台企业打破了地域上的边界，将竞争范围扩大到全国乃至全世界；第三，数字平台企业可以有效满足个性化的小众需求，平衡了用户和企业之间的权力，从需求端倒逼生产活动改变，"以用户为中心"也真正转变成企业经营时需要遵循的核心理念。在数字经济时代，只有用户才能定义企业，也只有用户才能成就企业。

**| 重要概念 |　独角兽企业**

独角兽（Unicorn）企业是指那些估值达到 10 亿美元以上的初创企业，独角兽企业的概念起源于风投人物李·爱玲（Aileen Lee），在 2013 年 11 月的一篇文章《欢迎加入独角兽俱乐部：从十亿级别公司身上学习创业》中，李·爱玲将私募市场中估值超过 10 亿美元的、成立时间在 10 年以内的企业称为独角兽，同时描述了处于创业种子期的企业该如何向市值 10 亿级别的企业学习。2013 年，美国有 39 家企业符合标准，占 10 年间获得风险投资的初创软件企业的 0.07%，即每 1 538 家企业中才有一家。这类企业非常罕见，像神话传说中的独角兽一样稀有和高贵，因此被命名为独角兽企业。如今的独角兽已不像十年前那么罕见。

十角兽（Decacorn）和百角兽（Hectocorn）的概念也被提出，分别指那些估值超过 100 亿美元和 1 000 亿美元的初创企业。

2014 年，随着互联网的蓬勃发展，全球独角兽企业数量开始激增。2021 年，全球共有 1 058 家独角兽企业，分布在 42 个国家。美国以 487 家排名第一；中国以 301 家排名第二。美国和中国占全球独角兽企业总数的 74%。全球独角兽 TOP10 榜单中，中国共有 3 家企业入围，其中字节跳动以估值超 2 万亿元人民币位居全球第一。

资料来源：智研咨询，《2022—2028 年中国独角兽企业市场全面调研及发展趋势研究报告》，2022 年。

## 1.3.2　数字创业的含义与特征

### 1. 数字创业的含义

近年来，学术界逐渐使用数字创业这一术语来界定和解释由数字技术催生的创业行为。表 1-2 为不同学者对数字创业的定义。

表 1-2 呈现了学术界对数字创业的界定和划分。这些定义不仅突出了数字创业的价值创造、新产品 / 服务的开发和数字技术的应用，还强调数字创业并不局限于数字新创企业，也可以扩展为企业的新数字业务单元。数字创业具有独特的技术与价值属性，我们将其融入定义中：数字创业是在数字技术驱动下，通过创新性地开发机会来创建新企业或者改造现有企业，以此创造价值的过程。

表 1-2 数字创业的概念内涵

| 视角 | 概念内涵 |
| --- | --- |
| 数字新产品/服务、数字新模式 | 数字创业是数字创业者和数字创业团队为适应数字经济变革，通过识别和开发数字创业机会，以数字化领先进入或数字化跟随进入的方式进入数字市场，创造数字产品和数字服务的创业活动[①] |
| | 数字创业是指通过开发新数字技术或者对数字技术的新使用方法，创建新企业，改造现有企业的过程[②] |
| | 数字创业是将数字新创企业作为一项新业务进行创建或在一家已成立的企业内部创建的过程[③] |
| | 数字创业是传统创业与数字时代创造和经营的新方式的协调[④] |
| 数字化程度 | 数字创业包括从事任何类型的风险投资的任何代理人，包括使用数字技术的商业、社会、政府或企业[⑤] |
| | 数字创业可以定义为部分或全部创业活动以数字形式进行，而不是以更传统的形式进行[⑥] |
| | 数字创业是创业的一个子类，其中传统组织中的部分或全部实体已经数字化[⑦] |
| 价值创造 | 数字创业是指创业者在数字平台系统中开发机会、创造和分配价值的过程[⑧] |
| | 数字创业是指通过开发或利用数字技术进行机会识别、评估和利用，并创造、分配与获取价值的过程[⑨] |
| | 数字创业是通过使用各种数字社会技术支持数字信息的有效获取、处理、分发和消费，从而创造数字价值的创业过程[⑩] |

① 朱秀梅，刘月，陈海涛. 数字创业：要素及内核生成机制研究 [J]. 外国经济与管理，2020,42(4):19-35.
② ELIA G, MARGHERITA A, PASSIANTE G. Digital entrepreneurship ecosystem: how digital technologies and collective intelligence are reshaping the entrepreneurial process[J]. Technological forecasting and social change, 2020, 150: 119791.
③ ZAHEER H, BREYER Y, DUMAY J. Digital entrepreneurship: an interdisciplinary structured literature review and research agenda[J]. Technological forecasting and social change, 2019, 148: 119735.
④ LE DINH T, VU M C, AYAYI A. Towards a living lab for promoting the digital entrepreneurship process[J]. International journal of entrepreneurship, 2018, 22(1): 1-17.
⑤ SUSSAN F, ACS Z J. The digital entrepreneurial ecosystem[J]. Small business economics, 2017, 49: 55-73.
⑥ HAIR N, WETSCH L R, HULL C E, et al. Market orientation in digital entrepreneurship: advantages and challenges in a web 2.0 networked world[J]. International journal of innovation and technology management, 2012, 9(6): 1250045.
⑦ HULL C E, HUNG Y T C, HAIR N, et al. Taking advantage of digital opportunities: a typology of digital entrepreneurship[J]. International journal of networking and virtual organisations, 2007, 4(3): 290-303.
⑧ NAMBISAN S, BARON R A. On the costs of digital entrepreneurship: role conflict, stress, and venture performance in digital platform-based ecosystems[J]. Journal of business research, 2021, 125: 520-532.
⑨ 郭海，杨主恩. 从数字技术到数字创业：内涵、特征与内在联系 [J]. 外国经济与管理，2021, 43(9): 3-23.
⑩ SAHUT J M, IANDOLI L, TEULON F. The age of digital entrepreneurship[J]. Small business economics, 2021, 56: 1159-1169.

## 专栏 1-2 不同数字化发展阶段的技术特征

随着数字技术的飞速发展，数字经济已从以信息技术（IT）为主的 1.0 时代、数据技术（DT）为主的 2.0 时代，跨入以 5G、物联网、人工智能和区块链等新一代数智技术为主的 3.0 时代，也被称为"数智时代"。在数智时代，数字基础设施不断完善，人工智能等底层技术在企业通用领域、行业垂直领域高度融合，数字化发展从"信息化""数字化"逐步演变为"智能化"，不同阶段也呈现出了不同的内涵与特征（见表 1-3）。

表 1-3　不同数字化发展阶段技术的比较

| 比较内容 | 数智化阶段 | | |
| --- | --- | --- | --- |
| | 信息化 | 数字化 | 智能化 |
| 内涵 | 以人治物 | 以物治人 | 以物治物 |
| 特征 | 虚拟性（可编辑性、可扩展性） | 联通性（开放性、可供性） | 智能性（自学习、自判断） |
| 代表性技术 | 自建数据中心 | 云计算、互联网、大数据等 | 人工智能、物联网、5G 等 |
| 技术群落 | IT 技术 | DT 技术 | AI 技术 |
| 投入要素 | "数据"体现价值 | "数据"为核心生产要素 | "数据"与"智能"高度融合 |

### 2. 数字创业的特征

随着以云计算、人工智能为代表的新一代数字技术的井喷式发展，数字创业的特性越发突出，其具有的数字性、价值性和创新性逐渐凸显。

（1）数字性。它是指在数字创业活动中嵌入的数字技术要素，如数字组件、数字平台和数字基础设施三种要素及其组合。例如，数字创业活动包括以手机 App 为代表的移动端程序等数字组件的开发；以数字网络为基础的创业平台的搭建；对信息、通信、计算机和连接技术的应用和相关产品服务的商业化。

（2）价值性。它是指数字创业的价值创造、分配和获取的属性。数字技术驱动的数字创业常具有低成本性和高回报性，同时还可以助力创业企业发展新的价值主张，挖掘新的商业机会，实现持续的价值创造。例如，腾讯早已脱离了单一的身份，早期获得和累积的数据以及数据处理技术让腾讯不仅在创业伊始的消费互联网平台中推陈出新创造价值，也在工业互联网领域开发出很多创新产品。在工业 AI 质检领域，腾讯工业 AI 帮助 TCL 华星光电智能识别与判断液晶面板的缺陷，每年节约成本超千万元，将缺陷识别速度提升了近十倍。

（3）创新性。它是指数字创业过程中对新产品、新服务和新模式的开发、改进或应用。这些创新活动来源于用户的共同参与和开发，能极大提升创新效率，降低创新风险。例如，开发者根据用户反馈改进既有程序，对功能进行更新换代，不仅以较低成本实现了渐进性创新，也降低了创新所面临的市场风险。

### 1.3.3　数字创业的类型

根据数字创业内涵可知数字创业具有创生式和转化式两种形式，根据产业数字化和数字产业化的协同性，分为数字新创企业和数字化转型企业两种创业类型。

**1. 数字新创企业**

数字新创企业是指由数字技术驱动的新创企业。数字新创企业的分类有很多种，如可分为数字农业新创企业、数字金融新创企业和数字医疗新创企业等。我们以数字技术的主要元素为视角进行分类，包括以数字组件、数字平台和数字基础设施为主要技术元素创建的新企业。

（1）数字组件类新创企业。它是以数字组件为主要技术元素创建的新企业，主要集中在互联网和高科技行业。比如互联网行业中以开发手机 App 为主要元素建立的高德地图，高科技行业中以开发机器人为主要元素建立的大疆。

（2）数字平台类新创企业。它是以数字平台为主要技术元素创建的新企业，主要集中在互联网行业，包括新兴的社交媒体类互联网行业和制造工业互联网行业。比如以用户为主的内容分享平台——小红书，是新兴社交媒体类新创企业的佼佼者；将数字化转型企业作为客户的工业互联网平台——工业富联，是制造工业互联网行业的成功典范，已助力多家传统制造企业实现数字化转型。

（3）数字基础设施类新创企业。它是以数字基础设施为主要技术元素创建的新企业，主要集中在数字技术创新上。比如以提供云计算、区块链等信息技术基础设施服务为主的万国数据。

随着技术的不断发展，各种数字技术元素呈现出融合创新趋势，越来越多的新创企业兼具两种，甚至三种技术元素。比如以开发人工智能语音软件及相关硬件为主要元素建立的科技公司科大讯飞，不仅具有录音笔等数字组件类产品，也拥有为客户提供云计算、大数据服务的相关业务单元。

**2. 数字化转型企业**

数字化转型企业主要是指现有组织发起的以数字技术为主要要素的创造、更新与创新活动，包括以降本、增效、提质为主要目标进行数字化转型的企业。

（1）降本类数字化转型企业。它是以降低成本为目标进行转型创业活动的企业。比如大型企业采用区块链技术处理库存，降低存储成本；采用数字化采购，提升采购效率；通过大数据分析、云计算等数字化手段，大幅降低成本。潍柴集团在数字化转型的过程中极为重视成本类数字业务，对全价值链基本活动（配送、渠道、市场推广）进行了数字化改造，运营成本降低了 35%。

（2）增效类数字化转型企业。它是以提高效率为目标进行转型创业活动的企业。比较典型的一类是面向用户的企业，借助人工智能、大数据、云计算等数字技术，精准触达用户群体，提供超值服务体验，提高数字化服务的精准度。一些汽车企业依据大数据对相关客户进行精准的广告投放，比如在推广C系列轿车时，奔驰对特定人群进行定向广告投放，实现了比传统广告投放方式三倍以上的目标人群覆盖，极大地提升了营销活动的效率。

（3）提质类数字化转型企业。它是以提升质量为目标进行转型创业活动的企业。传统企业决策是个人根据自身经验做出选择，但随着数字化管理的升级，企业向智能决策转变，运用数字化手段，从多重选择中推演出最优决策方案，提升决策质量。在建筑业企业数字化转型过程中，一些企业为了提升自身资源最优配置和全面发展，通过建筑产业互联网平台对建筑施工人员以及各种业务流程进行数字化处理，利用最低成本提升决策质量。

随着数字时代的到来，很多企业的数字化转型活动围绕着降本、增效、提质三方面同时展开。例如，海尔集团作为家电类头部企业，在降本、增效和提质上皆取得了较为突出的成果，成功进入全面数字化阶段；同时，海尔集团基于自身数字化转型中积累的大量数据基础和转型经验，逐步赋能其他企业进行数字化转型。

无论新创建的数字企业还是现有企业，它们的数字化转型都是以数字技术为驱动，充分发挥创新创业精神，共同创造价值，打造良好数字化生态。

## ｜创业聚焦｜ 数字平台企业为数字创业高质量发展注入新活力

伴随着数字技术的推陈出新，科技创新成为企业的战略核心。放眼走在这场潮流前端的企业，不仅有京东、美团等消费互联网平台企业，还有美的、富士康和三一集团等工业转型企业。这些企业持续进行复杂创新、极速响应市场需求的背后是一整套支撑平台，如全方位洞察客户所需的触点平台、基于数据的决策创新实验的自服务平台。

### 消费互联网平台企业迅猛发展

2021年，我国电子商务交易额达42.3万亿元，网上零售额达13.13亿元，从2013年起，我国一直是全球最大的网络零售市场。随着数字技术的持续覆盖与推广，我国互联网消费持续增长，尤其是移动互联网端，每日上网总时长达70亿小时，人均上网时长达6.7小时。

### 工业互联网平台企业蓄势待发

传统工业企业通过衍生的数字平台企业来帮助自身构建强大"生态圈"。例如，美的数字化转型衍生的平台企业美云智数；富士康数字化转型衍生的工业互联网平台企业工业富联；三一集团数字化转型衍生的工业互联网平台企业树根互联等。这些衍生的数字平台企业突破了传统公司管理边界认知，通过互联网或者其他数字化工具及生态协同系统赋能其他企业，极大地提升了自身与被赋能企业的发展速度。

### 教育在线平台企业蓬勃发展

2022年8月，中国互联网络信息中心发布的第50次《中国互联网络发展状况统计报告》显示，截至2022年6月，我国网民规模超十亿，互联网普及率达到七成以上；在线教育用户规模达 3.77 亿，占网民整体的 37.7%。随着数字技术的不断发展，在线教育行业在教学模式、获取渠道和科技赋能等领域都有新创新方向。例如，数智教育服务平台企业大雁教育在职业教学中将数字孪生技术与物联网、智能计算等前沿技术结合，将教学与岗位所涉及的现实与虚拟环境因子互相链接、映射，并通过深度运算和前瞻模拟实现进程式发展，打造虚实结合的拟态教育，创造了职业教育新生态。

**数字平台企业全面赋能科创企业的高质量发展**

数字平台企业不仅是科技创新平台，也发挥着激发创新和整合产业的作用。有的数字平台企业直接投资于新兴科创企业，有的则为新兴科创企业提供金融、科技、信息等平台服务，引导社会资本向新兴科创企业投资。这些平台企业通过与新兴科创企业的信息共享和对接，实现资本和技术的供需匹配，促进一大批科创企业的诞生和发展。值得注意的是，数字平台企业在赋能新兴科创企业的过程中，往往

能够瞄准国家发展战略和技术难题，发挥"造血"功能，成为经济和科技创新的活力源泉。比如腾讯先后投资了宇泛智能、英创艾伦、燧原科技等一批新兴科创企业，它们全部都是腾讯智慧产业生态的合作伙伴。值得一提的是，在我国面临缺"芯"难题的时刻，腾讯领投国内 AI 芯片初创企业——燧原科技。在邃思芯片研发与生产过程中，腾讯不仅以投资者身份提供了资本支持，其技术团队还与燧原科技展开全面研发合作，成为燧原科技战略合作伙伴，为中国 AI 芯片研发与市场拓展贡献力量。

资料来源：1. 蓝庆新. 数字平台企业为经济高质量发展注入新活力 [N]. 参考消息，2021-03-09.

2. 张宇燕，林桂军，曹莉，等. 博鳌亚洲论坛亚洲经济前景及一体化进程：2021 年度报告 [M]. 北京：对外经济贸易大学出版社，2021.

3. 中国互联网络信息中心，第 50 次《中国互联网络发展状况统计报告》，2022 年。

## | 延伸阅读 |　数字经济时代的女性创业

创业邦研究中心发布的《卓然而立 一路生花：创业邦 2022 年中国女性创业者研究报告》（以下简称《研究报告》）显示，企业服务、医疗健康、大消费、人工智能等高科技领域成为女性创业的主要战场。女性创业者在数字经济时代正在破除偏见，积极进入科技创新领域。

《研究报告》发现，女性创业者群体呈现年轻化的趋势。参与调研的 300 余名女性创业者的平均创业年龄为 33.4 岁，其中 50% 的女性是在 31 ~ 40 岁年龄段开始创业。同时，在 31 ~ 35 岁年龄段的女性创业者占比从 2021 年的 22.4%，提升到 2022 年的 28.8%。《研究报告》还显示，女性创业者在追求实现自身价值的同时，更愿意主动沟通、分享经验，这在充满"分享"精神的数字时代是一种优势。参与调研的女性创业者中超过六成认为善于沟通和思维缜密是其在创业过程中极为突出的性格优势。

《研究报告》的"2022 年最值得关注的女性创业者"榜单中，30 位上榜女性创业者的硕博占比高达八成以上，超半数拥有海外留学背景；所选创业赛道集中在医疗健康、大消费、先进制造等新兴数字技术领域，且企业的新一轮融资支出中，平均研发投入占比高达 46.16%。

女性创业者掀起了数字经济时代的科技创业新浪潮，正在逐步成为中国数字化发展的新力量。同时，女性创业者也面临诸多挑战。如参与调研的女性创业者中超过七成的人期待获得政策支持。为更好地开发女性参与数字经济发展的潜力，释放数字性别红利，发挥女性数字创业者的创新创业活力，需要完善相关法律法规和政策激励机制，为女性数字创业者在数字领域发挥更大作用提供更多支持和保障。

资料来源：创业邦研究中心，《卓然而立 一路生花：创业邦 2022 年中国女性创业者研究报告》，2022 年。

## 本章小结

1. 数字经济主要包含数字产业化和产业数字化两大部分。

2. 数字技术的发展历程：计算机阶段、互联网阶段、新一代信息技术阶段三个主要阶段。

3. 数字创业的定义：在数字技术的驱动下孕育和集结团队，识别、开发和利用数字机会，实现价值创造的过程，包括但不限于新企业的创办与管理和传统企业的数字化转型管理。

## 重要概念

数字产业化　产业数字化　数字技术
数字创业　数字新创企业

数字化转型企业　数字平台企业

## 复习思考题

1. 数字经济时代经济社会生活发生了哪些变化？

2. 数字技术经历了怎样的发展历程？

3. 数字技术的内涵和特征是什么？

4. 为什么要学习和研究数字创业？

5. 数字创业的内涵和特征是什么？

6. 结合本章的内容，谈谈你所了解的数字创业的类型。如果你是一个创业者，你会选择创办哪种类型的企业，为什么？

## 实践练习

### 展开一场辩论赛

结合本章的内容，找一些同班同学展开一场辩论赛，辩论主题是"数字化给人类带来的利与弊"。正方代表观点：数字化给人类带来的都是益处。反方代表观点：数字化给人类带来的都是害处。以辩论的方式深入了解数字化给人类的生产生活带来的正向和负向影响。

PART 2 第 2 篇

数字创业要素

# 第 2 章　数字创业者与创业团队

## ■ 名人名言

创业者要有诗人的想象力、科学家的敏锐、哲学家的头脑、战略家的本领。

——娃哈哈集团缔造者　宗庆后

## ■ 核心问题

创业者具备什么特质？

数字创业者有什么特征？

创业团队有什么特征？

数字创业团队有什么特征？

数字创业团队如何进行治理？

## ■ 学习目的

了解数字创业者应具备的素质与能力

了解数字创业者的特征

了解创业团队的特征

掌握数字创业团队的类型和构成要素

掌握数字创业团队的治理原则

## ■ 引例

### 天才还是疯子：史蒂夫·乔布斯的创业之旅

"那些疯狂到以为自己能够改变世界的人，才能真正改变世界。"

史蒂夫·乔布斯是充满活力的创业者，拥有过山车一般的人生。他对完美的狂热以及追求使个人电脑、动画电影、音乐、移动电话、平板电脑和数字出版这六大行业发生了彻底的变化。你可能还会想到第七个产业：数字产品零售商店。对于零售连锁产业，他产生的影响算不上彻底变革，但他的确对这个产业进行了重新描绘。此外，他通过开发应用程序（App），为数字内容开辟了一个全新的市场，而不再像以前那样只能依赖网站。他不仅创造出变革性产品，还推动建立了一家充满生命力的企业，这家企业与他一脉相承，超半数以上的设计师和创新工程师将他的想法付诸实践。2011 年 8 月，在乔布斯即将卸任苹果公司 CEO 之际，这个在车库中诞生的公司成为世界上市值最高的公司。

他深谙将创意与科技相结合才是 21 世纪创造价值的最佳方式，于是他创立了一家结合跳跃想象力和卓越工程技术的公司。这使得他和他的同事们能够以超前的方式思考：他们所做的并不是对产品的改进和优化，而是在消费者还没有意识到需求的时候，就为其提供全新的设备和服务。

总的来说，乔布斯是一位充满争议的人物。他的个性、激情、完美主义和严格要求虽然会让身边的人狂怒和绝望，但又是成就苹果公司的不可分割的一部分。不可否认，乔布斯是一个富有传奇色彩的人物，具备创新、领导力和价值观方面的创业者特质。

资料来源：艾萨克森. 史蒂夫·乔布斯传 [M]. 管延圻，译. 北京：中信出版集团，2021.

全球进入数字技术革命以来，以大数据、云计算、物联网、区块链和人工智能等为代表的数字技术掀起了一波新的创新创业浪潮。数字技术对传统创业活动产生了颠覆式影响，数字创业成为创业发展的新形态。

当下，人类正朝着一个全新的数字时代大步迈进。美国的微软、谷歌、苹果、Meta 和亚马逊是当前欧美社会的五大数字巨头，腾讯、阿里巴巴、美团、京东等则跻身中国数字经济前列。2022 年天眼查数据显示，目前全国数字经济相关企业超 1 600 万家，2021 年新增注册企业 2 600 万余家，数字经济相关注册企业 710 万余家。

这个时代是新经济的时代，是数字经济的时代。创新创业离不开这样的大背景，其发展趋势、特征、逻辑跟数字经济密切相关。数字创业者以及数字创业团队作为数字创业活动的核心主体，在数字创业过程中发挥着重要智库和执行的作用。

# 2.1　数字创业者

## 2.1.1　创业者特质与能力

"创业者"源于法文"Entreprendre"，现在英文表述为"Entrepreneur"。"Entrepreneur"有两个基本含义：一是指企业家，即企业经营和决策的领导人；二是指创办人，即刚刚创办新企业的领导人。在日本这些人被称为"起业家"，也非常形象。需要注意的是，创业者不仅是创办人，企业家本质上也属于创业者，即具有创业心态和创业行为的领军人才。因此，本书统一采用内涵更为丰富的"创业者"概念来表述。

创业者需在市场竞争的过程中经过淘汰选择而获得成功。而实现创业的成功，则需要具备完成工作内容和获得与良好绩效相匹配的能力及素质，尽管不同时代、领域对创业者的素质要求有一定差别，但总体而言，成功的创业者具有相对共性的特质和能力。

### 1. 创业者特质

创业非易事，通常需要从零开始。创业者需要在财力、物力和社会资源有限甚至匮乏的情况下为企业谋求生存和发展。因此，作为"创造性破坏"（Creative Destruction）的主体，创业者要完成创业这样一项具备高风险和高不确定性的活动，他们必须是一类"特殊的群体"。那么，创业者到底有何特殊？他们为什么选择从事创业活动？又是哪些因素使他们取得成功？

研究发现，在同等条件下，即便拥有相似的知识与技能，也并非所有人都能够创建新企业。创业者由于具有某些心理特质和特征，因而比不具备这些心理特质和特征的人更有可能从事创业活动并获得成功。

成功的创业者在企业历史上可以说不胜枚举，如比尔·盖茨、亨利·福特、李彦宏、任正非、稻盛和夫和松下幸之助等。就创业经历而言，他们各不相同，而且出身各异、性格各具特点，但是纵观并对比其创业过程，可以发现这些创业者自身特质具有很多相似的地方。

创业者特质（Entrepreneurial Trait，ET），又称为创业人格特质，是从性格特质出发，在创业领域衍生出来的。比如，成就需要、控制源、冒险倾向以及大五人格（开放性 Openness、责任心 Conscientiousness、外倾性 Extraversion、宜人性 Agreeableness、神经质性 Neuroticism，OCEAN）等是早期心理特质关注的热点。伴随"新特质论"的出现，创业者特质的内涵界定愈渐模糊，继而导致人们在创业者特质维度的选择上意见不一，没有统一的划分标准，阻碍了后续对创业者特质的深入研究。

对创业者特质的早期研究多关注主体的心理特质，后续研究似乎更集中在由主体特质产生的结果上。伴随创业者特质研究不断深化和发展，可以看出，创业者要想在激烈的竞争中获得竞争优势并保持基业长青，就一定要抓住创新。故此，学者们逐渐将创业者的创新行为列入对创业者特质的研究中。

## |重要概念| 创业特质与创业者特征

在英文文献中，"特质"常用"Trait"一词，表示"特性、特点"，强调"某个人内在的、独有的品质"。特质的概念最早出现于《人格特质：分类与测量》一书，书中将特质定义为人格的基础，是心理组织的基本构建单位，是每个人拥有的稳定的性格特征。Allport

认为特质具有如下特征：不受环境因素的干扰；无法通过理论建构形成；个体行为是特质与环境交互作用的结果；受自身经历和外部情景的影响。因此，特质属于心理学范畴的概念，被定义为个人的持久特性，在观察到的一致性或行为规律方面起解释作用。

"特征"一词一般用"Characteristic"表达，表示"典型的、显著的特征"。特征既能用来指人、动物，也可以指事物。特征的定义比较广泛，可以涵盖行为、生理和心理等多层面，而特质单单指个体心理方面。一般来说，个体所做的行为和导致的结果是由其本身特质决定的，特质是个体在不同情境下，用一致的行动模式来表达自我的一种人格或倾向。

资料来源：王军. 基于创业者特征视角的新创企业成长的影响机理研究 [D]. 长春：吉林大学，2020.

从概念一致性来看，创业者特质来源于心理学的人格特质；从研究的出发点来看，研究创业者特质的初衷就是回归个体本身，探究创业者心理上的本质特征如何影响创业活动。因此，本书将创业者特质理解为创业者在品格、个性等心理方面具有的内在的稳定属性。

随着研究不断深入，作为创业者特质研究的一个新方向，创业者人格特质的消极面逐渐得到关注。本书在已有研究的基础上，将广受学者们认可和关注的成就需要（Achievement Orientation）、冒险倾向（Risk-taking）、创新性（Innovativeness）、内部控制源（Internal Locus of Control）、自我效能感（Self-efficacy）等作为创业者的积极特质，将自恋（Narcissistic）、精神病态（Psychopathy）、马基雅维利主义（Machiavellianism）作为创业者的消极特质。

（1）积极特质的分类如下所示。

一是成就需要。成就需要指的是对实现高水平成功的渴望。成就需要高的人一般具有比较注重事业成败、有较高的奋斗目标、有责任感、不怕劳累等特点。成就需要高的人越多，创业就越可能取得成功。

二是冒险倾向。创业的开创性需要有冒险精神，敢于冒险才能抓住市场中的机会，但创业不是赌博，创业冒险不等于冒进。冒险倾向是创业者应具备的应对和承担风险的基本素质。

三是创新性。创业精神的核心思想就是创新。创新过程的核心是识别机会以创造新价值。创业者在创新过程中要运用创新思维解决创业难题。

四是内部控制源。控制源理论认为个体在与周围环境相互作用中会意识到可控制自身生活的能量。多数研究已经证实具备内部控制源的人更有可能获得成功。因为他们认为自己能够把握事情的发展方向，这类人更倾向于乐观积极努力地工作，能提高企业成功的概率。

五是自我效能感。自我效能感指个体对自己是否有能力完成某一行为所进行的推测与判断。作为一种深层次信念，自我效能感对于创业者保持战斗力非常重要，且有利于增强创业者的创业意愿并促进创业行动的产生。

（2）消极特质的分类如下所示。

一是自恋。作为包括创业者在内的普通人人性的一部分，自恋一般具有以下特征：以自我为中心、贪恋虚荣、自我膨胀、支配性、莫名优越感、傲慢无礼。

二是精神病态。精神病态一般表现为：行为冲动、极端独立、不计后果、缺少共情、缺乏责任感。

三是马基雅维利主义。借用政治学家马基雅维利之名，马基雅维利主义揭示了权力使用上的个体差异和权力在普通人群中的非平均分配。一般表现为：冷血残酷、擅长操纵、阴谋算计、短期主义、不择手段和不讲道德。

## | 行动指引 |

回想一下自己身边或者比较熟知的成功的创业者，思考他们具备怎样的积极特质，又有怎样的消极特质，这些特质对他们的创业有什么影响？

### 2. 创业者能力

创业过程本身的复杂多变，要求创业者能够随时解决涉及各方面的各种问题，当然也就需要一个成功的创业者必须具备多方面的能力，这种对能力的要求是通过创业者在创业行动中所表现出的对知识的运用和把握以及以某种方式工作的行为特征来评价的。一般而言，一个成功的创业者至少应具备以下三种能力。

（1）机会识别的能力。创业者的成功在于相对其他人而言能够更快、更准确地寻找或捕捉商业机会。他们从来不满足于已获得的信息，通过选择有效的信息来源，并从大量的信息中选出有价值的信息，及时进行验证，为创业过程建立完备信息系统。创业者发现机会和挑选信息的能力是伴随整个创业过程的，它是保证创业顺利进展的核心要素。

（2）学习与创新的能力。成功的创业者一般都具有优异的学习能力，而且极擅长通过创造实践过程进行学习。基于对新事物所特有的积极学习的态度和高度的创新精神，创业者可以使自身得到不断提高，增强驾驭风险的能力，提高创业成功的可能性。所以，学习能力与学习基础上的二次创新是促进创业者不断自我完善，进而实现创业成功的关键条件。

（3）知人善任的能力。创业过程不可能由创业者一个人完成，创业者需要在创业的过程中选择并发展合适的助手，也就是说创业者需要具有网罗人才的能力。创业企业在发展过程中需要不同的专才，当然，在各个阶段对专业能力的需求也是有区别的。

通常在创业初期，企业对专业技术能力的要求比较高，而对制度化管理的需求不是很大，在这一阶段，企业所招募的主要是技术专家。但是当企业进入规模经济阶段后，创业者将加大对市场营销专家、财务主管等管理人才的需求力度。

## 2.1.2　数字创业者概念与特征

数字技术对创业者和创业团队的最大影响在于使得这些创业主体变得不固定，从传统创业模式的"一个预定义的、目的明确的主体"转化为具有各种目标、动机和能力个体的动态集合。进一步说，这种影响使得创业主体本身变得模糊，不再是某一相对固定的个体或团队，而体现为一个集合体。因为数字技术具有开放性和可编程性，这也使得每个人或相关主体都能有机会参与其中。

### 1. 数字创业者概念

数字创业者（Digital Entrepreneur）是使用信息和通信技术（ICT）创建和提供关键业务活动与功能的人，是数字创业活动中最基本的创业主体[⊖]。ICT 技术广泛用于固定电话、计算机、广播和电视以及新兴的数字技术（如智能手机、在线平台和人工智能）。

### 2. 数字创业者特征

（1）数字化创造性思维。数字技术的可编辑性、可扩展性和开放性既可以促进产品/服务创新模式的形成，也能够嵌入整个创业活动过程当中，促进开放式创新模式的实现，共同激发创业者的创造性思维。被数字技术赋能的创造性思维能够促使创业者利用数字技术对信息进行加工和处理，产生创新性的思维和想法，最终强化创业者对创业机会的识别。

（2）数字战略能力。如今，高达 90% 的创业企业都以失败告终，其中很大一部分可以归结到分配稀缺资源方面的战略失败。因此，创业者能否选择正确的战略方向，以决定如何创造增值产品或服务，并执行最佳过程，对新创企业的生存有着重要影响，这在数字经济时代体现得更为明显。

当下，企业需要主动或被动地通过数字化转型来充分利用数字技术带来的机遇，以实现业务流程、商业模式、文化和客户体验等方面的价值创造。为了更好地利用数字技术驱动创业，企业的创业者需要根据内外部环境分析，并结合自身优势制定数字战略，包括数字化的行动纲领和未来愿景等。

---

⊖　NGOASONG M Z. Digital entrepreneurship in a resource-scarce context: a focus on entrepreneurial digital competencies[J]. Journal of small business and enterprise development, 2018, 25(3): 483-500.

## |延伸阅读| 数字战略

在数字经济时代,从企业层面来看,创业者的数字战略能力对新企业创建至关重要,而从国家层面上来看数字战略同样重要。

2022年6月13日,英国政府发布《英国数字战略》(*UK Digital Strategy*),并于7月4日进行修订,《英国数字战略》阐述了英国利用数字化转型建立更具包容性、竞争力和创新性的数字经济的愿景以及实现该愿景所需的行动,旨在提升英国在数字标准治理领域的全球领导地位。

《英国数字战略》指出,数字战略主要侧重于六个关键领域:

### 数字基础(Digital Foundation)

英国计划推出世界级的数字化基础设施,利用数据的力量以及英国"脱欧"赋予的自由,来实施一个宽松且有利于经济增长的监管制度,在保护公民的同时鼓励投资和创新,提升人工智能、数据和数字竞争等领域的监管竞争优势。除此之外,为了确保英国的技术和数字安全免受其他国家威胁,需要确保高度敏感的技术知识产权能得到完备的保护。

### 创意和知识产权(Ideas and Intellectual Property)

创意和知识产权是支持数字业务创新的核心,因此政府对研发(Research and Development, R&D)的投资从2020—2021年的每年150亿英镑增加至2024—2025年的200亿英镑,并且通过对研发税收的优惠来鼓励个人投资。同时,英国还积极发展深度技术方面的专业知识,例如人工智能、下一代半导体、数字孪生、自主系统和量子计算。

### 数字技能和人才(Digital Skill and Talent)

英国政府为了确保英国科技企业获得创新发展所需的技能和资金,将与各类学校、继续教育提供者和企业合作,来提供实体经济所需要的数字技能,包括学徒制和职业生涯的技能培训。目前,英国政府已经资助了1 000名人工智能领域的博士,并为人工智能和数据科学领域的硕士学位转换课程提供了1 000个奖学金,同时支持学徒制,并推出了T-Level课程。除此之外,英国还为数字企业提供了一系列全面的签证途径,助力英国数字企业招聘世界各地的优秀人才。

### 融资数字增长(Financing Digital Growth)

英国政府致力于改善科技生态系统,以确保英国仍然是世界上启动和运营数字技术业务的领先国家之一。具体措施包括:通过英国商业银行和英国资本改善融资渠道,通过金融科技将技术革命嵌入整个经济,以及将企业投资计划(Enterprise Investment Scheme, EIS)、种子企业投资计划(Seed Enterprise Investment Scheme, SEIS)、风险投资信托基金(Venture Capital Trusts, VCTs)和许多活跃的早期风险投资基金(Venture Capital Funds, VC)等计划,以及风险资本投资激励机制嵌入初创企业部门。

### 传播繁荣和升级(Spreading Prosperity and Levelling Up)

英国使用数字技术来实现关键战略中的优先事项。例如,通过技术提高生产力、改善公共服务等。为了让英国更好地享受数字技术带来的好处,英国政府资助每个地区的企业采用尖端技术,从而提高生产率和包容性。

### 提升英国在世界上的地位(Enhancing the UK's Place in the World)

英国政府致力于维持英国作为科技超级大国的地位,因此将利用其在数字和技术方面的战略优势来影响不断发展的数字世界的全球决策。

资料来源:《英国数字战略》。

(3)数字机会识别能力。作为创业活动中的核心环节,创业者对创业机会的识别决定着整个创业活动的进程。进入数字时代,数字创业者如何基于数字技术识别创业机会成为数字创业领域的热点话题。

数字技术赋予了数字创业者更敏捷的洞察力，提升了其机会识别能力。其中数字组件能为用户提供具有特定功能和价值的产品 / 服务或强化原有产品 / 服务的功能，有助于创业者识别新的创业机会。数字平台促进了分散式创业机构的形成，使更多的创业主体共同参与到创业过程中来，帮助创业者一起探索、验证和开发创业机会。数字基础设施在创业活动中的应用能够帮助创业者探索未知领域，识别新的创业机会，也能降低创业机会识别的成本，从而提高创业机会识别的可能性，还有利于创业者接触目标客户、了解市场信息，促进互补性产品 / 服务的开发。

## 2.2　数字创业团队

**｜创业聚焦｜　腾讯创业五兄弟**

1998 年秋天，马化腾与他的同学张志东合资成立了深圳腾讯计算机系统有限公司。之后又增加了曾李青、许晨晔和陈一丹三位股东。为避免权利纠纷影响企业发展，马化腾与四位股东立约：各展所长、各管一摊。马化腾出任 CEO（首席执行官），张志东出任 CTO（首席技术官），曾李青出任 COO（首席运营官），许晨晔出任 CIO（首席信息官），陈一丹出任 CAO（首席行政官）。

直到 2005 年，五人创始团队依旧保持当年约定好的合作阵容，各展宏图，不离不弃。

2007 年，腾讯公司已经打造出庞大的帝国局面，仍有 4 名股东身居一线，只有首席运营官曾李青挂职终身顾问而退休。腾讯公司能数十年如一日保持创始人团队的稳定合作，这是尤为珍贵和难得的。

可以说，在中国的民营企业中，能够像马化腾这样，选择性格不同、各有特长的人合力组成创业团队，并在成功开拓局面后依旧保持长期默契合作，是很少见的。那么，马化腾为什么能做到这些？这和他本人的特质、能力以及组成的团队又有什么样的关系呢？

### 2.2.1　创业团队组成与特征

#### 1. 创业团队定义与组成

1975 年，蒂蒙斯（Timmons）在 *Journal of Small Business Management* 上发表的文章引发了对创业团队的激烈讨论，文章题目是《创业团队是美国的梦想还是噩梦》。20 世纪 80 年代后期，随着西方社会中团队创业成为主流，创业团队研究日益受到重视。

创业团队（Entrepreneurial Team）最早被定义为由两个或两个以上为获取经济利益而一起创建企业的创业者所组成的团队，后经过不断完善被进一步明确为由两个或两个以上一起创立或管理新企业，具有共同愿景且拥有一定股权的人所组成的团队。该团队成员会根据角色互补来开展合作，共同参与决策制定、共担创业风险以及共享创业收益。

创业团队成员可以分为五种类型[一]，分别是组织角色、动议角色、督导角色、执行角色、设计角色，这五种类型的角色共同组成一个比较完整的创业团队。不同类型角色的成员通过互相帮助、互相监督，促进团队有序运作，并使其不断发展壮大，五种不同类型的角色实现了团队的平衡。不同成员在创业团队中发挥各自的优势，为团队提供有效应对外部环境带来的机遇和挑战的智慧与创造力。在管理、决策和创新上，能够实现多方面的有效配合。

其中，组织角色的职责是作为团队的指挥者来组织团队的各种活动，协调团队行为，防止成员之间的冲突，以及保持创业团队的一致性，帮助提升团队的凝聚力和士气；动议角色是团队中具有较强创新意识的成员，为争取团队的支持与认同，能够为创新出谋划策，且付出大量心血；督导角色思想比较保守，风险意识比较高，对团队面临的风险和机会能够考虑得比较周全，通过监督，能避免风险过大的创业行为；执行角色是指负责执行团队决议的创业团队中的一员，这种类型的人个性较为稳重，对于团队的决策会努力付诸实施，对于可能出现的风险也会随时做好补救的准备；设计角色能够根据个人专长，提供许多有建设性的意见和建议，供其他成员借鉴。

### ⭐ 专栏 2-1　创业团队类型

创业团队分为 3 种类型：星状创业团队（Star Team）、网状创业团队（Nesh Team）和从网状创业团队中演化来的虚拟星状创业团队（Virtual Star Team）。

**星状创业团队**

团队中通常有一名起到领袖作用的核心领导者（Core Leader）。这类团队一般是在创业团队的组织按照自己的想法去做之前，核心领导者就有了创业的想法。

故此，核心领导者在团队形成之前，就已经认真思考过团队的构成，并根据自己的想法，选择相应人物（熟悉或不熟悉）加入团队。其他团队人员更多的时候是作为企业支持者角色（Supporter）。

典型例子：太阳微系统公司（Sun Microsystem）创业当初就是由维诺德·科尔斯勒提出了多用途开放式工作站的概念，随后，他邀请了软件和硬件领域的专家 Joey 和 Bishtorshim，以及一位拥有制造经验和出色人际技能的 McNierry，共同组建了 Sun 的创业团队。

---

㊀ 谢科范，吴倩，张诗雨 . 基于七维度分析的创业团队岗位配置与角色补位 [J]. 管理世界，2010(1): 181-182。

#### 网状创业团队

通常，这类创业团队的成员在创业前，关系比较密切，有亲戚朋友，有同学同事。团队成员会在互相沟通和交流中认同对方的某种创业理念，并达成一致意见。在组建创业团队时，没有明确的核心人物，团队成员会自发地根据自己的特点，确定自己在组织中所起的作用。因此，团队成员在企业刚成立阶段的主要角色是合作者或合伙人（Partner）。

典型例子：微软的比尔·盖茨及其童年玩伴保罗·艾伦，惠普的戴维·帕卡德及其在斯坦福大学的同学比尔·休利特等是网状创业团队的代表。事实上，多家知名企业的创立多是先由于关系和结识，进而通过互动的方式来激发自己的创业想法，选择和别人合伙做生意，这种例子比比皆是。

#### 虚拟星状创业团队

这种创业团队是由网状创业团队演化而来的，基本上是前两种的中间形态。在该团队中有一个核心成员，但是其地位的确立是团队成员协商的结果，因此核心人物某种意义上说是整个团队的代言人，而不是像星状创业团队中那样的主导型人物，其在团队中的行为必须充分考虑其他团队成员的意见。

资料来源：百度文库。

### 2. 创业团队特征

创业团队与普通团队存在差异，其特征可以被总结为目标明确性、任务依赖性、角色合理性等几个方面[⊖]。

（1）目标明确性。创业团队以实现全体成员共同的创业目标为宗旨，将各方面有专长的人员进行组合和分配。创业团队拥有所有成员一致认可的目标，大家一起参与到团队目标的制定中来，让他们感受到团队和自己是一体的，对待工作更加积极认真从而在一定程度上降低了"搭便车"的发生。相对于普通团队，创业团队的首要目标是创建新企业，找到适合企业的发展道路；普通团队主要是完成组织安排或第三方委托的目标，成员对目标只能被动接受，团队成员的工作积极性和主观能动性也因此受到了很大的影响。

（2）任务依赖性。任务依赖性指的是创业团队成员必须相互依靠，才能取得足够的成绩，才能完成任务。相比普通团队，创业团队需要完成的任务更复杂、更专业，分配给特定成员的任务都是紧密联系的，因此只能依靠成员之间的互相依赖，才能完成任务。彼此依赖是团队协作的源泉，同时也进一步提高了组员之间的信任度。观此种种，任务依赖性对创业团队协作和信任都极其必要且重要。相比普通团队，创业团队各成员之间关系密切，福祸相依，每个成员的任务都会

⊖　陈忠卫，张广琦，胡登峰. 新创企业创业团队特征与离职倾向的关系研究 [J]. 现代管理科学，2013(10)：3-5。

对团队中的其他成员产生深刻影响；普通团队中团队成员之间的关系并不密切，团队任务的失败并不一定导致团队成员的失业。同时由于跨职能等原因，各成员的任务对别人的影响相对较小。

（3）角色合理性。创业团队的成员各自扮演着不同的角色，在架构合理的情况下共同组建了创业团队。英国管理学家 Belbin 博士最早提出团队角色理论（Belbin's Theory of Team Role），Belbin 指出团队成员必须清楚其他成员所扮演的角色，相互了解并发挥各自优势。角色合理性是指创业团队在满足总体目标要求的基础上，根据共同的创业目标，对每个成员的能力进行合理的任务分配。对创业团队来讲，其角色类型一般包括风险投资者和经营开发者等，各角色职能清晰；对普通团队来讲，其角色类型一般包括跨职能团队成员、财务以及营销人员等，角色之间的界限相对模糊、分工不清晰。

### 3. 创业团队治理

通常，创业团队成员的背景、经历、价值观、行为方式各不相同，这种多样性在创业过程中可能会产生投机取巧的行为，也可能会影响团队协调。[注]团队创业本质上是团队生产活动，容易出现偷懒或"搭便车"现象，或者出现不兑现承诺的机会主义行为。创业团队成员在知识、价值观、行为方式等方面存在差异，因为他们的成长背景不同（如年龄、教育背景、职业经历等）。如果缺乏及时有效的沟通协调，就很容易出现行动不一致，甚至反目成仇的情况。无论投机取巧的行为，还是协调问题，都不利于创业团队的合作，严重的可能会导致创业失败甚至是内部矛盾和不理智行为（即损人不利己）。

创业团队协作的基石在于团队制度，因此，要在协作过程中，制定创业团队成员都认可的，能减少不确定因素及确保创业团队有效协作的制度框架，为团队开展工作奠定基础。

制度有正式制度（产权制度和合同等）和非正式制度（规范和习俗等）两种。相对应地，创业团队治理机制也有正式治理机制和非正式治理机制两类。正式治理机制是经过正规的程序，有意识地建立起来的制度。正式治理机制在企业治理研究中较为普遍，有正式契约，有股权安排，也有董事会。非正式治理机制是一种由共识形成的行为准则，是创业团队在合作过程中逐渐培养出的共同遵循的行为规范。

创业者是企业开展战略决策的中心，个性自信、追求自由的团队成员可能会在沟通和协调上遇到难题，因此亟待形成团队行为规范，培养一种有助于团队协调、问题解决的开放气氛。

---

㊀ 张广琦 . 创业团队特征、团队信任与离职倾向关系的实证研究 [D]. 蚌埠：安徽财经大学，2014.

专栏 2-2　四大名著与创业团队

把四大名著中的四个团队抽象成四种创业团队模型：

- 《西游记》代表的是一个白手起家到创业成功的团队模型。
- 《水浒传》代表的是从白手起家到创业成功，再到创业失败的团队模型。
- 《三国演义》代表的是同行业竞争的三支不同的创业团队模型。
- 《红楼梦》代表的是处于企业衰退期的转型失败的团队模型。

《西游记》不仅是一部伟大的神话小说，也是一部伟大的创业史。看起来是师徒四人历经艰难险阻，最终成功到达西天取经的故事，其实背后巧妙地融入了一个创业团队从公司起步到步入正轨，再到成功上市的完整过程。

请思考：唐僧的取经团队是一个什么样的团队？他们是如何分工协作的？又是如何克服困难，一起把公司做到上市的？

## 2.2.2　数字创业团队概念与特征

### 1. 数字创业团队概念

在经典的创业过程模型中，创业机会、创业资源和创业团队被认为是促进创业成功的关键要素。同样，数字创业团队作为数字创业的关键主体，需要深入参与到数字创业过程中。传统创业主体是相对单一且明确的创业个体或团队组织，但数字创业主体呈现多层次、多样化和可持续演化的特征，创业团队具有不确定性和无预定义性，数字技术可以赋能加速创业团队成长。

数字创业团队可以界定为由两个或两个以上具有共同目标，利用数字技术开展数字创业活动且主要负责企业数字战略决策和持续运作的人所组成的团队。数字创业团队可以有狭义和广义之分。狭义的数字创业团队指新创数字企业中的团队，是从创立企业之初就利用数字技术开展创业活动，从而创造数字产品或服务的团队；广义的数字创业团队还包括既存企业数字化转型中的团队，是企业通过数字技术进行二次创业或商业模式创新时组建的团队。

随着数字技术的发展，数字创业团队已经不局限于人与人的组合，基于数字技术使能或可供性（Affordance），以虚拟偶像、虚拟主播等虚拟数字人为代表的数字企业，其创业团队还包括人与机器的组合。

## | 重要概念 |　虚拟数字人

随着 Web3.0 在国外大火，以及越来越多的国内外科技巨头推出元宇宙产品，中国虚拟数字人产业已经从概念级转向产业级应用。

虚拟数字人又称数字人，指人们在计算机上模拟出一个类似真人的虚拟人形象。自2021 年下半年以来，虚拟数字人频频登上各种类型的节目、晚会和大型运动赛事，为观众带来耳目一新的体验。此外，传媒和金融等行业也纷纷推出相关虚拟数字人来提供服务，一时间，虚拟数字人成为潮流。

从虚拟数字人的应用场景区分，大致能够分成两类。一类是身份型虚拟人，如虚拟化身和虚拟偶像；另一类是服务型（功能型）虚拟人。其中身份型虚拟人拥有独立身份，被赋予具有个性的人格特征。表 2-1 为虚拟偶像榜单 TOP5。

表 2-1　虚拟偶像榜单 TOP5

| 排名 | 名称 | 身份 | 公司 | 落地情况 | 形象 |
|---|---|---|---|---|---|
| 1 | 洛天依 | 虚拟歌手、虚拟偶像 | 上海禾念 | 2012 年 3 月 22 日，洛天依的形象设计首次公布。洛天依作为最知名的虚拟偶像之一，微博粉丝数达 516.3 万，B 站粉丝达 277.6 万。截至 2022 年 5 月，洛天依共发布 962 张专辑，原创歌曲高达 6 189 首 | |
| 2 | 翎_Ling | 虚拟 KOL、虚拟偶像 | 次世文化魔琺科技 | 2020 年 5 月 18 日，翎_Ling 正式出道。翎_Ling 曾登上中央电视台国风少年创演节目《上线吧！华彩少年》。2021 年 1 月，翎_Ling 成为首位登上《Vogue me》封面的虚拟人物。目前，翎_Ling 在微博上有 72.5 万粉丝，已与百雀羚、宝格丽、特斯拉、奈雪的茶、Keep、100 年润发等合作代言 | |
| 3 | A-soul | 虚拟偶像女团 | 字节跳动乐华娱乐 | 2020 年 11 月，乐华娱乐首个虚拟偶像团体出道，团队由五人组成，已经发行多张单曲。目前，A-soul 微博粉丝有 125.5 万，B 站粉丝数有 65.6 万，已为华硕、肯德基、欧莱雅、Keep、小龙坎火锅等多个品牌代言 | |
| 4 | AYAYI | 虚拟偶像、时尚博主 | 燃麦科技 | 于 2021 年 5 月 20 日亮相，AYAYI 目前成为"天猫超级品牌数字主理人"，是阿里巴巴的首个数字人员工。目前，AYAYI 微博粉丝数有 56.4 万，已经和安慕希、娇兰、保时捷等品牌达成合作 | |

（续）

| 排名 | 名称 | 身份 | 公司 | 落地情况 | 形象 |
|---|---|---|---|---|---|
| 5 | 伊拾七 | 虚拟艺人、虚拟演员 | 一几文化 | 2019 年 5 月，以 2D 动漫形象在抖音上线，并于 2020 年 4 月晋升到超写实 3D 虚拟偶像，以创作视频为主，目前抖音粉丝已达 1281.6 万，并与阿里游戏、莉莉丝游戏、今日头条、立白、启辰汽车、DR 钻戒等诸多品牌合作 | |

资料来源：零壹智库、01 区块链联合《陆家嘴》杂志针对虚拟数字人发布的第二期 TOP50 榜单。

而服务型（功能型）虚拟人能够投入生产和服务，以虚拟化身的形象执行偏标准化的工作。目前服务型虚拟人（也被称为虚拟员工）落地的领域包括虚拟新闻播报者、虚拟主播、数字讲解员、金融虚拟智能顾问等。表 2-2 为虚拟员工榜单 TOP10。

**表 2-2 虚拟员工榜单 TOP10**

| 排名 | 名称 | 身份 | 公司 | 落地情况 | 形象 |
|---|---|---|---|---|---|
| 1 | 关小芳 | 虚拟主播 | 快手 | 关小芳是快手于 2021 年 11 月推出的首个基于多模 AI 捕捉驱动能力和实时真实感渲染打造的虚拟主播，能够在直播间和粉丝实时互动交流、与真人主播相互配合或连麦互动。已与苏泊尔、拉芳等品牌合作 | |
| 2 | 小漾 | 虚拟主持人 | 芒果超媒 | 2021 年 10 月 2 日，小漾首次亮相，并成为湖南卫视实习主持人。2022 年 1 月 1 日，小漾作为实习主持人亮相《你好星期六》 | |
| 3 | 小 C | 数字虚拟小编 | 百度智能云、央视网 | 2021 年两会期间，央视网数字虚拟小编"小 C"首次亮相，它以一头清爽干练的短发和高颜值示人，在"两会 C+真探系列直播节目"中担任记者的角色，与梁倩娟、马慧娟等全国人大代表进行独家对话 | |
| 4 | 冰糖 IO | 虚拟主播 | 哔哩哔哩 | 于 2019 年 5 月出现，冰糖 IO 是一名虚拟主播，主要活跃在 bilibili 网，拥有粉丝 115.9 万，主要发布自制 MMD、游戏、配音、演唱及翻唱等类型的视频作品，直播唱歌、杂谈、打游戏、动画点评、与其他主播联动等 | |

（续）

| 排名 | 名称 | 身份 | 公司 | 落地情况 | 形象 |
|---|---|---|---|---|---|
| 5 | 小诤 | 数字记者、数字航天员 | 新华社、腾讯 | 2021 年 6 月 20 日，在神舟十二号成功发射后，专门面向航天主题和场景研发的数字航天员、数字记者"小诤"亮相，"小诤"能带用户漫游三大空间站 | |
| 6 | 爱加 | 虚拟志愿者 | 科大讯飞 | 爱加是 2022 年冬奥会的"志愿者"，会中英日俄法西 6 种语言，不管是冬奥赛事、赛程查询，还是交通、文化、旅游问答，都能快速回应 | |
| 7 | 冬冬 | 冬奥宣推官、带货主播 | 阿里巴巴 | 冬冬由阿里巴巴集团全球科研机构达摩院开发，角色设定为生于北京的 22 岁女孩，个性热情直率且热爱冰雪运动。以 2022 年数字人冬奥宣推官形象出现，协助推广 2022 年冬季奥运会 | |
| 8 | 新小萌 | 虚拟主播 | 新华社、搜狗 | 2019 年 2 月，全球首个 AI 合成女主播新小萌横空出世。以新华社记者屈萌为原型，新小萌能够在新闻领域进行实时播报和交流，她曾参加 2019 年两会的播报 | |
| 9 | YAOYAO | 虚拟主持人 | 芒果超媒 | 2021 年 9 月 17 日，由芒果 TV 联合举办的国际音视频算法大赛颁奖盛典上，YAOYAO 首次亮相，并与主持人共同主持。通过动作捕捉装置，YAOYAO 已经能与动捕演员实时保持一致 | |
| 10 | 小浦 | 浦发银行数字员工 | 浦发银行、百度智能云 | 2019 年 12 月 13 日，浦发银行数字员工"小浦"上岗。小浦入职后在浦发银行的部分网点进行轮岗，出现在浦发银行 App、网银以及各类移动终端，还能融入智能家居 | |

资料来源：零壹智库、01 区块链联合《陆家嘴》杂志针对虚拟数字人发布的第一期 TOP50 榜单。

### 2. 数字创业团队特征

相较传统创业团队，数字创业团队具备以下特征。[一]

（1）团队构成开放化。相对于传统创业团队，数字创业团队的构成开放性更强。虽然传统的创业团队允许团队成员在学历、技能、经验等方面有所差异，但通常情况下，创业团队成员之间存在着家人、亲戚、朋友或同学的关系，从而导致创业团队在某些构成方面具有一定程度的相似性。

然而，数字创业主要依托庞大且无所不在的数字网络，文化、行政、时间、地理和经济等因素已不再是组建数字创业团队的最大障碍，在规定的时间内完成规定任务是对团队成员唯一的要求，这提高了数字创业团队构成的质量。在数字经济的大背景下，传统创业团队家族化或泛家族的构成正演变为更加开放的数字创业团队。

（2）团队认知能动化。相较于传统创业团队，数字创业团队的认知更具能动化。传统创业团队对外部市场变化的判断以及市场需求的解读多依赖于团队成员多年的经验和直觉。然而，数字技术颠覆了创业团队惯常的思维方式，数字创业团队成员的思维与数字环境不断交互，从而使团队认知更加能动化。

具体来讲，云计算、大数据和 3D 打印等数字基础设施为数字创业团队开展创业活动提供了更加丰富的资源，也为其对数字创业机会的认知提供了积极的心理表征，从而促进其对创业机会的识别与开发以及资源整合。比如，数字创业团队可在数字平台上与其他创业主体频繁交互，从而保持对新机会的敏锐。在数字经济背景下，创业团队认知不再局限于传统的经验和直觉，正逐渐向能动化转变。

（3）团队决策最优化。相较于传统创业团队，数字创业团队的决策趋于最优化。创业需要持续协调外部环境和内部实况，然而传统创业团队遵循"有限理性"原则，这可能导致团队无法有效适应外部市场变化进而失去竞争优势。

然而，在数字技术情境下，使用高度精确算法能在无人控制的情况下长时间、高效率地自主采集与录入数据，这解放了数字创业团队成员的精力和时间。此外，数字技术通过模拟具体情境并对比前期事件提供多种备选方案，有效削减了有限理性和信息不对称的约束，从而使数字创业团队的决策更为准确高效。在此情况下，数字创业团队逐渐由传统创业团队的"满意决策"向"最优决策"靠拢。

## 2.2.3 数字创业团队治理

相较传统创业团队，得益于数字技术的加持，数字创业团队在团队治理上更

---

〇 贾建锋，刘梦含. 数字创业团队：内涵、特征与理论框架 [J]. 研究与发展管理，2021, 33(1): 101-109.

加趋向于智能化和连通化。<sup>⊖</sup>

### 1. 智能化管理

数字创业团队需要由传统的低效性管理转为智能化管理。传统创业团队多依赖科学的管理理论开展团队治理，往往受到自身能力限制。然而，数字经济下的创业环境更加激烈动荡并充满不确定性，数字创业团队构成更加开放化，其自身管理手段也需相应升级，在科学管理理论基础上还需重视先进数字技术的应用。

一方面，对于简单并重复的工作，数字创业团队可通过使用软件机器人来代替人工；另一方面，对于高水平的复杂管理业务，数字创业团队可以引进人工智能技术，通过模拟人类的思维模式和行为促进团队实现更加科学的管理。

### 2. 连通化运作

数字创业团队由传统的以线下为主、以远程为辅的团队运作方式转向连通化的新型交互方式。信息和通信技术的发展使通信工具快速渗透进我们每个人的工作与生活，一般情况下，传统的创业团队要求团队成员在公司内实地完成工作任务，特殊情况才允许团队成员远程处理相关工作事务。

然而，数字技术的出现和使用大大提高了数字创业团队获取与处理数据资源的速度，同时降低了与之相关的成本，这为数字创业团队内部的远程交互提供了极大便利。从实践中可以观察到，如今大量的数字创业团队在非工作时间和非常规工作场所开展创业活动，为了维持团队的生存与发展，越来越多的数字创业团队采取连通化的运作方式。

## 本章小结

1. 创业者特质。创业者特质可划分为积极特质和消极特质两大类。其中积极特质包括成就需要、冒险倾向、创新性、内部控制源和自我效能感等；消极特质包括自恋、精神病态和马基雅维利主义等。

2. 数字创业者特征。它主要包括数字化创造性思维、数字战略能力、数字机会识别能力。

3. 创业团队特征。它主要包括目标明确性、任务依赖性、角色合理性。

4. 数字创业团队特征。它主要包括团队构成开放化、团队认知能动化、团队决策最优化。

5. 数字创业团队治理。它主要涉及智能化管理、连通化运作两个方面。

## 重要概念

创业者　创业团队　团队治理　数字创业者　　数字创业团队　数字团队治理

---

⊖ 贾建锋，刘梦含.数字创业团队：内涵、特征与理论框架 [J].研究与发展管理，2021, 33(1): 101-109.

## 复习思考题

1. 创业者具有哪些典型特质?
2. 创业团队有哪些类型?
3. 创业团队治理机制有哪些?
4. 数字创业者和数字创业团队具有哪些特质?
5. 相比传统创业团队,数字创业团队治理有哪些不同之处?

## 实践练习

### 访谈身边的数字创业者

结合本章的内容,对身边的数字创业者或数字创业团队进行访谈,深入了解其数字创业过程。

# 第3章　数字创业机会

■ **名人名言**

　　要加速中国制造向数字化智能化转型升级，紧紧抓住工业互联网、大数据、人工智能等新技术机遇，加快传统产业转型升级，发展新产业、新业态、新模式。

——海尔集团董事局主席、首席执行官　周云杰

■ **核心问题**

　　创业机会的内涵和类型是什么？

　　数字创业机会的来源有哪些？

　　如何识别数字创业机会？

　　如何评估数字创业机会？

■ **学习目的**

　　掌握创业机会的内涵和类型

　　了解数字创业机会的来源

　　把握数字创业机会识别的过程

　　了解数字创业机会评估的方法

■ **引例**

**八维通数字创业机会的识别与开发**

　　"观察现有互联网场景，无论微信、支付宝还是美团，都会有支付环节，因为任何一个交易场景中都有一个支付环节，在出行领域的支付环节就是买票，只有买票后才能通过高速路口，才能进入停车场，因此我们的目光就聚焦在了这么一个凭证上。"

　　八维通科技有限公司的创始团队杨宏旭等人在回忆2015年创业之初的经历时说："那

个时候已经有了移动支付，人们在菜市场上已经可以扫码买菜了，但是在公共出行领域里没有先例，我们就在想可不可以把人们公共出行的方式改了？可不可以刷一下手机便能够乘坐地铁？所有的想法和努力都从这开始，这只是一个 idea 而已。"

然而当真正去做这件事情的时候，杨宏旭团队发现前方阻力重重。已经建成的地铁已经建设好完整的闸机设备，票务数字化无异于将所有的闸机推倒重建；另外，不同地铁线路的收益归属于不同的运营商，在数字票务系统中难以实现收益划分的问题，在与银联的沟通中也被告知没有这样的业务。

这些问题并没有阻挡杨宏旭团队对数字创业机会开发的进程。通过将中国中车和中国银联联合，创业团队解决了整合资金的难题。为了解决数字票务与资金流的整合，创业团队引入云计算、物联网、人工智能、5G、区块链等新兴技术，打造数字票务、人脸支付、智慧乘客服务及商圈运营等系列解决方案。2017 年 1 月 23 日，八维通科技有限公司成立，3 月份第一条数字地铁线开始运营，全线网全闸机改造在无锡上线，整个商业进程开始推进。

在推进地铁数字出行的同时，八维通科技有限公司也在不断创新自身业务。公司放弃运营单一 App，将自身定位为卓越智慧出行平台服务商，不断扩充应用场景。经过对平台数字资源不断地开发与利用，截至 2022 年 6 月，公司上线运营 50 多个城市的轨道交通项目和智慧停车项目，20 多个城市的公交数字票务系统，服务全国 200 多个出行场景，服务用户超一亿人。现已形成管理和服务相融、线上和线下互动、需求和资源匹配，涵盖场景数量最多、服务生态最丰富的智慧出行平台。

资料来源：36 氪。

新一轮数字技术变革不仅给我们带来了许多挑战，也带来了不计其数的机遇，促使新企业如雨后春笋般快速创建并成长。创业者们在数字技术变革的浪潮中不仅感受到了身边生活的巨变，也发现了隐藏在日常衣食住行中的数字创业机会。同处在数字环境中，其他个体为何没有发现这样的数字创业机会？怎样的机会才能算得上是"数字"创业机会？在识别出数字创业机会后，下一步又应该如何评价这些数字创业机会？

## 3.1 创业机会

要识别和评价数字创业机会，首先需要对创业机会的概念有基本的了解。作为创业领域的关键概念，创业机会已经形成了完善的概念体系，下面主要从创业机会的内涵与类型两方面进行介绍。

### 3.1.1 创业机会的内涵

引例中杨宏旭团队提到自己的创业机会来源于小小的"idea"，其实就是我们在生活中常说的创意。创意是具有创业指向同时具有创新性甚至原创性的想法，并非单纯天马行空的奇思妙想。生活中我们可以产生不同的想法，只有满足创意的标准才算具有创业的潜力。

创意一般来说具备两种特性：一是决策情景的不确定性；二是行为结果的不确定性。实际上，这种不确定性普遍存在于社会生活之中，是社会发展客观性的来源。那么创业者的作用表现在什么地方呢？表现在不确定性活动过程中对于新商业过程形成的主导作用。

例如，在高等院校的环境中，大学生汲取科学知识的同时经常会迸发出创新性的想法，小到某一工具零件的改良，大到能源系统的节约，这些想法在转换成产品后具有在市场中盈利的可能性，这便是创意在生活中的具体体现。通过上述例子也可以发现，创意需要具有现实意义，即必须让潜在的消费者接受，并且为消费者带来价值。

## | 行动指引 |

*你曾经萌生过哪些创意？后来又是如何处理这些创意的？*

在实践中，创意往往和创业机会联系在一起，但二者并不能混为一谈。创业者通常是在发现了某些商机后，萌生了相应的创意，最终在一定条件下才能够形成可操作的创业机会。那么什么才算是创业机会呢？

了解创业机会的概念需要从其研究历程出发。20世纪90年代前，学者们主要关注为什么部分创业者可以更好地识别创业机会，因此对创业者的特质进行了深入研究。到21世纪初，Shane 和 Venkataraman 在创业者特质论的基础上开始研究机会发现、评估和利用的主体是谁，影响因素是什么，过程如何进行。创业机会从此有了基础的概念，本书参考 Lee 和 Venkataraman 的研究，将创业机会定义为一个人（或一个团队）为社会提供新价值的机会，通常是通过创建一个新的公司来引入创新的产品或服务。这些机会既包含获得经济收益的可能性，也包含追求创意的企业家遭受经济损失的可能性。

### ★ 专栏 3-1 旧滑板改造中的创业机会

随着滑板运动不断发展，我国的滑板爱好者已超千万人。滑板行业的发展，催生了一系列全新的职业，除了大家比较了解的滑板运动员和品牌赞助滑手之外，滑板改造师悄然兴起，他们根据顾客需要，对旧滑板进行升级和个性化改造。

阿果，本科专业是高分子材料应用，大学时期，他对滑板产生了兴趣，加入了滑板社团。阿果毕业后的第一份工作是自媒体运营，辞去自媒体运营工作后，他到朋友的滑板店去帮忙，对滑板的类型、特点、构造有了更深的了解。他结合自身所学的专业知识与独到见解，再加上自身热爱，毅然决然地投入到这个行业中来，并且相信通过自己的能力和知识可以打开一方新天地。

滑板改造是一个全新的职业，阿果的底气不止来源于自身的知识与热爱，更是源于他发现网络平台中滑板改造业务存在缺口，自媒体运营工作积累的经验，以及作为数字原住民的感知能力赋予了他充足的信心。于是阿果在网络平台开了一个工作室，专门做旧滑板改造。创业之初阿果面临着订单较少的窘境，但是他通过学习创业知识，利用多个平台吸引流量，做宣传推广，慢慢也有了起色，到现在工作室已经成立 4 年了。

资料来源：东北师范大学就业创业教育研究院 . 高校毕业生数字经济就业创业报告 [R]. 长春：2023.

在了解创业机会的定义后，仍然无法洞悉为何创业者们可以发现创业机会。根据以往学者的研究，具体来说创业机会的前因主要包括以下几点：

（1）先验知识。先验知识指的是个体的、关于特定主题的、与众不同的信息，通过先验知识的优势，创业者可以建立与其他人员的信息差，发现隐藏的创业机会。具体来说，先验知识可以是自身积累的工作经验，也可以是通过教育学习得到的信息，甚至是在个人爱好方面所积累的知识。先验知识可能并不会即刻带来创业机会，但是随着环境的变化，先验知识可能会使创业者在变化的环境中优先识别出潜在的创业机会。

（2）创业警觉性。创业警觉性指的是当机会存在时能识别机会的一种独特准备，研究发现创业警觉性和机会识别具有正相关关系。与先验知识不同，创业警觉性更偏向于作为创业者自身的特质存在，且先验知识会作用于创业者的创业警觉性，同时作用于创业警觉性的还有创业者的社会网络、个性特质等因素。

（3）学习。与人们所熟知的课堂学习不同，学习是一个获得经验并且转换经验的过程，是一个创造知识的社会过程。已有静态的先验知识可能会影响创业者的机会识别，但是不同人对于静态知识的转化过程也决定着能否识别出创业机会，也就是常说的学习方式。学习不仅针对创业者，对组织而言也存在组织学习的概念，企业通过组织学习可以增加识别机会的可能性，组织学习可以划分为发现阶段与形成阶段。

（4）认知因素。对于不同的信息，不同主体有着不同的处理方式，这种收集信息和处理信息的方式就是认知因素，主要包括认知机制、认知图式、认知结构等。学者们从不同学科的角度对创业者识别创业机会的认知因素进行了研究，发现脑力模拟和反事实思维这两种认知方式会正向促进创业机会的识别。具体来说，具有反事实思维的人可能会思考与事实相反的情况，这种打破常规的思维方式可能会促进创业机会的识别。

（5）创业经验。创业经验指的是个体在重复创业过程中所积累的知识，相较于首次创业的创业者来说，具有创业经验的创业者会更加善于解读信息的价值，并从中发现创业机会。创业经验分为成功的创业经验和失败的创业经验，失败的经验并不意味着会降低创业机会识别的能力。研究表明失败的经验与给定时期内识别出的创业机会数呈现出倒 U 型的曲线关系，即失败经验累计较少时，识别出的创业机会数增多；当失败经验累计较多时，识别出的创业机会数反而降低。

（6）人力资本。人力资本在个体创业者情境下代表个人自身的经验和能力，而在组织中代表不同个体人力资本的组合。人力资本所代表的经验会对创业机会的识别产生影响，比如部分创业者的管理经验对创业机会识别具有促进作用。在组织中不同人力资本的组合也会对机会识别带来不同的效果，由技术专家和创业通才组成的团队具有较强的创业机会识别能力。

（7）社会资本。广义上社会资本是指社会成员从各种不同的社会结构中获得的利益，是一种根植于社会关系网络的优势。已有研究发现不同创业者所处的社会关系网络会影响自身获得信息的数量和质量，而创业者可以从中提取创业机会的相关信息与知识。更进一步，在创业机会开发的过程中社会资本所带来的真实或潜在资源也会提供帮助。

以上是识别创业机会时被提及较多的因素，但是影响创业机会的因素仍在随情境的不断变化而发展，同时也随新视角的加入而产生不同观点。

## 3.1.2 创业机会的类型

Shane 和 Venkataraman 对创业机会的研究确立了创业机会在创业领域的核心地位，为创业领域开辟了广阔的研究空间。但是创业领域对于创业机会的分类一直存在较大分歧，长期以来按照创业机会的本体论，形成机会发现观和机会创造观两大流派，创业机会也因此被划分为发现型机会和创造型机会两种。随着研究的推进，少数学者尝试提出整合的观点，即机会整合观。因此，整合不同研究流派，可以将创业机会分为发现型创业机会、创造型创业机会、整合型创业机会三种。

### 1. 发现型创业机会

机会发现观源于奥地利经济学派学者 Kirzner 的观点，Kirzner 认为创业机会客观存在于市场中，能在市场供求信息中发现关键信息的创业者才可以发现创业机会。而根据此观点，Shane 和 Venkataraman 在关于创业机会的研究中也提到，创业机会客观存在于创业的情境中，自此创业发现观开始发展成为一大流派。

在机会发现观的框架下，机会的开发首先要明确目标，即创业者在识别出客观存在的创业机会后，需要根据信息设定目标，然后根据自身情况选择合适的行动以实现该目标。

## | 创业聚焦 |　信息化浪潮中的创业机会

范渊，21 世纪初期在赴美留学期间获得了美国加利福尼亚州立大学计算机科学硕士学位，并且在信息安全公司担任高管职位。2006 年 8 月，范渊在美国拉斯维加斯登上了全球信息安全大会的演讲台，发表了"互联网异常入侵检测"的主题演讲。此时的范渊在美国有着令无数人羡慕的职业前景，但是他的目光却飘回了故乡。此时的中国正值"两化"浪潮兴起，信息安全逐渐被人们知晓，但是国内相关领域的技术水平却并未达到国际水准。手握现有技术成果以及相关工作经验的范渊看准了这个机会，2007 年，他果断放弃了美国的一切，带着妻儿回国，并选择在杭州扎根，创立了安恒信息技术股份有限公司（以下简称"安恒"），深耕于信息安全领域。安恒的道路并非一帆风顺，但是通过对技术、产品以及研发的钻研，安恒终于在 2012 年迎来了产业发展的春天。从北京奥运会，到亚运会、世博会，再到三届世界互联网大会、G20 峰会，安恒作为国家应急保障队伍的重要成员参与了许多重大活动的安全保障工作，成为名副其实的中国网安护航者。

资料来源：钟惠波，唐兆希. 优雅的创客：杭州海归创业案例 [M]. 北京：北京理工大学出版社，2020.

### 2. 创造型创业机会

机会发现观在发展的同时，逐渐暴露一些问题：仅通过创业者自身是无法发现创业机会的，创业者需要在自身的行动中与其他主体进行互动，并且在此互动过程中构建创业机会。除了与其他主体进行互动，创业者也需要对自己的初始创意进行反复迭代、塑造与开发，在社会情境中完成对创业机会的创造。Alvarez 和 Barney 将这些观点进行整合，概括为机会创造观，机会创造观认为创业机会的本质并非客观的，而是社会建构的，需要在创业者不断地行动中与环境持续迭代，最终形成。

在机会创造观的研究框架下，机会的开发不能设立最终目标，即创业情境具有高度的不确定性，创业者无法专注于目标，而是控制自己可以选择的手段，目标随时间变化处于不断构建的过程中。

## | 创业聚焦 |　贝达药业：中国"药神"

2000 年，获得美国阿肯色大学医学院病理科医学博士的丁列明注意到，在全球医药行业之中，产品、器械、药品，甚至是辅料，几乎都不是 Made in China。中国的制药产业给人的印象是"只会生产原料药、仿制药"，在国际医药市场的竞争中没有话语权，是一片全然空白的领域。这虽然存在着巨大的市场空缺，但是也面对无数未知的困难。美国较为完善的研发条件终究没有战胜丁列明的爱国热血，他决定带着他的团队回国填补创新药空白，开启自己的创业之旅。

回国之后，丁列明带领其团队创立了贝达药业股份有限公司。公司起始目标聚焦于恶性肿瘤、糖尿病、心脑血管病等严重影响人类健康疾病的药物研发。但是当时，国内创新药研发基础不强，丁列明团队顶住压力，终于在政府为创新创业制定的优惠政策以及国家"重

大新药创制科技"重大专项的支持下完成了新突破。2011年，贝达药业成功研制了我国首个拥有完全自主知识产权的小分子抗癌靶向新药——凯美纳，打破了该领域外资药一统天下的局面。

资料来源：钟惠波，唐兆希.优雅的创客：杭州海归创业案例[M].北京：北京理工大学出版社，2020.

### 3. 整合型创业机会

在创业机会的本质到底是客观的还是建构的争论中，逐渐形成了将两者整合的观点——机会整合观。机会整合观认为，发现型机会和创造型机会是同时存在的，两者并不冲突，但是在创业过程中，发现型机会和创造型机会会出现不断迭代的情况。

| 行动指引 |

你身边的创业者都是通过哪种方式识别创业机会的？

## 3.2　数字创业机会的来源

数字化在很大程度上改变了创业机会的面貌，同时也创造了全新的商业模式和市场。一方面，数字化使得创业者可以利用互联网、移动设备和社交媒体等技术来开展业务，这使得创业门槛降低，成本减少，更容易吸引客户和投资者。例如，通过电子商务平台或在线营销工具，创业者可以轻松地将产品或服务推销到全球范围内的潜在客户，并且可以使用数据分析来更好地了解客户需求和行为。另一方面，数字化还带来了全新的商业模式和市场机会。例如，共享经济、虚拟现实、人工智能等新兴技术的出现，使得创业者可以尝试新的商业模式，探索新的市场机会。例如，利用共享经济模式，创业者可以基于闲置资源提供共享经济服务，如共享单车、共享办公室、共享住房等。总之，数字化为创业者提供了更多的机会和可能性，但同时也要求他们具备相关的技术和管理知识，以保证企业成功地运营下去。

由此可见，数字创业机会与传统创业机会存在诸多不同。第一，市场范围不同。数字创业机会通常涉及互联网、移动应用、人工智能等领域，市场范围大且潜力巨大，而传统创业机会更多涉及传统行业，市场范围相对有限。第二，投资

需求不同。数字创业机会通常需要较高的技术成本和研发投入，因此初始投资需求较高，而传统创业机会则更注重原材料、设备、人员等资源的投入。第三，盈利模式不同。数字创业机会盈利模式较为多元，包括广告收入、订阅服务、电子商务等多种模式，而传统创业机会则经常依赖于产品或服务的直接销售收入。第四，竞争环境。数字创业机会所处的竞争环境多数是线上或虚拟场景，由于网络外部性，商业竞争难以预测和掌控，而传统创业机会所处的竞争环境则相对稳定。

数字技术飞速发展的时代，创业机会推陈出新的速度已经远远超出我们的想象。例如，电子商务是一个非常普遍的数字创业领域，开展电子商务业务需要建立可靠的供应链和物流系统；移动应用程序是另一个热门的数字创业领域，开发一款受欢迎的应用程序需要技术知识和市场营销策略；数据分析和人工智能是一个不断增长的领域，这种类型的数字创业需要机器学习、深度学习等专业知识和技能；社交媒体管理也成了非常有前景的数字创业领域，社交媒体管理需要具备市场营销知识和运营经验；虚拟现实和增强现实正在成为数字创业的新趋势，可以用于游戏、培训和其他应用程序，这种类型的数字创业需要具备技术知识和良好的视觉设计能力……数字技术正在催化出越来越多的数字创业机会，不同的数字技术促使形式各异的数字创业机会不断涌现出来。

### 1. 物联网

物联网技术将传感器和网络连接起来，使物体之间可以相互通信和交流。这种技术可以应用于家庭自动化、智能交通、智能制造等多个领域，为创业者提供了丰富多彩的机会。

智能家居：小米生态链企业米家、云米等应用物联网技术将各种智能设备连接起来，从而实现家庭自动化、远程监控等功能。

智慧城市：华为、亿联网络等企业应用物联网技术对城市进行数据采集和分析，并利用智能算法来提升城市管理水平，包括交通管理、安全监控等。

物流管理：京东物流、顺丰速运等企业应用物联网技术对货物进行跟踪和管理，从而提高效率、减少损失和浪费。

工业自动化：海康威视、大华股份等企业应用物联网技术实现自动化生产线，逐步替代传统制造业模式，从而提高生产效益和降低成本。

### 2. 人工智能

人工智能技术的不断发展和应用，正在改变各行各业。创业者可以通过研发自己的人工智能产品或服务，来满足市场需求。

人工智能语音技术：语音技术是人工智能应用程序最常见也最实用的领域之一。基于人工智能语音技术的创业可以包括智能家居、车载系统、语音助手等，在此方面的典型企业有科大讯飞、云知声等。

人工智能医学：人工智能快速、准确的数据分析能力受到医疗健康行业的青睐。例如，深睿医疗（Deepwise）、同程健康等企业将这种技术应用于医学影像分析、医疗辅助诊断和治疗等方面。

人工智能金融：人工智能可以被用于处理金融数据，从而实现更好的投资决策和风险管理。例如，腾讯财付通、零壹财经等企业将这种技术应用于财务预测、银行客户服务、量化交易等方面。

人工智能教育：人工智能可以被用于建立智能教学系统以及推出多元化、革新的课程。例如，慕课、网易云课堂等将这种技术应用于在线教育、个性化学习等方面。

### 3. 区块链

区块链技术是一种去中心化、可追溯的数字记账技术，可以应用于金融、物流、版权等多个领域。针对这些应用场景，创业者可以开发相应的区块链解决方案，并提供相关的技术服务。

区块链金融服务：由于区块链技术可以确保信息安全和可追溯性，因此它适合于各种金融服务。例如，热币网（Hotcoin）、比特大陆（Bitmain）、币行（OKCoin）等企业基于区块链开展了数字货币交易、智能合约、财务管理等应用。

区块链溯源系统：区块链技术可以实现产品的真实性和来源的可追溯性，因此在食品、医疗、物流和制造等领域都具有广泛的应用前景。例如，菜鸟网络和京东的防伪溯源平台等基于区块链开展了供应链管理、身份认证等应用。

区块链社交媒体平台：区块链技术也可以被用于社交网络，以促进更加隐私和匿名的在线互动。例如，Farcaster、Bluesky等基于区块链技术打造的去中心化的社交媒体平台可以保护用户数据隐私。

区块链物联网平台：唯链（VeChain）、沃尔顿链（Waltonchain）等将区块链技术用于构建分布式、安全的网络，以连接物理设备和传感器，并通过智能合约来实现自动化和更高效的管理。

### 4. 云计算

云计算是一种通过互联网提供计算资源和服务的技术，正在成为现代企业不可或缺的一部分。云计算用于管理和分析海量数据，提高企业效率和降低成本。对于擅长技术研发的创业者，提供与云计算相关的软件和服务是一个非常有前途的创业方向。

云存储：随着数字信息的不断增长，基于云计算的云存储越来越受欢迎。因为它可以实现数据的备份、共享和访问，同时还可以降低成本，增加安全性。例如，阿里云、腾讯云、华为云等。

云安全：随着云计算的广泛应用，网络安全问题变得更加突出，云安全产业越来越重要。例如，巨陵科技、知道创宇等基于云计算在数据加密、身份认证、流量管理等方面进行了探索和实践。

云游戏：基于云计算的云游戏可以通过流媒体技术将游戏内容传输到终端设备，从而大大降低游戏硬件设备的要求。这种技术可以为用户带来更好的游戏体验，并且减少游戏硬件的成本。例如，Ucloud 游戏云、网易云游戏等用户可以在平台即点即玩，无须烦琐耗时的下载过程，也不用担心手机存储空间不足。

云物联网：基于云计算的云物联网可以将连接到云端的传感器和设备中收集的数据存储到云端，并利用分析和处理技术提取有价值的信息。这种技术可以应用于智能家居、工业自动化、智慧城市等领域。例如，华为云物联网、腾讯云物联网等可使企业无须自建物联网基础设施即可接入主流协议设备，为企业提供一个安全、稳定、高效的连接平台，帮助其低成本，快速地实现"设备 – 设备""设备 – 用户应用""设备 – 云服务"之间可靠、高并发的数据通信。

### 5. 大数据

随着越来越多的企业和政府开始认识到大数据对于业务决策的重要性，大数据分析服务成了一个热门的创业方向。提供数据收集、存储、处理、分析等一系列大数据服务，可以满足客户的需求并获得巨大商业价值。

大数据分析：数联铭品、佰聆数据等利用大数据技术，处理和分析越来越庞大复杂的数据集，从而为企业和个人提供更好的洞察与决策支持。

大数据可视化：将数据可视化是使分析得以真正深入的关键步骤。大数据可视化企业可以连接到各种数据源，并允许用户对其进行查询和分析。例如，图普科技、百分点科技等开发了数据可视化工具，将数据转化为各种图表、报表等形式，以帮助客户更好地理解数据。

大数据营销：借助大数据技术，将精准的营销信息传递给特定目标受众。这种技术可以应用于广告、市场研究、消费者数据收集等领域。例如，达观数据、优客工场等基于大数据的个性化推荐系统实现了精准营销，生成了千人千面的推荐结果。

大数据存储与管理：海量数据的存储与管理是一个不可忽视的问题。提供高效、稳定、安全的数据存储和管理系统，可以帮助企业更好地管理数据及资源，提高工作效率和降低成本。例如，探码科技自主研发的 Dyson 系统，可以完整的实现大数据的采集和处理；中科曙光研发的 XData 大数据一体机可实现自动分解，并在多数据模块上并行执行，全面提高了复杂查询条件下的效率。

数据隐私保护：随着大数据的广泛应用，数据隐私问题也越来越严峻。因此，提供数据隐私保护的技术和服务，可以为企业和政府提供安全保障。例如，威睿智能打造了一套强大的软硬件结合系统——数据安全服务器，可以避免硬件因人为或非人为因素所造成的遗失或破坏；联软科技围绕端点安全、边界安全和云安全，帮助企业实现了对移动设备、用户、应用等统一的安全管理，杜绝了数据泄密。

### 6. 元宇宙

随着虚拟现实技术和区块链技术的不断发展，元宇宙成为热门概念。元宇宙是一个虚拟的、数字化的世界。其中，用户可以使用虚拟现实设备进行交互，并创建内容、交流和开展业务活动，具有巨大的商业潜力。

虚拟现实：该技术可以让用户置身于一个虚拟的现实世界中，从而提供更加真实、更加沉浸式的体验。例如，微软亚太研究院致力于基于虚拟体验协作平台 Mesh 将不同元宇宙无缝黏合起来，魔镜科技重磅推出了消费级元宇宙 IMAX 巨幕智能眼镜。

元素交易：所谓元素指的是在元宇宙中的数字资产，例如虚拟房地产和虚拟货币。例如，千方基金（ChainFunder）基于区块链技术和智能合约建立了元素交易平台。

智能控制与应用：乐家易（ihome）、物联星空等让用户可以通过在元宇宙中的设备控制器进行机器远程操作，更加方便快捷地实现各类设备的管理控制。

基于元宇宙的社交网络：在元宇宙中创建虚拟社交网络，比传统社交媒体的交互更加真实，同时也满足了人们在网络中社交的需求。例如，希壤、虹宇宙等专注于虚拟身份和丰富的用户原创内容，打造理想的沉浸式体验，与用户共同构建一个相互连接的社交元宇宙。

## 3.3 数字创业机会识别

从过程角度来看，数字创业机会识别可以展开为三种不同的活动：感知，发现和匹配。

| 调查研究 |　数字技术对创业机会识别的影响机制：直接和间接影响

德国奥格斯堡大学克鲁泽（Kreuzer）等学者在《商业与信息系统工程》（*Business & Information Systems Engineering*）期刊上发表的文章指出，数字技术是创业的助推器，它影响了机会识别理论的所有构建。为了产生数字化的机会概念，机会识别需要一个参与者。机会概念是由参与者的资源库形成的，而这个资源库又被新的数字资源扩大。机会概念也是由

身处特定市场环境中的参与者产生的，该市场环境通过数字化关系扩展。

数字技术对创业机会识别的直接和间接影响效果是由行动者调节的。数字技术对创业机会识别的直接影响指的是数字技术直接影响构建者、资源和市场；间接影响指的是数字技术通过改变已建立的关系来传递影响。具体的影响机制包括：

直接影响机制一：通过分层模块化架构，由不断增加的数字技术驱动，从同质化的企业家到越来越多和各种各样的参与者；

直接影响机制二：通过数字平台模糊企业和客户的界限，从仅内部访问到外部共享访问；

直接影响机制三：从层级关系到通过数字生态系统模糊产品和行业边界驱动的多边价值网络；

间接影响机制一：非标准化和紧密耦合的工件导致了连接的限制，企业通过分层模块化架构拓展或消除了工件之间的边界，赋予参与者越来越多的机会组合；

间接影响机制二：工件的确定性和最终部署阻碍了产品和服务的后续更改与改进，企业通过数字平台模糊了其与客户的界限，使得参与者的机会识别可以不断调整和迭代完善；

间接影响机制三：传统意义上的参与者的互动被产品限制为与场合相关的互动，企业通过数字生态系统溶解了产品和行业的边界，能够实现基于持续互动和信息共享的机会识别。

资料来源：KREUZER T, LINDENTHAL A K, OBERLÄNDER A M, et al. The effects of digital technology on opportunity recognition[J]. Business & information systems engineering, 2022, 64(1): 47-67.

### 3.3.1　感知

数字创业机会识别的第一步是感知新需求和未充分利用的资源。"感知"主要通过迭代测试和资源众包两种方法来实现。

#### 1. 迭代测试

企业根据用户评价和反馈，通过对产品的迭代测试和修改，识别出用户对于其产品/服务未满足的或变化的需求。该过程的特点是，一家企业及其用户之间的快速反馈循环以及对企业产品的持续改进。在数字时代，数字化增加了进行测试的渠道，简化了数据的收集、分析和解释，迭代测试提高了发现新需求和充分利用资源的效率和有效性，从而提高了企业的数字创业机会识别潜力。

#### 2. 资源众包

当人群基数足够大时，众包可以成为解决问题的重要机制，可以促进大规模发现和对未充分利用资源的访问。资源众包的特点是一家企业从一大批资源提供者那里收集少量未充分利用的资源，当未充分利用的资源分散（或广泛分布）在大量价值创造者中时，这一点尤为重要。众包的过程可能会迅速聚集资源，达到一个能够建立双向市场的规模，并使企业能够从规模经济中受益，面临更多数字创业机会的选择。数字化极大地扩展了企业的资源范围并降低了获取资源的交易成本，日益成为企业识别未充分利用的资源的重要手段。

### 3.3.2　发现

数字创业机会识别的第二步是发现特定市场需求和特定资源之间可能的匹配。"发现"主要通过分类和勘探两种方法来实现。

#### 1. 分类

在此过程中,企业会开发相应的方法和策略来对需求与资源进行分类,以便更高效、更有效地挖掘匹配可能性。该过程的特征在于,企业根据不同的价值主张开发和完善需求的分类,并根据其特征对资源进行分类。当需求和资源市场非常"分散"时,此过程特别重要。数字化通过允许收集和融合更多数据以及更精细和准确地分类,在很大程度上增强了此过程。这样的分类可以进一步简化和加速匹配过程,并提高识别数字创业机会的效率和有效性。

#### 2. 勘探

在此过程中,企业预测某些资源的需求以及资源控制者的期望,以便可以通过选择性推广或提出建议来确定主动匹配它们的方法。勘探过程的特点是一家企业根据历史或当前数据分析其用户的需求和资源,将最相关的信息优先排序。信息的相关性取决于导致交易或有效匹配的可能性。当用户被信息淹没或需要挖掘潜在需求时,此过程特别重要。数字技术大大提高了企业进行勘探的能力,提升了企业利用现有资源的效率,并释放了其数字创业机会识别的潜力。

### 3.3.3　匹配

数字创业机会识别的第三步是以"创生"或"转化"的方式在需求和资源之间创造新的匹配。"匹配"主要通过嫁接和简化两种方法来实现。

#### 1. 嫁接

在此过程中,企业尝试使用迄今未连接(或连接较少)的资源和需求的新组合。嫁接的目的是确定资源与需求之间的独特互补性,并增强资源配置以实现有效的数字机会识别。与典型的解决问题的过程不同,嫁接过程通常从手头资源开始,并寻找使企业能够利用资源创造更多价值的新用户的需求。该过程涉及大量的创造力和偶然性,当企业具有以更快的速度和更大的规模访问资源的能力时,这一点尤其重要。数字化使企业能够以前所未有的速度联系资源控制者(如用户),并以最低的成本尝试新的资源和需求组合,从而赋予企业识别并实现数字创业机会的能力。

#### 2. 简化

在此过程中,企业提供或连接其他资源,以通过连接需求和资源来实现或丰富其创造的互补性。简化过程减少了连接过程产生的独特性，增强了新颖的互补性，从而减少了不兼容性和不确定性。不兼容性和不确定性的缓解对于实现企业基于资源配置的数字创业机会识别至关重要。数字化通过增加数字资源的种类，在很大程度上简化了流程，可以利用这些资源来补充现有资源并解决不兼容问题。这些具有数字功能的资源可以增强资源与企业未满足的需求之间的独特互补性，从而助力企业数字创业机会的识别。

### ✦ 专栏 3-2 数字化转型企业识别机会所需的能力

数字化转型企业需要开发新的能力，以有效识别数字创业机会。

数据存储能力。有些人可能会用纸和笔做记录，而有些人可能会用手账的方式做记录，还有一些人用更适用的、实时的数字方式做记录。数据存储能力随着数字化手段的加入逐渐增强，最常见的是模块化方式，哪里是重点一目了然，如何分类也可以更清晰和快速，这是数字化转型企业有效识别数字创业机会的基本能力。

数据复用能力。我们把海量的、异质的、多元的、复杂的数据及时地存储下来，并做好核心分类和次级细分。这些收集到的数据具有无限价值，从不同角度挖掘和提取，会呈现出不同的结果和架构，这取决于我们复用的目的。当我们想用这些数据的时候，我们可以实时地把它们调取出来，取多少、怎么取都可以通过数字化手段精准拿捏。数据复用能力是数字化转型企业有效识别数字创业机会的关键能力。

数字创新能力。三一重工可以很好地诠释这一能力，以其生产线上的刀具为例。以前对一把刀具的使用时间会有很多的估算方式，大概一把刀具可以使用三天，三天之后就要更换刀具，或者是雕 150 个轮毂就需要换把刀具，但是刀具有时候雕了 140 个轮毂就坏掉了。当刀具的数据在微服务里面沉淀了足够多的时候，三一重工打造了一个类似于工业 App 刀具全生命周期管理的建模微服务，通过这个微服务，摄像头的捕捉可以实时观测到刀具的磨损程度，并通过压力传感器控制和调整刀具的用力点，可以在适当范围内尽量减少刀具磨损，并在刀具即将到达更换临界值时做好更换准备，保证生产线的连贯运作。数字创新能力是数字化转型企业有效识别数字创业机会的高阶能力。

资料来源：李雪灵教授团队企业实地调研资料整理所得。

## 3.4 数字创业机会评估

数字创业机会评估主要包括数字创业机会的客户价值评估、数字创业机会的风险评估、数字创业机会的收益评估三个方面。

### 3.4.1　数字创业机会的客户价值评估

企业需要根据识别出的数字创业机会与客户需求进行系统评估，目的是要为客户和供应商增加价值获取。正如一位数字解决方案经理所说："要了解数字产品的潜力，你需要了解它是如何解决客户问题的——是什么特定的功能、支付模式或技术特征为他们创造了价值？"评估数字创业机会的客户价值主要包括筛选客户机会和完善价值主张两个步骤。

#### 1. 筛选客户机会

这一步骤需要深入了解客户活动，以了解数字产品的潜力。通过对来自不同系统的运营数据进行结构化分析，了解客户业务的性质，企业可以轻松地筛选出有吸引力的价值主张。企业必须了解有关客户对自身效率的看法、客户认为提高效率的机会（瓶颈）以及哪些数字服务可以帮助客户解决问题。具体可以尝试回答以下问题：通过数字化可以解决哪些感知到的客户需求？想要进行数字化业务的潜在客户需求和动机是什么？我们是否对客户运营和数据驱动有清晰的理解？

#### 2. 完善价值主张

这一步骤包括评估解决方案的独特之处和吸引力，并不断完善。企业应该警惕追求那些与竞争对手相似的机会，这类机会将很难确保可接受的利润率。因此，进行竞争筛选，即发现竞争产品是这一步骤的重要组成部分。另外，如果数字创业机会和客户价值主张之间存在不匹配的问题，企业应该暂停这一过程，以调整数字商业化进程。具体可以尝试回答以下问题：如何通过新的数字商业模式创造价值？正在考虑的价值主张有哪些独特之处和说服力？客户是否承认并充分理解数字产品的价值？

### 3.4.2　数字创业机会的风险评估

将新的数字创业机会商业化往往会增加风险。在这一方面，企业的目标是做出与商业化数字创业机会相关风险的评估。一位来自建筑设备制造商的业务发展经理强调了这一阶段的重要性："你不能跳过这一步。数字机会商业化带来了新的风险，作为一家以产品为导向的公司，我们很难估计改变服务收费方式的后果是什么？这样的变化会影响客户的行为吗？"评估数字创业机会的风险主要包括初步评估机会风险和修订应对风险模式两个步骤。

### 1. 初步评估机会风险

这一步骤需要对充满不确定性的数字产品转变过程中可能出现的新风险进行结构化评估。为了识别风险及其因果关系，建议多听取在实施新商业模式方面经验丰富的员工的想法和意见，集思广益，获取不同的能力和替代观点。这种定性分析是学习的关键来源，可以进一步塑造数字产品。具体可以尝试回答以下问题：关于数字创业机会，可以确定哪些新的风险？在确保成功商业化方面，哪些风险最为关键？我们能否在不对现有/传统业务产生任何负面影响的情况下实施数字创业机会的商业化？

### 2. 修订应对风险模式

这一步骤允许针对客户需求的特定条件优化数字创业机会的商业化模式，关键是提出管理风险和相关后果的行动建议。具体重点是选择正确的风险管理方法，包括以下选项：避免风险、减轻风险、转移风险、利用风险。如果实施这些选项的成本很大，则需要进行具体说明，并在可能的情况下进行量化，以避免价值泄露。由于许多数字举措都是新颖的，具有高度不确定性，这就需要企业评估确定的风险以及相应的预期回报——如果潜在回报足够高，则应承担风险。具体可以尝试回答以下问题：需要解决的最关键风险是什么？哪些风险可以保留，哪些风险应该减轻？我们如何调整和重新配置数字创业机会的商业化模式以管理风险？每种风险及其回报之间是否存在平衡？

## 3.4.3　数字创业机会的收益评估

在商业化之前，企业应该仔细分析财务参数，以确保数字创业机会可以带来稳健的收益。企业需要了解实施数字创业机会商业化的行业动态和后果，以及对现有业务的影响。一家林业设备供应商的服务开发经理表示："我们已经意识到，如果我们要尝试数字化下合同的主动维护，那么我们需要一种更好的方式来了解财务参数，这样我们就可以计算出需要纳入合同的风险。"评估数字创业机会的收益主要包括财务敏感性和情境分析、合同控制机制正规化两个步骤。

### 1. 财务敏感性和情境分析

这一步骤首先要确保数字创业机会商业化的稳健性和财务可行性。该分析的主要部分是确定关键的财务参数以及它们如何影响数字创业机会商业化的盈利能力。敏感性分析包括测试不同的假设如何对数字创业机会商业化产生影响。具体可以尝试回答以下问题：关键的财务参数是什么？它们如何影响数字创业机会商业化的盈利能力？在什么条件下，数字创业机会商业化在财务上"有意义"？

### 2. 合同控制机制正规化

这一步骤是最后一项任务，其目的是开发合同控制机制，以确保范围的明确性、收入模式的控制和变更管理。合同对于管理风险和回报至关重要。具体而言，合同描述了意图（商业模式的正式表示），包括支撑商业模式的愿景、论据、基本结构（范围、责任、负债、价格）以及价值主张。合同的形式价值使它成了"现实"，从而定义了商业风险在实践中产生的基础。具体可以尝试回答以下问题：哪些财务或绩效控制参数适合反映数字技术创造的价值？风险归属（即谁负责）是否明确？激励模型是否创造了期望的行为？

### 本章小结

1. 创意是具有创业指向同时具有创新性甚至原创性的想法，并非单纯天马行空的奇思妙想。
2. 创业机会是指一个人（或一个团队）为社会提供新价值的机会，通常通过创建一个新的公司来引入创新的产品或服务。
3. 创业机会的前因包括先验知识、创业警觉性、学习、认知因素、创业经验、人力资本和社会资本等。
4. 创业机会可划分为发现型、创造型和整合型创业机会三个类型。
5. 数字创业机会来源于不同的数字技术，包括物联网、人工智能、区块链、云计算、大数据和元宇宙等。
6. 数字创业机会识别的过程包括感知、发现和匹配三种活动。
7. 数字创业机会评估主要包括数字创业机会的客户价值评估、数字创业机会的风险评估、数字创业机会的收益评估三个方面。

### 重要概念

创业机会　数字创业机会　数字技术　　　数字创业机会识别　数字创业机会评估

### 复习思考题

1. 创业机会的内涵是什么？
2. 创业机会的类型如何划分？
3. 数字创业机会的来源有哪些？
4. 如何识别数字创业机会？
5. 如何评估数字创业机会？

### 实践练习

#### 判断数字创业有没有价值

国内制造企业目前在积极谋求数字化转型，但仍面临较多挑战，主要有以下三个方面：

第一，部分生产环节的信息化程度不高。虽然国内大型制造企业资金实力雄厚，前期信息化投资较多，基础较好，但跟国外先进制造企业相比仍有差距。中小制造企业基础更加薄弱，受到资源、资金限制，有的小型制造企业信息化、自动化都尚未完成，难以向数字化转型实现跨越式发展。

第二，大量"信息孤岛"有待打通，不利于相互协同。制造企业工艺流程复杂，数据来源分散，即使信息化程度较高的生产线，也因缺乏大数据汇总和分析系统，存在严重的"信息孤岛"现象。数据虽然可被收集，但难以对这些多源、异频的生产工艺数据进行挖掘和重整，从而进行数据共享和利用，白白浪费了大量的"数据金矿"。

第三，缺乏成熟可借鉴的数字化转型方案。制造业的数字化转型仍是"进行时"，虽然国外部分制造企业的数字化转型取得了一定进展，但可供借鉴的并不多，国内的制造企业需要结合自身特点去完成数字化转型。同时，国家层面制造企业数字化转型的体系标准也相对滞后，缺乏成熟的制造企业数字化解决方案和实施标准。

结合本章内容，尝试挖掘潜藏在制造企业数字化转型所面临的挑战中的数字创业机会，并判断这些机会是否具有一定价值？

# 第4章　数字创业资源

## ■ 名人名言

数据是新时代的石油。

——《长尾理论》(*The Long Tail*) 作者　克里斯·安德森

## ■ 核心问题

什么是创业资源?

数字资源有哪些类型和特征?

数字资源与传统创业资源有哪些区别?

数字资源对创业有哪些影响?

## ■ 学习目的

明晰创业资源的内涵和类型

熟悉数字资源的内涵、特征及其与传统创业资源的区别

掌握数字资源影响创业的方式

## ■ 引例

### 神策数据：让数据驱动落地生根

随着中国互联网技术的迅猛发展，数据已经成为国家基础性战略资源和重要的生产要素之一，越来越多的企业管理者也逐渐认识到数据资产的重要性。桑文锋毕业于浙江大学计算机科学与技术专业，在百度工作期间，曾参与用户日志大数据平台建设，该平台涵盖了数据收集、传输、元数据管理、作业流调度、海量数据查询引擎和数据可视化等功能。他在数据平台建设工作中沉淀下来的丰富数据分析经验和心得，也成为后期创业的宝贵资本。

### 洞悉企业数据化风口

2015 年以来，中国的互联网企业进入了"数据化建设"的全新阶段，无论消费互联网，还是产业互联网，企业对数据收集、分析和应用的需求大量涌现。当时在百度工作的桑文锋发现，数据采集缺失、埋点无序混乱、数据分析能力弱、数据底子薄、IT 化程度低等，是中国正在进行数据化建设的绝大多数企业面临的挑战，而这些挑战也孕育着机遇。

2015 年，桑文锋经过慎重考虑后从百度离职，与曹犟、刘耀洲、付力力联合创办神策数据。他们创业的初衷是为了搭建好中国企业的数据基础，如数据采集、建模等，实现数据价值，让数据真正成为中国企业发展的驱动器。

### 从专注单品到产品矩阵

在"把事情做到极致"的企业文化熏陶之下，创始团队在神策数据成立的前三年一直坚持单品极致的思路：即在员工数量不多的情况下，将神策分析（SA）这款产品做到极致，持续高效地为一批客户服务，为开拓更广大的市场积累经验。

企业成立的第四年，由于团队实力的增长及客户需求愈发多样，神策数据发生了很大的产品理念转变：只有基于数据驱动，才能为客户提供更多样化的产品和服务，更好地为客户带来价值。

经过长期的积累、思考和选择，桑文锋带领神策数据摆脱了原来的思维和路径依赖，决心将不同客户的不同场景需求进行提炼和抽象，下沉一系列神策通用数据分析处理能力，打造基础平台层；再通过平台层提供的开放式运营能力扩充产品线，打造产品矩阵。目前，神策数据已基于用户大数据分析和管理需求，推出神策分析、神策智能运营、神策智能推荐、神策用户画像、神策客景等产品。

神策分析是一个支持私有化部署、基础数据采集与建模、支持二次开发作为 PaaS（Platform as a Service，平台即服务）的深度用户行为分析平台，能够支持精准的用户分群和用户标签系统的构建。

神策智能运营是一个基于分群标签的全流程运营闭环分析系统，精准分群用户、灵活创建并管理营销活动计划，积累用户数据和业务数据，最终利用数据资源精准刻画出用户画像。

神策智能推荐能够精准刻画用户行为，以此为企业用户提供"千人千面"、个性化内容的推荐。

神策用户画像是针对企业级客户推出的用户数据分析平台，能够提供用户特征及画像能力，完成对用户的识别、聚类和细分，并通过历史特征变化梳理用户全生命周期的演变过程，可实现用户特征标签的加工生产、用户特征及画像分析、用户分群管理等功能。

神策客景是一款基于行为数据的全生命周期分析平台，创造性地将用户行为转化为数据并用于用户生命周期的管理与分析。该平台不仅能实现分析客群健康度、流失预警等功能，还可集成到企业服务、工具软件等多个领域。

2022 年之前，神策数据帮助各行各业的客户企业深度挖掘数据价值，累计服务了 1 500余家企业，覆盖证券、保险、银行、品牌零售、电商、游戏、汽车、企业服务等 30 多个行业。企业与不同行业的客户围绕业务需求和痛点，以"共建"的方式，打磨出针对特定行业的解决方案、应用软件等专业化产品和服务，逐步构建起了以神策数据为核心的数据产业生态，为各行各业的数字化转型升级持续赋能。

资料来源：牛禄青 . 神策数据：让数据驱动落地生根 [J]. 新经济导刊，2019(1): 60-62.

在数字化浪潮下，数据已经成为新经济时代的"石油"。逐渐成熟的大数据技术已经不再是巨头们的撒手锏，一批小型创业公司的数据分析需求开始显现，他们意识到，数据是企业的根基，不用数据驱动，就要落后。神策数据，就是其中一家押注在数字化转型企业服务赛道之中的独角兽企业。信息化时代，本质上只解决了数据的统一规整和可视化展示问题，但依然无法形成有价值的洞察，不能在业务的深度应用和学习上给予支持，而数字时代的到来让这一切得以实现。乘着数字资源和技术变革的东风，神策数据等一批数字创业企业迎来了真正的崛起。

本章拟重点阐述创业资源与数字资源的概念、类型、特征以及数字资源对创业的影响等内容。未来，决定数字创业成败的关键是如何将数据资源更好地与具体行业的业务流程整合，提供更有价值的产品和服务。本章的学习将有助于读者更好地认识数字资源，并加深数字资源对创业影响方式的理解。

# 4.1　创业资源

## 4.1.1　创业资源的内涵

资源是人类进行各种形式活动的必备条件，对创业活动来说，尤其如此。资源的组织与管理方面的相关理论研究在 20 世纪 80 年代逐渐兴起，因其为组织生存与发展、战略选择与管理等问题提供了根本、可靠的解释，在组织管理领域占据了重要地位。

企业资源基础理论的主要代表人物杰伊·B. 巴尼（Jay B. Barney）于 1986 年指出，创业资源是指企业在创业的过程中投入和使用的企业内外各种有形与无形资源的总和，是新创企业创立和运营的必要条件。这些资源包括：创业人才、创业资本、创业机会、创业技术和创业管理等。

创业者获取创业资源的最终目的，是通过组织这些资源去识别和利用创业机会，提升创业业绩，获得创业成功。不管是直接参与企业生产的要素资源，还是环境资源，它们的存在都会对企业的经营业绩带来正面影响。具体表现在两个方面：一是要素资源对新创企业的成长有直接的促进作用，比如在新创企业成长过程中直接发挥作用的人、财、物等创业资源；二是环境资源能够通过影响要素资源，从而间接推动新创企业成长。例如，创业政策、孵化平台等能够为小微企业，特别是科技型小微企业提供低成本资金、人力和法务资源服务，有利于促进经济的转型升级，带动更多创业活动。

## |创业聚焦|　谷歌如何助力初创企业

如今的谷歌已经是搜索和广告领域里的巨头，也是美国最有价值的企业之一，2022 年，该公司的收入达到了 2 808.75 亿美元。在某种程度上，谷歌的成功是因为他们重视创新，而且愿意承担风险。实际上，谷歌很多最出色的产品都是他们收购的公司所开发的，而且他们未来仍然会不断投资初创公司。

那么谷歌是如何助力创业企业的呢？本节将介绍谷歌采用的五种方法。

### 1. 谷歌风投

谷歌风投（Google Ventures）是谷歌公司进行风险投资的主要分支机构，该公司提供种子轮阶段、中间阶段，以及增长阶段的风险投资。该公司是在 2009 年年初由比尔·马里斯（Bill Maris）成立的，目前独立运营。根据该公司官方网站的介绍，谷歌风投会对各个阶段，以及各个领域的初创公司进行投资。此外，他们还会给自己投资的公司提供专业的支持帮助。创业者可以和谷歌公司内部专家接洽，寻求帮助。谷歌还会为创业者提供法律、市场资讯、搜索引擎优化，以及隐私权等服务，此外还帮他们提供设计、营销、招聘，以及工程等方面的支持。

### 2. 谷歌校园

谷歌有一个专门为创业者服务的项目 Google for Entrepreneurs，谷歌校园就是该项目的一部分。谷歌校园是一个协作创业园，初创公司可以向谷歌申请，成为校园"寄宿生"，然后就可以享受很多服务，比如使用工作平台、互相交流、接受导师指导。目前创业者可以接受法律、用户体验设计、市场营销等专业的教育。

### 3. 社区合作伙伴

谷歌还很关心"草根"创业者，他们和许多创业社区有合作关系，如 Startup Grind、AstroLabs、UP Global 等。另外，谷歌还和八家创业园区建立了合作，形成了所谓的北美技术中心网络（The North America Tech Hub Network）。

### 4. 谷歌资本

对于在最后阶段，并且要进行增长股权投资的初创公司，谷歌也有一个专门的机构，那就是谷歌资本（Google Capital）。谷歌资本提供的资源其实和谷歌风投类似，但是他们更看重初创公司的长期增长和成功。

### 5. 产品项目

谷歌会给创业之初的初创公司提供自己的产品，让他们使用，这显然是一个明智之举。因为或许有一天，这些现在不起眼的小公司会成为使用谷歌产品的大企业。谷歌还推出了为初创公司服务的云服务平台 Cloud Platform for Startups，有该平台授权的公司可以获得价值 10 万美元的谷歌云平台信用积分，以及 $7 \times 24$ 小时全天候支持。

此外，谷歌还有 Google Developers 项目和 "Tools for Entrepreneurs" YouTube 频道，这些都是专门为初创公司提供服务的项目。

资料来源：快鲤鱼。

### 4.1.2 创业资源的类型

创业资源包括创业活动需要的各种要素和支撑条件。创业者在创业过程中不仅要广泛地获取资源，更应知道如何善用它们。根据不同的标准，创业资源可以分为多种类型（见表4-1）。

表 4-1　创业资源的分类标准及类型

| 分类标准 | 创业资源类型 |
| --- | --- |
| 资源形式 | 有形资源与无形资源 |
| 资源功能 | 运营性资源和战略性资源 |
| 资源职能 | 物质资源、声誉资源、组织资源、财务资源、智力和人力资源、技术资源 |
| 资源重要性 | 一般性资源、关键性资源 |
| 资源获取途径 | 自有资源、外部资源 |
| 资源是否直接参与生产过程 | 直接资源、间接资源 |

以下是几种常见创业资源的概念和举例：

#### 1. 物质资源

创业和经营活动所必需的有形资产被称为物质资源，如厂房、土地、工具、设备等。有时也包括自然资源，如矿山、森林等。

#### 2. 声誉资源

作为一种无形资产，声誉资源包括真诚、信任、尊严、同情和尊重等。声誉资源在商业关系中已成为决定商业运营成功的重要因素，其重要性甚至超越了任何有形资产。

#### 3. 组织资源

组织资源包括组织关系和结构、组织知识、规章和文化、工作规范、作业流程、质量系统，它通常指组织内部的正式管理系统，包括信息沟通、决策系统以及组织内正式、非正式的计划活动等。通常，在组织资源的支持下人力资源才能更好地发挥作用，企业文化的培养也需要良好的组织环境。

#### 4. 财务资源

财务资源指企业创建和成长所需要的经济资源，通常包括资金、资产、股票等。对于一个创业者而言，由于缺乏抵押物等多方面原因，创业者很难从外部获得大量财务资源，因此财务资源大多来源于自身和亲朋好友。

#### 5. 智力和人力资源

智力和人力资源指的是创业者与其团队的知识、经验，也包括团队成员的专业技能、判断力、视野、愿景，甚至人际关系网络。智力资源包括人力资本及其知识、管理、脑力与创意等方面的智力，同时也涵盖了智力成果和智力载体，以及从事基础科学研究和应用开发研究的科研机构等。人力资源具体是指由人际和社会关系网络构成的一种社会关系资源。这种社会资源对创业活动具有非常关键的作用，它不仅能使创业者获得接触大量外部资源的机会，而且有助于透过关系网络降低潜在的风险，加强合作者之间的信任和声誉。创业者是新创企业中最重要的人力资源，因为创业者能从混乱中看到市场机会。创业者自身的价值观和信念，更是可以被视为新创企业的基石。

#### 6. 技术资源

技术资源指企业创建和成长过程中使用的工艺、系统或实物转化方法等，主要包括：关键技术、制造流程、作业系统、专用生产设备等。技术资源与智力和人力资源的区别在于，后者主要存在于个人身上，会随着人员的流动流失，而技术资源大多与物质资源结合，可以通过法律手段予以保护，形成组织的无形资产。

## | 行动指引 |

如果你是一名创业者，你需要哪些资源来组织创业活动？你将采用何种途径来获取创业资源？

## 4.1.3　创业资源的特征

1984 年，战略管理领域著名学者沃纳菲尔特（Wernerfelt）的《企业资源基础论》一文发表，这标志着资源基础理论（Resource-based Theory）的诞生。该理论的基本观点是将企业概念化为一组异质性资源的组合，创业因而可以看作整合异质性资源的过程。每个创业企业的资源起点不同（即资源的异质性），而这样的资源是其他企业难以模仿的（即资源的固定性）。创业者在创业过程中形成的有特色的创意、创业精神、愿景目标、创业动力、创业初始情境等，都是所谓的异质性、固定性资源。

资源基础理论进一步指出：随着企业的成长，创业企业拥有的异质性资源可转变成独特的能力，由于这些异质资源和能力在企业间是不可流动、难以复制的，因此能力、资源和知识在企业内部的积累是企业获得超额利润、获取和保持竞争优势的关键。企业拥有持续竞争优势指的是，潜在的竞争对手不仅无法同步执行该企业当前的价值创造战略，也无法复制并获取该企业因实施此项战略而获取的利益。企业之所以能够获得持续竞争优势，是因为在企业的那些异质和不可流动的资源中，有一部分具有价值性（Valuable）、稀缺性（Rare）、不可模仿性

（Imperfectly Imitable）与不可替代性（Non-Substitutable）等特性。

### 1. 价值性

价值性即资源具有的价值属性，有价值的资源可以为企业提供潜在的竞争优势，使企业在一定的成本下，在特定的市场上达到目标收益。但需要说明的是，不是所有有价值的资源都容易获得，也不是能带来价值的资源都能成为竞争优势的源泉，资源的价值性表现在三个方面：

一是能够满足客户需求。有价值的资源应当对企业及其客户的良好运营都是有益的。实践中，虽然管理者想方设法获取了看起来对本企业有价值的资源，但这种资源可能不能满足客户需求。例如，企业购买了前沿的技术专利，但该专利不能有效地满足客户的需求，那这种专利资源对企业来说就是无价值的。

二是能够提供潜在的竞争优势。有价值的资源需要具备提供产品或服务的能力，而这些产品或服务是竞争对手目前没有或尚未重视的。例如，百度率先利用搜索引擎技术推出的 Baidu 搜索引擎平台、摩托罗拉最早开发出智能手机等。

三是具有高投资回报率。有价值的资源带来的回报应当大于在产品或服务中投入的成本，使企业获得投资者期望的收益。

### 2. 稀缺性

稀缺性即表示资源稀有的性质，一个企业拥有并掌握了某种其他企业无法轻易拥有和掌握的资源，这样的企业更有可能取得竞争优势。反过来说，一旦某种资源被多数公司拥有，即使其本身具有价值，也无法为企业带来竞争优势或使竞争优势持续。但是要探讨稀缺性能在多大程度上带来竞争优势，需要注意两点：

一是要满足消费者需求。稀缺性的价值基础是需求性，稀缺性资源本身没有什么价值，当利用这种资源产出能满足消费者需求的产品或服务，稀缺性资源才有了价值。

二是要具备可持续性。稀缺性可能是暂时的，比如，拥有才华横溢的领导者既有可能是企业的优势，也可能成为一种潜在风险。2011 年，苹果公司创始人史蒂夫·乔布斯去世，外界纷纷对苹果公司的产品创新性表示担忧。如果企业过于依赖某位领导者，那么一旦他离开，对企业将会是致命性的打击。因此企业应明确目标资源或能力对企业发展是否具有可持续性。

### 3. 不可模仿性

不可模仿性即资源难以被取代的性质，指目标资源在企业竞争中无法被轻易获取，也不可能有可复制的、非稀缺性的替代品存在。例如，当竞争对手在公开市场也能够买到类似的 IT 系统时，系统本身可能不能提高公司的竞争力。

但如果企业具备对 IT 系统进行管理、开发和利用的能力，从而给消费者带来价值，则这种能力就是具有不可模仿性的战略性资源。不可模仿的战略资源和能力通常具有以下特征：

一是复杂性。复杂性表现为企业的核心资源和能力与自身的业务模块深度绑定，并且能够为消费者带来价值。如树根互联工业互联网平台能够针对不同的业务场景整合自身的资源，打造模块化能力，并不断为用户输出数智化的解决方案，这种模块化能力就是树根互联的核心竞争力。此外，企业可以与用户进行共同开发活动，使用户产生依赖，间接使其他企业难以模仿。举例来说，谷歌和苹果等软件企业对用户开放接口，与用户共同开发独特的应用程序并以此满足用户的个性化需求，从而获得了竞争优势。

二是因果模糊性。因果模糊性表现为资源或能力本身难以辨识或理解，因为它可能是建立在人们的经验基础上的隐性知识。例如，成功的服装零售商的隐性知识可能体现在：知道从哪些渠道进货更便宜、哪里提供的衣服质量更优、有多少批发的衣服卖给了消费者。但是其竞争对手却很难了解到这些隐性知识具体是什么。此外，竞争对手难以识别活动和程序与其影响因素的依赖关系，并形成联合体从而打造核心能力。而服装零售商的知识不会仅局限于某一家企业或某一种能力，他们很可能建立起了与服装供应商、设计师的人际关系网络，从而让他们了解市场。

三是文化和历史原因。随着时间的推移，资源和能力会潜移默化地嵌入企业的文化中，因此每个企业都有自己独特的历史和惯例，短时间内难以被竞争对手模仿。

四是依据需求变化。若企业构建竞争优势所依赖的资源能力是随着市场或消费者的需求而变化的，那么竞争对手是难以模仿的。

### 4. 不可替代性

不可替代性指资源不能被任何其他资源替代的性质。比如对电信运营商来说，其网络规模就具有不可替代性，任何想进入电信领域的竞争对手必须提供同等级的网络规模才具备基本的竞争能力。即使拥有稀缺的、难以被模仿的资源能力，企业仍有可能受到来自替代品的威胁。进一步地，存在着两种形式的替代。一种是产品或服务的替代。波特五力模型揭示了产品或服务可能会受到替代品威胁。例如，电子邮件系统的日益普及，使邮政系统被取而代之。再复杂的邮政服务能力，再深厚的文化嵌入，终究没能避免被取代的结果。另一种则是能力的替代。不仅产品或服务层面存在着替代，能力层面同样有替代。例如，由于传统的技术行业过度依赖熟练的手工工人，现在将工人的经验和隐性知识沉淀为数字化的模型和系统，使生产和服务能够自动地运转与优化，给传统的技术行业带来冲击。

综上所述，基于资源基础理论，企业需要考虑是否具备满足 VRIN（价值性、稀缺性、不可模仿性和不可替代性）标准的战略资源和能力来推动创业企业持续成长，以获得并保持竞争优势。如果获得竞争优势的资源已经不复存在，那么，能否开发出这样的资源就是企业管理者需要首要考虑的问题。

### 4.1.4　创业资源的获取

创业资源是创业活动不可缺少的，也是创业成功的基本保证。创立之初，企业面临的最普遍、最主要的阻碍之一便是资源的约束，新创企业不得不从外部环境中找寻所需资源，或者通过在企业内部进行资源积累来打破这一困境。由于创业资源类型的不同，其获取方式也大相径庭，以下是几种主要创业资源的获取方式。

#### 1. 技术资源的获取

技术资源获取方式主要包括两种，即内部积累和外部获取。其中内部积累是指通过企业自身的研究和开发活动获取技术资源；外部获取是指通过外包研发、合资、收购、技术许可和购买设备等方式获取技术资源。企业获取外部技术资源的主要途径可以分为四种：同其他企业结成企业技术联盟、与高校结成联盟、投资其他企业以获取新技术、企业并购。

#### 2. 人力资源的获取

企业需要拥有异质性、非流动性的人力资源才能进一步获取竞争优势。因此，如何获取这类人力资源是首要任务。人力资源的获取有三种主要途径，分别是：购买、吸引和内部积累。购买即利用财务资源杠杆从外部获取人力资源，通常为聘请有经验的员工等；吸引人力资源通常需要无形资源发挥杠杆作用，即利用企业的商业计划、描述创业前景、企业的声誉等来吸引人力资源；内部积累指培育已有的人力资源进而在企业内部形成资源，如通过培训来提高员工的知识和专业技能。除此以外，创业者的网络关系也对企业获取人力资源发挥着重要作用。网络关系就是新创企业获取人力资源的重要途径之一，创业者及企业的社会网络深度和广度可对人力资源获取的数量与质量产生重要影响。

#### 3. 资金资源的获取

资金资源对企业的重要性更多地体现在其创建阶段和成长阶段。在企业创建阶段，对大多数创业者和创业团队来说，自有资金经常是不够充足的，他们面临的最现实的问题就是缺少启动资金，并且新创企业在创建之初由于缺乏良好的交易记录和声誉，使得他们在资金获得方面存在一定障碍，而在新企业的成长阶段，更需要资金资源的支撑，用资金来换取其他资源以维持新企业的长远发展。本节重点关注企业创建阶段的资金资源获取，即创业融资的内涵与方式。

## |创业聚焦| 创业板

创业板，又称二板市场（Second-board Market），是与主板市场（Main-Board Market）不同的一类证券市场，主要为暂时无法在主板上市的创业型企业、中小型企业及高科技产业企业等需要进行融资和发展的企业提供融资途径与成长空间。创业板与主板市场相比，上市要求往往更加宽松，主要体现在成立时间、资本规模、中长期业绩等的要求上。由于目前新兴的二板市场上市企业大多趋向于创业型企业，所以称为创业板。创业板市场最大的特点就是低门槛进入，严要求运作，有助于有潜力的中小企业获得融资机会。

创业融资指的是创业企业通过分析生产经营与资金需求等现实状况，明晰自身发展的需求，通过科学决策，寻求企业内外资金来源渠道和方式，以筹集资金支持生产运营和企业发展的行为过程。融资方式可以根据资金来源的差异分为两种，即内源融资和外源融资。企业在创办过程中积累原始资本、在运行过程中资本化剩余价值的过程被称为内源融资，初始投资形成的股本、折旧基金以及留存收益（包括各种形式的公积金和公益金、未分配利润等）都属于内源融资。内源融资是企业在创办过程和运营过程中积累资本的重要方式，它具有原始性、自主性、低成本和抗风险等特点。外源融资指的是创业企业向外部其他经济主体寻求资金支持的过程，通常有着高效性、有偿性、流动性和高风险性等特征。外源融资不仅能够解决企业的资金问题，还深刻影响着企业的发展过程。外源融资主要划分为股权融资和债权融资两类（见表 4-2）。

表 4-2　股权融资与债权融资的比较

| | 股权融资 | 债权融资 |
| --- | --- | --- |
| 概念 | 创办初期或增资扩股时，企业向其股东或其他投资者筹集资金所采取的融资方式 | 企业通过发行债券、银行借贷等方式向债权人筹集资金的一种融资方式。从广义角度来看，债权融资包括企业的负债部分，其中包括企业向银行贷款、发行债券、进行融资租赁等 |
| 融资成本 | 股权融资的成本相对债权融资的成本更高。一方面，普通股的风险较高，因此投资者也会要求较高的投资报酬率；另一方面，从筹资公司的角度来看，股利支付来自税后利润，并不能够抵税，而且通常股票的发行费用比起其他证券更高 | 债权融资的成本相对股权融资的成本更低，且债务性资金的利息费用在税前列支，能够起到抵税作用 |
| 融资风险 | 股权融资无须偿还本金，没有使用时间的限制，不会因未能偿债而产生各种风险 | 债权融资要求企业必须按合同约定如期偿还债务，一旦违约还将面临丧失信誉、负担赔偿，甚至变卖资产的风险 |

（续）

| | 股权融资 | 债权融资 |
|---|---|---|
| 对控制权的影响 | 增募股本的融资方式会稀释股东在企业中的控制权 | 债权融资虽然会增加财务风险，但对股东控制企业的权力没有影响 |
| 对企业的作用 | 发行普通股可以为公司提供永久性资本，在正常经营和抵御风险中起到了基础性作用。主权资本能够提高信用价值和信誉，从而有力支持企业继续进行债务融资 | 发行债券可以使企业获得资金的杠杆收益，不管盈利如何，企业只需按照事先约定好的利息支付给债权人，履行到期还本的义务，同时还可以抵税。越高的盈利意味着越大的资金杠杆收益，而且还可以通过发行可转换债券和可赎回债券更加灵活主动地调整公司的资本结构，使其趋向合理 |

外源融资的多种基本方式及概念如表 4-3 所示。

表 4-3　外源融资基本方式及概念

| 外源融资方式 | 相关概念 |
|---|---|
| 上市融资 | 等额划分公司的全部资本，以股票形式经批准后上市流通、公开发行。由投资者直接购买，短时间内可筹集到巨额资金 |
| 风险投资 | 风险投资，俗称风投，是指职业金融家将资金投入到新兴、发展迅速、具有竞争潜力的企业中，以换取企业的权益资本和潜在收益。风险投资往往具有高风险、高潜在收益的特征 |
| 私募融资 | 私募融资是指不采用公开方式，而通过私下与特定的投资人或债务人商谈，以招标等方式筹集资金的融资。私募融资包括私募股权融资和私募债权融资两种形式。私募股权融资往往采用优先股等工具，也可以通过收购债权的方式获得企业的股权甚至控制权。私募债权融资常常采用可转换债券、次级债券、夹层融资等方式，来规避投资风险和提高收益 |
| 产业投资基金 | 通常指向未上市但增长潜力较大的企业进行股权投资或准股权投资，并参与所投资企业的经营管理，以期实现资本增值。产业基金根据企业所处阶段不同，可分为种子期/早期基金、成长期基金、重组基金等 |
| 资产证券化 | 以特定资产组合或特定现金流为支持，发行可交易证券 |
| 银行信贷 | 银行提供一些存款给企事业单位，暂时用于其资金需求，按照约定时间收回并收取一定利息 |
| 发行债券 | 发行债券是发行人按照法律规定的程序向投资人发出要约，以借入资金的行为。债券代表着特定债权和兑付条件，是一种通过债券形式筹集资金的过程 |
| 融资租赁 | 又称金融租赁或财务租赁，即出租人根据承租人的需求选择供应人和租赁标的物，通过向供货人购买租赁标的物，再将其租给承租人使用 |

根据现代资本结构理论的“优序理论”，企业应首先选择内部资金进行融资，即利用企业留存的税后利润。当这种方式不足以满足融资需求时，再考虑外部融资的方式。同样，在进行外部融资时，企业也应优先选择低风险的债权融资方式，之后再考虑发行新股票等。

### 专栏 4-1　创业投资

创业投资也称风险投资，是一种通过私募股权融资的方式，由风险投资公司或基金公司向初创、早期和新兴公司提供资金支持的投资，这些公司被认为具有高增长潜力或已经证明了高增长潜力。风险投资公司是由具备科技和财务知识与经验的专业人员组成的机构，他们通过直接投资（向资金需求的公司提供资金）获得被投资公司的股权。风投公司的目标并不是经营被投资公司，而是在提供资金的同时，通过专业的知识和经验，帮助被投资公司实现更大的利润。因此，风险投资是一项高风险高回报的业务，追求的是长期利润。

创业投资通常具备五个方面的特点，包括：高收益和高风险并存、组合投资、长期投资、权益投资、专业投资。

**高收益和高风险并存**。高收益与高风险是创业投资的两个主要特征。由于高新技术往往具有创造超额利润的潜力，因此创业投资更乐于在高新技术领域进行投资活动。多年来，创业投资已经为人们展示了许多成功的案例，其平均回报率高于 30%，有时甚至超过了 10 倍，远超金融市场的平均回报率。然而，高收益必然伴随着高风险。从构思到商业化的整个高新技术产品形成过程中，都存在着较高的不确定性，带来了技术、市场、管理和环境上的风险。尤其是环境与市场，往往是难以通过预测来加以控制的，因而创业投资的失败率也非常高。

**组合投资**。创业投资的对象是那些处于创业阶段的中小型高新技术企业，这些企业几乎没有盈利记录，其发展前景难以估计，也因此被称为风险企业。正所谓"不要把鸡蛋放在同一个篮子里"，为了获得投资回报，创业投资需要采取组合投资的策略。这意味着创业投资往往会投资一系列的项目群，坚持长期运作，通过成功项目的出售或上市回收的价值，弥补其他失败项目的损失，同时实现较高的收益。否则，若只有高风险而没有高回报，创业投资就没有了存在的意义。因此创业投资通常是一种组合投资。

**长期投资**。创业投资是一种长期投资，资本流动性较小。企业产品开发涉及市场调研、产品规划、设计开发、测试验证、生产制造、市场推广、销售与服务等多个阶段，是一项系统的工程。为了变现投资并获取资本增值收益，投资者需要经历从创业投资到企业盈利再到上市的整个过程，此后还需要有一段股权持有期。一般来说，创业投资需要 3～7 年，乃至 10 年的时间才能收回成本。在这期间，由于投入的资金难以迅速转化为现金退出，资本的流动性也相对较差。因此，投资者需要有足够的耐心和长期观察力，以便在适当的时机将投资变现。

**权益投资**。高科技企业的成长性和潜在高收益性是创业投资者最注重的。一般情况下，创业投资者并不要求风险企业在短期内分红或偿还投资，而是更追求新兴企业成长期的高利润。与此同时，风险企业以智慧与技术为主要财富，难以进行传统意义上的融资。在这种情况下，创业投资通过注入权益资本或准权益资本的方式来填补风险企业在传统融资方面的不足，从而帮助企业实现长期发展。

**专业投资**。风险投资公司不仅为风险企业提供资金，也为风险企业提供战略指导和业务发展方面的专业知识，还利用其经验、知识以及广泛的社会联系帮助风险企业创业发展，改善组织结构、制定业务方向、加强财务管理并配备管理人员。通过与企业密切合作，创业投资者能够分享风险企业的成功，并在企业成长过程中获得投资的回报。因此，风险投资公司需要具备市场调研、生产规划、经营战略、财务和法律等方面的专业人才，才能有效地开展创业投资活动。这种注重长期发展的投资方式为风险企业提供了更多的机会和灵活性，使其能够持续创新和追求长期盈利。

## | 创业聚焦 | 创业投资的阶段划分

创业投资涉及的风险企业阶段可以分为种子阶段、导入阶段、成长阶段和成熟阶段，在不同的阶段可做出相应地投资（见图 4-1）。

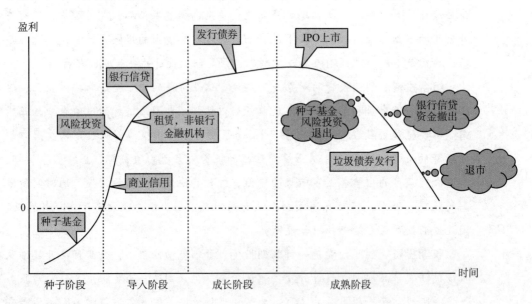

图 4-1 企业生命周期与融资介入、退出时机示意

### 1. 种子阶段的创业投资

在种子阶段（Seed Stage），风险企业尚未建立或刚刚成立，核心创业团队也处于初步的形成阶段，产品生产或服务提供也尚未开始。创业者需要获取资金来支撑其早期产品或服务的开发，并进行深入的市场调研，制定商业计划，组建核心团队，建立销售渠道，寻找商业合作伙伴等。这个阶段通常需要 1 ~ 1.5 年的时间，风险投资公司通常会将它们投资组合的 10% ~ 15% 的资金投入到种子阶段的企业中。这些投资将为创业者提供所需的资金和支持，以帮助他们实现初期的发展和快速扩张。

### 2. 导入阶段的创业投资

在导入阶段（Start-up Stage），市场开拓是创业投资的主要作用对象，此时企业的资金需求要比种子阶段更大，企业往往不得不寻求外部融资。而因为风险企业的产品尚未进入市场销售，银行难以对其风险进行评估，且企业能提供作为抵押的有形资产很少，所以向银行贷款十分困难，创业投资仍是主要的外部融资方式。创业投资在导入阶段的历时约为 1.5 ~ 2 年。

### 3. 成长阶段的创业投资

在成长阶段（Expansion Stage），企业致力于扩大生产，实现规模经济，以争取占领更大的市场份额甚至成为市场领导者。企业需要大量资金进行规模化生产、维持增加的库存和应收账款并推动产品和服务促销。但是仅凭销售收入无法支持企业的发展，因此需要比导入阶段更多的资金支持。风险企业通常在这个阶段的末期已实现盈利，其产品服务也占领了一定的市场份额。风险企业的成长阶段通常需要经历 2 ~ 3 年的时间。

#### 4. 成熟阶段的创业投资

成熟阶段（Mezzanine Stage）是创业投资的退出阶段。在此阶段，创业者会明晰风险企业的未来发展方向，可以选择公开上市、被其他公司收购，或者继续以私有形式独立运营。这些不同的发展路径将决定创业投资以何种方式退出，进而决定创业投资的收益率。为了最大化创业投资的价值，风险投资公司通常会推动风险企业上市或被并购。此阶段一般需要 0.5 ~ 1 年的时间。

## 4.2 数字资源

### 4.2.1 数字资源的内涵

数字经济时代，数字资源已成为最重要的资源。数据作为一种全新的生产要素，和传统要素相互作用于生产的各个环节，成为经济增长的内生性条件。国家也出台了一系列支持数字资源发展的政策，比如，2020 年 4 月，《中共中央 国务院关于构建更加完善的要素市场化配置体制机制的意见》中提出加快培育数据要素市场；2020 年 11 月，《中共中央关于制定国民经济和社会发展第十四个五年规划和二〇三五年远景目标的建议》中提出推进数据等要素的市场化改革；2022 年 1 月，国务院办公厅发布的《要素市场化配置综合改革试点总体方案》进一步明确指出，探索建立数据要素流通规则。这一系列政策文件凸显了国家对于数字资源这类战略资源和生产要素的高度重视。

学术界和实践界对数字资源概念的表述方式众多、学术内涵范围大小不一，如数据、数据资源、数据资产、数字资源、数字创业资源、平台数字资源等，但都无法从本质属性上反映数字资源与传统资源的不同。数字技术迅猛发展，亟须明确数字创业资源的概念界定。基于对文献的总结和归纳（见表 4-4），在此将数字创业资源定义为在信息化和智能化时代，所有以虚拟化和实体化形式存在和存储的创业资源。其中，数字资源是数字创业资源最主要的表现形式，本书着重对数字资源的类型、特征及与传统创业资源的区别予以解析。

表 4-4　数字资源相关概念及释义

| 概念 | 释义 |
| --- | --- |
| 数据 | 作为一种可同质化操作和重新编辑的全新生产要素 |
| 数据资源 | 是企业存储在计算机网络上流通，且可复制、可统一操作的被转化为 0 和 1 的二进制资源 |
| 数据资产 | 是企业所拥有或控制的，预期能为企业带来经济利益的数据资源。这些数据资源是在企业过去的交易或事项中形成，并以物理或电子形式进行记录的 |

（续）

| 概念 | 释义 |
| --- | --- |
| 数字资源 | 是一个广义的概念，包括数字创新过程中需要的各类资源 |
| 数字创业资源 | 指在信息化和智能化的时代中，所有以虚拟化和实体化形式存在和存储的创业资源 |
| 平台数字资源 | 划分为核心资源和边界资源，其中边界资源本质上是软件和数据的捆绑包 |

## | 行动指引 |

请读者思考：数字经济时代，数字资源有　型的数字资源是否在功能上存在差异？
哪些具体表现？可以划分为哪些类型？不同类

### 4.2.2　数字资源的类型

数字资源按表现形式划分，主要可以分为数字化基础设施、数字技术、数据
资源三类。

★ **专栏4-2　数字资源的类型**

**数字化基础设施**

数字化基础设施建设即数字基建，是指新一代信息基础设施建设，旨在体现
数字经济特征。它包括5G、数据中心、人工智能、工业互联网等领域。

数字基建、新基建和传统基建相辅相成，密不可分，三者的关系可以从新基
建涉及和作用的三层辐射领域加以说明（见图4-2）。

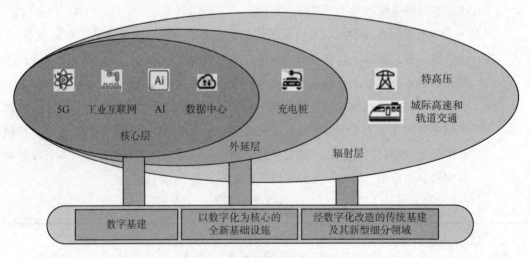

图4-2　新基建的三个层次

资料来源：财信证券。

**核心层**：数字基建是新基建的核心，包括5G、工业互联网、人工智能（AI）

等数字化基础设施。

外延层：以数字化为核心的全新基础设施。外延层是以数字基建为基础的全新基础设施，包括新能源、新材料及其应用领域配套设施、无人化配套设施等，以及这些领域对应的园区项目。

辐射层：辐射层是经数字化、智能化改造的传统基建设施，或者是为弥补某些传统基建"短板"而生的新型细分领域，如城际高速和轨道交通等。

### 数字技术

数字技术（Digital Technology）是一种与电子计算机紧密相关的科学技术，它是利用设备将图像、文本、声音等各种信息转化为电子计算机能够识别并处理的二进制数字（0 和 1）后进行运算、加工、存储、传送、传播和还原的技术。数字技术在计算、存储等环节中利用计算机对信息进行编码、压缩、解码等操作，因此也被称为数码技术、计算机数字技术等。另外，数字技术也可以被称为数字控制技术。通过数字技术，人们能够更加高效地处理和传输信息，实现各种应用和创新，包括数据分析、网络通信、虚拟现实、人工智能等领域的发展。数字技术的广泛应用已经深刻影响了社会各个方面，为人们的生活和工作带来了巨大的变革和便利。

典型的数字技术主要表现为 ABCDE 技术，即人工智能（Artificial Intelligence）、区块链（Block Chain）、云计算（Cloud Computing）、大数据（Big Data）以及边缘计算（Edge Computing）。数字技术还可以嵌入已有的技术、产品和服务中，主要表现为数字组件、数字平台和数字基础设施三个。数字组件是指嵌入在数字产品或服务中的具有特定功能和价值的应用程序或媒体内容，例如手机 App、电子芯片、汽车导航内的追踪器等；数字平台是指一组共享的、通用的服务和体系结构，比如 iOS 系统和 Android 系统等具有可扩展性的操作系统或开源网络社区，是数字组件的重要载体；数字基础设施是指提供通信、协作或计算能力，并能支持资源集聚的数字技术工具和系统，例如提供计算、沟通和资源集聚渠道的网络平台、在线社区和 3D 打印等。

### 数据资源

人类对生产要素的理解不断深化。在过去，我们将土地、劳动、资本和技术视为典型的生产要素。然而，在数字经济时代，数据逐渐崭露头角，成为核心的生产要素。人类借助数字化的信息来改变自然的生产工具、劳动对象和自身，从而支持整个经济社会的运转，数据赋能的融合要素逐渐成为生产要素的核心。当今时代，一个国家的经济发展水平和发展阶段的重要指标就是其获取、占有、控制、分配和使用数据资源的能力。

世界领先的全球管理咨询公司麦肯锡很早便意识到各种网络平台所记录的个人海量信息蕴含着巨大的商业价值，因此投入了大量资源进行研究。根据麦肯锡全球研究所的定义，大数据指的是规模巨大的数据集合，其获取、存储、管理、分析等方面的能力远超传统数据库软件工具的能力。

2013 年，维克托·迈尔·舍恩伯格和肯尼思·库克耶在《大数据时代：生活、工作与思维的大变革》一书中提出了"大数据"的 4V 特点：容量大（Volume）、速度快（Velocity）、多样性（Variety）和价值化（Value）。尽管"大"是大数据的一个重要方面，但在价值含量和挖掘成本等方面最重要的特征是"有用"。对许多行业来说，如何有效利用这些规模庞大的数据是取得竞争优势的关键所在。

## 4.2.3 数字资源的特征

### 1. 数字化基础设施的特征

数字化基础设施具有传统基础设施的基础性、公共性和通用性，同时也表现出了其独特的技术性、专业性和使能性等特性。一方面，数字化基础设施包含的传统基础设施的基础性、公共性、通用性主要体现在以下方面：5G 和数据中心是支撑物联网、工业互联网、移动互联网、人工智能等新一代信息技术的重要技术基础；物联网和人工智能在智慧城市、智能农业、智能交通、智能安防、智能医疗等领域得到了广泛应用；工业互联网能够紧密连接设备、生产线、工厂、产品、供应商以及客户，形成更高效的生产体系。因此，数字化基础设施已成为数字经济的发展基石，对于实现经济的转型升级起着重要的支撑作用。这也使得全球各主要经济体纷纷投入巨资用于数字基础设施建设，以期获得巨大的经济收益。比如，超大规模数据中心的数量自 2013 年以来增长了两倍，以亚马逊、苹果、谷歌、Meta 和微软为首，其中最大单个园区的服务器规模已超过 30 万台。许多大型园区的服务器规模也都在 2 万 ~ 10 万台之间。截至 2019 年第三季度末，已有 504 个大型数据中心投入运营，还有超过 150 个超大规模数据中心在建。显然，这些巨额投资回报颇丰：亚马逊的 AWS 已经成为其增长最快的业务之一，占据着越来越大的公司营业收入比例，2019 年，AWS 的营收占比已经达到了 12.5%，为亚马逊贡献了 63.5% 的营业利润。

另一方面，数字化基础设施的技术性、专业性、使能性主要表现在：数字化基础设施是在数据成为关键生产力要素的时代背景下，在软硬件一体化的基础上，以知识产权为核心价值，用数据表达新型生产力结构和生产关系，表现出强大的技术性和专业性；数字基建能够广泛地赋能社会生产生活的方方面面，这体现出数字基建的使能性，对生产效率、生活质量都有较强的提升作用。

数字化基础设施在以下方面表现出其具体的作用：5G 推动了智能网联汽车和自动驾驶汽车的发展，并促使车联网成为 5G 技术的主要应用场景；人工智能为机器赋能，催生出工业机器人、手术机器人、仿生机器人、无人系统等各类机器人产品；工业互联网赋能产业，促进工业生产全流程中的资源要素的数字化、网络化、自动化、智能化，以降低成本和提升效率；物联网推动边缘计算技术的发展，加速智慧城市建设；数据中心赋能云计算，使得企业和公众可以通过云计算获取人工智能能力，为各行各业提供重要的技术支持。这些应用充分展示了数字化基础设施的实际应用领域以及对我们的生产生活产生的影响。

### 2. 数字技术的特征

数字技术的十大特征包括：可编辑性、可扩展性、可寻址性、可追溯性、可记忆性、可沟通性、可联想性、可感知性、可生成性与可供应性，具体释义如表 4-5 所示。

**表 4-5　数字技术的特征**

| 功能类别 | 特　征 | 释　　义 |
| --- | --- | --- |
| 计算类 | 可编辑性 | 可以被控制行为之外的对象访问和修改的能力，嵌入式和多功能性的计算能力使得非数字组件变得更可编程和可重塑 |
| | 可扩展性 | 数字技术能够以低成本、高速度的方式增强性能 |
| 通信类 | 可寻址性 | 一种数字组件对多种类似组件的信息进行单独响应的能力 |
| | 可追溯性 | 被感知和记忆下来的数据是可以复原和追溯的 |
| | 可记忆性 | 数字技术可以帮助数字产品记住被使用的时间、地点和主体，以及交互的结果 |
| 连接类 | 可沟通性 | 数字技术使产品之间以及产品与使用者之间可交流、可感知 |
| | 可联想性 | 数字技术可以定义用户、产品和时间地点等相关信息的关联性，从而使大众分类法成为可能 |
| | 可感知性 | 嵌入数字技术的产品具备情境的感知能力 |
| 应用类 | 可生成性 | 数字技术所表现的行为体通过混合与重组自发产生无准备变化的特征 |
| | 可供应性 | 特定对象（数字技术）为特定用户或特定情景所提供的行动潜力或可能性 |

### 3. 数据资源的特征

数据作为新的生产要素，被称为数字时代的"石油"，具有海量性、非竞争性与可重编程性的特点。海量性是指数据具有大容量、低成本、可获得的特征；非竞争性是指数据能被同时占用、可共享、可复制的特征；可重编程性是指数据可液化（指信息与其相关物理形态的解耦，从而更容易与他人共享）、可整合、可重新诠释，且不产生物质损耗的特征。

### |重要概念| 数据资产

数据资产是指个人或企业拥有或控制的能够为其带来未来经济利益的数据资源。日常生活中，数据无处不在，但并不是所有的数据都可以成为资产。区别于数据资源，数据资产往往具备以下特征：拥有数据权属（勘探权、使用权、所有权）、有价值、可计量、可读取等。

对个人而言，我们拍摄的照片、录制的视频、编辑的文档等以文件形式存在的各种数据，都是个人数据资产；企业的数据资产则包括设计图纸、合同订单和以文件形式记录的各项业务。需要注意的是，企业的数据资产既包括纸质文件，也包括电子文件。因此，企业需要将纸质资料进行电子化存储，并结合原生电子文件，才能真正形成完整的数据资产。

### 4.2.4 数字资源与传统创业资源的区别

传统创业资源包括各类生产要素（土地、劳动、资本和技术）组合和创业要素（创业机会、创业资源和创业团队）组合，而数字创业突破了传统创业资源限制，要素更加多样化和数字化，其中数字技术和数字要素（数字组件、数字平台、数字基础设施）发挥着举足轻重的作用，数字技术的紧密嵌入和深度赋能是数字创业最显著的特征。数字资源区别于传统创业资源的几个方面如下：是否有限、获取成本、能力要求、使用主体等（见表4-6）。

表 4-6　传统创业资源和数字资源的区别

| 维度 | 传统创业资源 | 数字资源 |
| --- | --- | --- |
| 是否有限 | 有限性、不可再生性 | 海量性、可再生性 |
| 获取成本 | 沟通成本和资源拼凑成本 | 可获得性和可替代性更高，获取成本低或无成本 |
| 能力要求 | 对资源编排的能力要求不高，注重资源的 VRIN 特性 | 资源编排能力要求更高 |
| 使用主体 | 产业工人、脑力劳动者 | 知识创造者 |

## 4.3　数字资源对创业的影响

创业涉及机会识别、评估和利用的过程，并且具有重要的经济发展推动作用。作为数字资源与创业活动相结合的一种新现象，数字创业成为创业发展的新形态，深刻地改变了经济增长方式、实体经济形态和产业布局。由统计数据可知，我国数字经济规模已于 2022 年达到了 50.2 万亿元，占 GDP 比重超过三分之一，在其中发挥关键作用的正是数字创业活动。

数字化和智能化浪潮下，数字创业被界定为一种通过互联网和信息通信等技术，将传统业务与新的创造和经营方式调和的过程。通过数字创业形成的企业被界定为数字初创企业，即以无处不在的方式利用 IT 的新企业，这意味着它们完全是由 IT 驱动或数字模式驱动的。

数字资源塑造了创业实践的新特点。一方面，从创业过程看，数字资源强化了创业活动的灵敏性、互联性与开放性。例如，数字制造商在互联网平台上共享设计蓝图，供他人重复使用。数字技术有助于建立一个无边界的兼容平台，每个行动者都可以通过外部资源的连接与协同丰富自身的知识库，从而促进机会识别与利用能力的提高。另一方面，从创业结果看，数字资源提高了创业活动的创造力和颠覆性。例如，数字技术能够带来跨界破坏，触发价值创造的新周期，这使得创造性的解决方案能够克服监管环境下进行数字创业的障碍。具体来说，数字资源对创业的影响方式主要包括四种⊖：重塑创新性、提高开放性、放大价值性、保持灵活性。

### 4.3.1　重塑创新性

数字技术的计算、连接和应用特征重塑了数字创业的创新性。创新性是对开发、改进或应用新模块的描述。数字技术并未完全颠覆创业的所有底层逻辑，但可依托修订类和创造类机制在改进现有实体的基础上发展新的趋势，重塑创新活动的规模、范围和导向。

首先，数字技术可编辑、可扩展的计算特征意味着数字编码指令是独立运行且可以以极低成本进行修改的，通过对符号逻辑或数字组件的更改可以实现数字产品和服务的更新迭代，极大提高创新的规模与效率。

其次，数字技术的计算与应用特征通过扩展、替代等修订机制扩大了创新活动的范围。数字技术促进了内容与媒介之间的脱耦，这意味着数字、文字、音乐和图像等数字内容可以在同一个标准下以极低成本实现跨越式传播，使得创新成果的传播更加广泛。

最后，数字技术的连接特征包括可感知性、可沟通性、可联想性，有利于建立开源社区和数字创业生态系统，为创业者提供创意获取、创新开发、风险转移的跨地域和跨组织的协作载体，进一步促进创业者与利益相关者之间的价值共创。此外，连接机制也有利于创新主体与关键互补资源的结合，进一步重组既定的创新过程。例如，数字创业者与消费者的交流互动催生了用户创新模式，推动创新方向由传统的产品导向转变为用户需求导向，并推动了平台化、组合化、分布化的数字创新。数字技术的应用特征通过创造类机制催生全新的产品服务、流程结构、网络关系和商业模式，重塑了创新产出的形式。

### 4.3.2　提高开放性

具有通信与连接特征的数字技术提高了数字创业的开放性。开放性是关于创业过程开放程度、规模和范围的综合描述。根据资源基础观，企业竞争优势很大程度上依赖于信息的不对称性，因此传统创业者往往强调对核心资源和能力的控制。但数字创业者更偏向通过开放协作进行价值共创，因此数字技术对开放性特

---

⊖ 郭海，杨主恩. 从数字技术到数字创业：内涵、特征与内在联系 [J]. 外国经济与管理，2021, 43(9): 3-23.

征具备更强的"颠覆性"潜力。

首先，数字技术的通信和连接特征通过修订机制打破了创业的边界，增强了创业活动的开放性。这既包括资源获取的无边界性，例如数字技术可沟通的连接特征为创业企业拓宽获取资源的渠道，消除资源获取的地理区域壁垒；也包括创业产品或服务边界的模糊，例如 iOS 等数字平台的产品具有极强的演化特征，其功能组件可以通过不同行动者的介入而不断地更新迭代；还包括创业机会边界的打破，例如数字创业机会的识别和利用不再是单向的，而是创业者与市场的双向交互过程。

其次，数字技术的通信和连接特征使得数字创业生态系统的产生成为可能。数字技术可以将创业者与内外部行动者连接起来形成一个网络化的松散式联盟，在这个平台上，不同的行动者实现了不同程度的要素交换、资源共享、信息交流、知识扩散和战略协作，例如创业者可以共享创意、设计图纸与技术基础设施。此外，一个连接起来的价值共创体系降低了企业内外部不同活动的协调成本，同时使得企业资源利用的范围扩大，例如大数据和云计算技术促使企业以较低的成本高效率地完成资源配置。

最后，数字技术还催生了开放式治理模式。一方面，数字技术提高了创业过程的去中心化，赋予了创业者更开放、更自由的工作方式，例如新冠疫情期间兴起的远程办公模式。另一方面，多样化的创业主体与利益相关者之间的沟通更加自由，促进了用户在数字创业过程中的深度参与，也加快了创业主体对用户新需求的识别和利用。同时，数字创业产出的模糊性也可能为创业者提供更大的容错空间。

### 4.3.3  放大价值性

数字技术的计算、通信和应用特征放大了数字创业的价值性。价值性揭示了创业活动的价值创造结果。数字创业在价值创造、分配、获取等环节中的价值性被数字技术放大，表现为成本付出更低和创业回报更高，数字技术的计算、通信和应用特征对此起到了主要作用。

首先，数字技术可编辑、可扩展的计算特征与可生成的应用特征促进了低成本的数字资源在创业企业中的大规模应用，既通过压缩和保存机制降低了资源获取、匹配、利用的成本，又通过捕获机制提高了创造和获取高价值回报的预期。数字技术通过创造类机制也增强了创业活动的动态迭代性，有利于价值获取模式的不断更新。例如，从广告插入到会员购买再到个性化点播，数字技术帮助知识付费平台根据用户习惯及时更新获利模式。

其次，数字技术的通信特征有助于建立虚拟信用体系，推动众筹、区块链金融等新技术、新模式的价值共创过程，例如，区块链技术中心化、透明度、可信度和可靠性的特性，可以促成以智能合约形式根据单个项目进度分配资金；此外，加密货币交易可以帮助众筹平台降低风险和中介成本，因为它们不是通过金融中介进行资金转移的。

最后，数字技术的应用特征（可生成性、可供应性）催生了全新的价值创造模式，如平台模式、物联网模式、共享经济模式等。新价值创造模式的兴起往往意味着新的生态或者利基市场的发现和开拓，这将为先进入的数字创业者带来丰厚的超额回报。

## 4.3.4 保持灵活性

创业企业以灵活性著称，但是随着规模越来越大，组织架构僵化与管理决策滞后等问题难以避免，因此如何保持灵活性成为一个巨大挑战。数字技术的计算特征和连接特征可以帮助创业企业保持高度的灵活性，敏锐识别和利用创业机会。

首先，从机会识别看，数字技术通过连接机制促进了创业企业与外部环境的信息交换，一定程度上降低了企业决策落后于市场变化的风险。数据的大容量和分析的高速度有利于培养企业的灵敏嗅觉，以快速感知环境细微但有意义的变化。例如，新冠疫情期间，大数据可以模拟社交封闭后的用户需求变化曲线和方向，进而为企业的"无接触配送"持续提供指导。

其次，从机会评估看，数字技术的连接特征进一步提高了数字创业者的评估能力。例如，利用数据分析更加精确、灵活地对新机会的利弊进行分析评估，从而筛选出更有潜力的新机会。

再次，从机会利用看，数字技术可编辑、可扩展的计算特征通过扩展机制提高了企业嵌入式、多功能的计算能力，使得非数字组件变得更具可塑性。例如，通过结构的部分变化可以实现适应新环境的新功能，推动产品和服务按照用户需求进行更新迭代，保持了创业灵活性。

最后，数字技术的计算特征还意味着创业机会实现的方式更加新颖，降低创业企业的进入壁垒，为数字创业者实现创业意图提供更广泛和易于获取的工具，加快对机会的灵活利用。例如大量智能移动客户端服务 App 的兴起。

---

**｜延伸阅读｜ 深度数字化如何重塑服务创新**

深度数字化以大数据、人工智能和新一代移动互联网为代表，对全球科技创新格局和各国经济发展产生了深刻影响，成为各领域创新发展的重要推动力。数字革命利用新一代信息技术快速连接全球个人、组织和智能设备，带来海量信息和可延展的知识。这释放了创新的潜力，形成了开放式、嵌入式和无边界等新的创新模式。同时，数字革命催生了众包、平台和共享等新业态。数字化变革的力量"破坏"了传统的产业格局，许多传统的商业模式特别是服务创新模式被重新构建或颠覆。这些变化为经济发展注入新的动力和活力，不仅为企业和创业者带来新的机遇，也同样带来了挑战。

### 深度数字化的冲击

数字时代，新工具、技术和组织的相互作用不断增强，技术和行业不断融合，为服务创新探索全新方式逐渐成为趋势。数字化不仅仅是一个结果，更重要的是为了达到这个结果不断演化发展的过程。深度数字化是数据流与资金流、人才流等深度融合的结果，更强调IT技术驱动的信息数据与业务流程的交互与融合。若将信息化视为业务转变为数据的过程，那么数字化便是从数据到业务的转化过程，也称为数据业务化。深度数字化主要具有以下特征：技术范式从PC端互联网演进为移动互联网；变革具有非连续性和不可预测性；行业边界变得模糊，跨界约束减弱；创新活动的价值来源由交易价值向使用价值转变；创新方式则从模块化创新转变为无边界创新。

### 深度数字化如何重塑服务创新

在数字化的背景下，深度数字化由数据交互推动，逐步发展，带来了颠覆性的改变，企业服务创新得到了重塑。基于此，企业服务创新发生了以下两个方面的重塑：一方面是创建全新的企业愿景，探索数字时代的颠覆性创新点；另一方面是重构运营思维和机制，提升传统维度的数字化能力，同时在新的维度上创造数字化价值。主要体现是：数字资源向数字能力转化、价值创造者网络重塑以及服务创新场景再定义。

（1）服务创新中数字资源向数字能力的转化。服务创新的成功不单单依赖恰当的资源，还需要建立有吸引力的价值主张，将适合的资源整合于交互活动中。Lusch和Vargo提出了服务主导逻辑（Service-Dominant Logic）

的概念，为资源观和过程观视角下的现代服务创新奠定了理论基础。在与知识、资源和管理等要素的互动中，数字技术的能力得以体现，可以将信息资源转化为信息能力。随着数据体量的指数级增长以及数据之间的关联性大幅增强，数据逐渐成为一种操作性资源。此外，深度学习、云计算等技术和应用的扩散也进一步推动了上述变化。

数字资源自身并不必然带来长期竞争优势，例如，IBM、德州仪器和飞利浦等企业通过资源观战略累积大量有价值的资源后，仍然无法保证持续的竞争优势。在深度数字化趋势下，如何高效地将数字资源转化为数字能力成为服务企业的战略重点。第一，企业需要明确什么样的组织结构能够高效利用数字技术这一操作性资源来整合外部资源，而非只提高内部资源的配置效率。第二，不同阶段的外部环境体现出对信息技术的资源基础、组织信息以及应用程度的不同需求。因而随着不同的阶段特征，组织对信息技术进行治理的活动会随之呈现差异性，必须根据不同阶段的外部环境进行持续更新。第三，传统企业管理理论假设数据资源和组织结构相互独立，且存在因果关系。但是，信息技术的自生长性（Generativity）使其具有较高的嵌入性和融合性。基于这种特点，组织也呈现出边界模糊、相互渗透、持续变化的特征。这凸显了跨组织关系的、与环境持续互动的、具备战略一致性的数字技术战略管理的重要性。

（2）服务创新价值创造者网络的重塑。深度数字化令传统价值创造者网络实现了在时间和空间上的解耦重构，从而催生出全新的价值共创模式。在服务主导逻辑中，价值创造的过程和主体发生了转变。一方面，价值创造过程由线性的产生、流动到消亡的模式，转变为更加动态、系统且网络化的共创过程。另一方面，价值创造的主体也从局限、有边界的B2B（企业对企业）网络变为更加普适的无边界A2A（区域对区域）网络。深度数字化对A2A网络中的价值共创产生了深远影响。首先，A2A网络中的主体角色不再固定，主体之间通过"软合约"或"硬合约"形成松散耦合关系；其次，深度数字化使主体的感知力越来越自然，主体间以自身的"感受"为基础，自发地去判断和回应；最后，A2A 网络中的每个主体并不是直接为其他主体创造价值，但能够通过提出自身的价值主张，体现自身潜在的价值存在。

（3）服务创新场景的再定义。数字化进程不断深入，服务创新场景也随之经历了深刻的变革。服务创新理念与行为者网络中的各种角色发生了前所未有的变化，服务链也从传统的被动、断裂和碎片化形态开始转向透明、平等、开放的服务生态。举例来说，借助云平台技术的发展，衍生出了去中心化的大众诊断工具，提升了医疗服务领域的公平性与可获得性；快速检验技术和手持式成像技术为预防与检验提供了全套的解决方案；医疗物联网的发展则有力地推进了医疗信息的互通与医疗连接设备的进步。这些变化都在推动着服务创新的

发展，为人们提供更好的服务体验。

智能搜索引擎服务显著提升了公共服务的获取率和公共资源的匹配效率。微博等社交媒体平台显著影响着舆论和舆情发展；一站式线上服务窗口，广泛涵盖了城市居民的日常生活需求；大型互联网平台（如百度、阿里巴巴、腾讯）则在深度数字化延伸服务创新场景中做出了成功的实践。以腾讯为例，借助社交网络构建的政务微信公众号和城市服务广泛拓展了公共服务的创新场景，并且在短时间内覆盖了超过 360 个城市。移动互联网的兴起使得用户入口更加公平化，而社交平台则实现了海量用户之间的紧密连接。因此，公共服务得以通过最高效的方式触达广大终端用户，并有效地缩小了地区和部门之间的"数字鸿沟"。

资料来源：温雅婷，靳景，刘佳丽，等. 深度数字化如何重塑服务创新 [J]. 清华管理评论，2018(9): 50-54.

## 本章小结

1. 创业资源是指企业在创业的过程中投入和使用的企业内外各种有形与无形资源的总和，是新创企业创立和运营的必要条件。

2. 按照不同的标准，创业资源可以有多种划分方式。按资源形式分，创业资源可分为有形资源与无形资源；按资源功能分，创业资源可分为运营性资源和战略性资源；按资源职能分，创业资源可分为物质资源、声誉资源、组织资源、财务资源、智力和人力资源、技术资源；按资源重要性分，创业资源可分为一般性资源、关键性资源；按资源获取途径分，创业资源可分为自有资源、外部资源；按资源是否直接参与生产过程分，创业资源可分为直接资源、间接资源。

3. 根据企业资源基础观，能为企业带来竞争优势的资源一般具有：价值性、稀缺性、不可模仿性与不可替代性的特征。

4. 数字化基础设施具有传统基础设施的基础性、公共性和通用性，同时也表现出了其独特的技术性、专业性和使能性等特性。

5. 数字技术的特征包括：可编辑性、可扩展性、可寻址性、可追溯性、可记忆性、可沟通性、可联想性、可感知性、可生成性与可供应性。

6. 数字资源和传统创业资源在是否有限、获取成本、能力要求、使用主体等方面存在差异。

7. 数字资源对创业的影响方式主要包括四种：重塑创新性、提高开放性、放大价值性、保持灵活性。

## 重要概念

创业资源　数字化基础设施　数字技术　　数据资源　数据资产

## 复习思考题

1. 什么是创业资源?
2. 创业资源有哪些类型?
3. 创业资源有哪些特征?
4. 什么是数字资源?
5. 数字资源有哪些类型?
6. 数字资源有哪些特征?
7. 数字资源在哪些方面区别于传统创业资源?
8. 数字资源通过哪些方式对创业活动产生影响?
9. 结合本章的内容,谈谈你还了解哪些数字资源驱动创业的案例,这些案例对应教材中哪种数字资源对创业的影响方式。

## 实践练习

### 编写商业计划书

人类社会经历了农耕文明、工业文明,如今正阔步迈向大数据时代的数字文明。数字经济为生产力发展提供着强大的动力支撑,给人类工作和生活带来巨大的便利。作为企业也面临着新时代的巨大挑战,如何敏锐感知新兴市场的变化并做出调整、抢占"蓝海",这些都是摆在我们面前的机遇与挑战。将学员划分为多个小组,每个小组视为一个创业团队,自行商讨确定一个数字创业的主题,并围绕该主题编写一个商业计划书,主要探讨需要哪些数字创业资源,这些创业资源在创业过程中如何获取、整合和利用以为组织创造更大的价值。

第 3 篇

# 数字创业模式

# 第 5 章　数字商业模式创新

## ■ 名人名言

当今企业间的竞争，不是产品间的竞争，而是商业模式之间的竞争。

——现代管理学之父　彼得·德鲁克

## ■ 核心问题

什么是商业模式？

数字商业模式创新的趋势与路径？

数字商业模式的类型和特征？

## ■ 学习目的

了解商业模式与商业模式创新

掌握数字商业模式创新趋势

了解数字商业模式内涵、类型和特征

## ■ 引例

### 你靠什么赚钱

假如你投资了一家饮料厂生产饮料，售价每瓶 5 元，成本 2 元，你打算怎么卖？在工厂门口摆地摊？可以，但是效率太低，也许一天只能卖出 20 瓶。正在此时有人找到你说，"你 3 元卖给我，我一次买 1 000 瓶"。虽然一瓶饮料少赚 2 元，但一次性可以卖出 1 000 瓶，如果靠摆地摊要 50 天，效率急速提升，你选择与这个人合作。

这个人买了你的饮料，选择放到店里销售，1 000 瓶饮料，每家店放 100 瓶，10 家店就够了。在这个交易结构里，你是品牌方，批量采购你饮料的人是经销商，还包括店铺老板和购买饮料的最终消费者。你想，要是多找几个这样的经销商，卖得不是更快更多吗？

于是，你发展了更多的经销商。一开始确实销量激增，但一段时间后就慢了下来。因此你去市场调研，小店老板告诉你，消费者都更愿意选择另一个牌子的饮料，因为大家总在电视上看到相关广告。卖哪个牌子的饮料对店铺老板来说都差不多，他们没啥动力推荐你的饮料。

原来如此，难怪饮料卖不动了，还是得打广告！你心想，"将一部分钱投入到广告里，打响品牌的知名度，让消费者更熟悉更愿意选择，店里的销量不就上去了么！店铺卖得越快越多，经销商就更愿意从我这拿货。虽然投广告需要花钱，但是饮料销量上去了可以赚得更多"。于是你开始打广告。这个交易结构里又多了一方：广告商。广告投放以后果然有效，饮料的销量起来了，更多的店铺想卖这款饮料，经销商忙不过来只能让利给分销商，让他们去覆盖更多的店铺。

那么，你是靠什么赚的钱？

你可能会说是靠卖饮料赚的钱。请你仔细想一想，你真的是靠卖饮料赚的钱吗？你之所以赚钱，是因为你构建了一个稳定的交易结构，在这个结构里，每一方的加入都会提升整体的效率，创造增量。

也就是说，你之所以能赚钱，是因为构建了一个商业模式——一个多方参与其中的交易结构。其实就是一个系统，每个利益相关者能获益（赚钱或获得需要的饮料），都是因为这个系统的运转。

假设通过这个交易结构一年可以卖出 1 亿元，如何才能快速提升到 10 亿元呢？过去基本上都是靠打更多广告的品牌驱动和铺更多终端的渠道驱动两个模式实现的。

但是现在，由于消费者每天面对海量信息，广告已很难完成对消费者的心智渗透。而渠道驱动则因为消费者拥有的选择实在太多，就算能铺渠道，产品也卖不动。也就是说，这两种模式的效率都太低。

这个结构真正的动力，来自交易的最后一个环节，即小店与消费者，毕竟只有将产品卖给消费者才是真正的消费。B 端 C 端联动，将更多的产品卖给更多的消费者，是最直接的动力。这个逻辑一直如此，但过去难以做到。

而数字化带来了新的可能……

资料来源："新经销"微信公众号。

# 5.1 商业模式创新

## 5.1.1 商业模式概念与内涵

商业模式（Business Model）的概念起源于 1957 年，20 世纪 90 年代，随着互联网的兴起和 IT 技术的蓬勃发展，商业模式逐渐出现在商业文献的语汇中，受到实践界和学术界的广泛关注。

电子商务的迅猛发展，催生了大量新企业经营形态，而这些管理实践又持续推动商业模式领域研究的丰富和深化。在数字经济时代，无论老牌劲旅还是新创企业，都在不断地审视和分析自己的商业模式。然而，商业模式的实质内涵和定义解析仍是一个莫衷一是的话题。

到目前为止，商业模式定义很多，比较简洁的典型说法包括：赚钱的方式，做生意的方式，价值创造、传递和分配的逻辑，把用户价值转换为企业价值的方式，在创造用户价值的过程中用什么方式获得商业价值等。广义的商业模式是指一个整合企业内外部所有要素的完整高效且具有独特核心竞争力的运行系统，旨在满足客户需求并实现客户价值的最大化。换句话说，商业模式阐述的是组织创造价值、传递价值以及获得价值的方式。

商业模式要回答的最根本的问题是：公司通过什么途径或方式来赚钱？从更狭义、更具体的角度来看，商业模式是企业如何通过与其他企业之间、与客户之间、与渠道等相关利益者之间的业务结构和盈利结构设计来获得竞争优势，是企业运营之"道"，即运营的"法、术、器"的本源。

综上，商业模式描述的是一个组织在明确外部环境、内部资源和能力的前提下，通过整合组织本身、员工、客户、供应链伙伴等利益相关者，来获取超额利润的一种战略创新意图、可实现的结构体系和制度安排的集合。

## ✦ 专栏5-1 商业模式定义演变

商业模式定义从1957年至今，大致经历了从经济类向运营类、战略类以及整合类的演变（见图5-1）：经济类的商业模式定义被描述为企业的经济模式，本质是为企业获取利润的逻辑；运营类商业模式定义主要指企业的运营结构；战略类定义认为商业模式是一种战略，体现的是对不同企业战略方向的总体考察；整合类定义将商业模式描述为企业商业系统的运行逻辑，是对经济类企业经济模式、运营类企业运营结构和战略类企业战略方向的整合和提升。

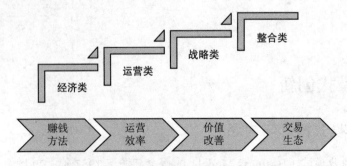

图5-1　1957年至今商业模式的定义演变

资料来源：原磊. 国外商业模式理论研究评介 [J]. 外国经济与管理, 2007(10): 17-25.

根据商业模式的不同定义，可以发现商业模式最为核心的三个构成部分：价值创造（Value Creation）、价值传递（Value Delivery）、价值获取（Value Capture）。需要强调的是，商业模式是一个系统、整体的概念，本质是企业盈利、生存、发展的系统设计，涵盖一系列企业内外部要素及其相互关系。价值的创造、传递以及获取三部分在逻辑关系上貌似是循序渐进、按部就班的，但实际上三者是一个环环相扣、密不可分的有机整体。在实践中应用商业模式时，价值创造、价值传递以及价值获取往往齐头并进、同时发生。这三部分任意一部分出现问题，都会影响商业模式的良好运行。

### 专栏 5-2 商业模式与战略的不同之处

商业模式与战略有什么区别呢？在很多情况下，大家认为商业模式和战略之间可以互换通用。二者要解决的问题相似，均为企业如何进行定位和运作从而取得竞争优势与卓越绩效。同时，实践中也很难分清商业模式和战略的区别。但是，二者在分析层次和实质内涵方面存在显著差异。

**分析层次**。一般来讲，相比战略，商业模式的分析层次更加基础，适用范围更广。例如，20 世纪 60 年代折扣店商业模式席卷美国，挑战并替代了其他类型的零售模式。很多企业都选择了这一商业模式，但绝大部分都没有成功，只有沃尔玛和塔吉特两家企业屹立至今、业绩优良。这说明在相同的商业模式下企业可以有不同的战略选择和定位，这种具体决策可以决定企业能否成功实施某种商业模式。沃尔玛和塔吉特之所以可以获得成功，是因为前者一开始就集中于农村和乡镇等几乎没有竞争对手的细分市场，成功避开了竞争激烈的城市；后者则很好地融合了成本领先和差异化战略，在折扣经营的同时不失时尚和特色。

**实质内涵**。商业模式通常用来解释组织是如何运作的，体现出某一社会和经济发展阶段企业经营模式的大趋势和一般性方法，容易受到技术进步的影响。例如，手工作坊被流水线生产替代，传统线下零售被电子商务替代，这些体现的是商业模式的大规模转变。总之，商业模式决定了经营活动和交易方式，但对于选择同种商业模式的不同企业如何竞争没有阐述，而战略则回答了企业如何竞争的问题。战略要求企业在经营过程中，针对采用相同或相似商业模式的竞争对手，打造自身独特的定位和差异，从而形成竞争优势来获取卓越的经营绩效。对比来看，商业模式较容易模仿，而战略则基于企业自身独特的资源与能力，相对难以模仿。因此，选择一个好的商业模式是远远不够的，企业必须匹配合适的战略才能在激烈的竞争中胜出。

资料来源：马浩 . 战略管理：商业模式创新 [M]. 北京：北京大学出版社，2015.

商业模式体现了企业创造价值的核心逻辑，这个价值不仅仅指创造利润这么简单，还涵盖为员工、客户、合作伙伴等提供利润。因此，商业模式研究的是在满足客户价值的基础上如何获取企业自身价值。基于此，可以将商业模式划分为客户细分、价值主张、渠道通路、客户关系、核心资源、关键业务、重要伙伴、成本结构、收入来源9个要素。

首先，企业要确定为谁创造价值以及创造何种价值。企业的第一要务即为明晰并定位目标客户群体，在了解客户需求的基础上为其提供相应的解决方案，也就是所谓的迅速寻找到客户的"痛点"。举例来讲，新东方建立伊始的商业模式，针对的不是大众对提升英文水平的需求，而是大量学生存在的出国英文考试成绩提升的需求。

其次，企业要通过一系列的资源配置、活动安排来创造并交付价值。还以新东方为例，它有别于一般学校的教学方式以及轻松愉快的课堂气氛，再配合上积极励志的宣讲和集体学习的相互督促激发，使得大多数学生喜欢去新东方上课，觉得上课很有价值，从而大幅提升了学生们的考试成绩。

最后，企业必须保证自身在整个价值创造过程中经济价值的获取，这就需要企业拥有清晰且可持续的盈利模式。从成本结构到收入模式，从收入流量到盈利空间，这些都是影响企业价值收获的关键因素。新东方的商业模式精准抓住了用户的"痛点"，比较成功地为用户创造并交付了他们所需要的价值，并且自身也收获了很高的价值。

## | 重要概念 |　商业模式画布

亚历山大·奥斯特瓦德（Alexander Oster-walder）是商业模式创新领域的作家，他在2008年与伊夫·皮尼厄（Yves Pigneur）合作出版了《商业模式新生代》（*Business Model Generation*），这本书通过9个要素设计了商业模式画布这样一个操作工具，并梳理出了企业的价值传递、价值创造、价值获取等环节（见图5-2）。

商业模式画布完整囊括了企业的战略定位、运营过程和利润来源，因此得到了学术界的广泛认同。但是鉴于该画布的构成要素过于丰富，且要素关系复杂难以厘清，仍存在一定的应用难度。

客户细分（Customer Segments）：描述了一家企业想要获得的和期望服务的不同的目标人群与机构。

价值主张（Value Propositions）：描述的是为某一客户群体提供能为其创造价值的产品和服务。

渠道通路（Channels）：描述一家企业如何同它的客户群体达成沟通并建立联系，以向对方传递自身的价值主张。

客户关系（Customer Relationships）：描述一家企业针对某一个客户群体所建立的客户关系的类型。

核心资源（Key Resources）：描述了保证一个商业模式顺利运行所需的最重要的资产。

关键业务（Key Activities）：描述的是保障一家企业商业模式正常运行需要做的最重要

的事情。

　　重要伙伴（Key Partnerships）：描述了保证一个商业模式顺利运行所需的供应商和合作伙伴网络。

　　成本结构（Cost Structure）：描述了运营一个商业模式所发生的全部成本。

　　收入来源（Revenue Streams）：代表了企业从每一个客户群体获得的现金收益（须从收益中扣除成本得到利润）。

资料来源：机械工业出版社，《商业模式新生代》，2011 年。

图 5-2　商业模式画布展示

## 5.1.2　商业模式创新概念

　　没有一成不变的商业模式，商业模式需要不断地调整、改造与创新，每一个期望持续成长的企业都会面临商业模式创新问题。

　　近年来，商业模式创新（Business Model Innovation，BMI）获得了学术界管理学者和实践界企业家越来越多的关注。同商业模式一样，商业模式创新现在也是一个"众口一词、莫衷一是"的术语。因为学科背景不同，学术界对商业模式创新的定义存在较大差异。商业模式是一个新兴的交叉学科，涵盖了技术创新学、战略学、营销学等不同学科内容，针对不同的学科特点，学者们开展了各具特色的商业模式创新研究。表 5-1 比较分析了不同学科在商业模式创新概念界定方面做出的贡献及存在的不足⊖。

表 5-1　不同学科下的商业模式创新（BMI）概念比较

| 视角 | 贡献 | 不足 |
| --- | --- | --- |
| 技术创新学 | BMI 是一种不同于技术和产品等传统创新的全新创新 | 认为 BMI 仅仅是技术商业化的一种手段，偏重于从技术角度来阐述技术商业化问题 |
| | BMI 旨在提出新理念，或者是重新定义和构建游戏规则 | |

⊖　王雪冬，董大海 . 商业模式创新概念研究述评与展望 [J]. 外国经济与管理，2013(11): 29-36, 81.

（续）

| 视角 | 贡献 | 不足 |
|------|------|------|
| 战略学 | BMI是一种企业层次的战略变革行为，远高于一般的产品创新等业务层次上的变革行为 | 认为BMI仅仅是企业进行战略规划的一种工具 |
| | BMI具有较强的颠覆性，是对行业既有假设和行业思维定式的突破与颠覆 | 认为BMI是竞争导向型的，而忽略了其特有的"竞合"属性 |
| | BMI是一种组织为应对外生不连续性而做出的非常规、激进式的变革过程 | 注重BMI的表现形式及其可能产生的结果，而忽视了顾客这个基本源头 |
| 营销学 | BMI是企业对顾客和顾客价值主张的重新理解和定义 | 过于关注其开始而忽略了过程性和结果性特征 |
| | BMI是一种主动性市场导向型创新，双边市场是商业模式创新的一个重要特征 | |
| 商业模式学 | BMI是企业对"商业模式"实施的创新，是对商业模式构成要素进行的变革 | 与"商业模式"概念混淆 |
| | BMI是一种系统层次的创新，要求企业在顾客价值主张、运营模式、盈利模式、营销模式等多个环节上实现新的突破 | |
| | BMI可以使企业建立以自己为核心的商业生态系统从而构建系统层次的竞争优势 | |

概括来讲，商业模式创新是一种通过改变企业价值创造的基本逻辑以提升企业竞争力和顾客价值的活动，涵盖了对企业商业模式的关键要素、体系结构等进行的重要的、新颖的改变。商业模式创新既可以调整或改进现有商业模式使之适应环境变化（如尚品宅配的大规模定制模式、格力电器六年包修的结果导向服务模式），也可以创造或引入新的商业模式使之颠覆市场环境（如华为构建万物互联智能世界的价值主张、小米的互联网营销模式等）。

## ｜创业聚焦｜　商业模式创新的机制

战略领域有三个核心学派的观点可以用来阐释商业模式创新机制，即理性定位（Rational Positioning）、演化学习（Evolutionary Learning）和组织认知（Cognitive）。

理性定位学派认为，企业按照最初的商业模式建立，即商业模式原型（Archetype），其生命周期可以分为发展/研发、执行/筛选、商业化三个阶段。一旦外部环境发生变化，企业会重新测试和设计能够替代商业模式原型的变量，直到找到能够对现有环境实现最优化匹配的商业模式，从而随着时间变化做出调整和转变，实现商业模式创新。

演化学习学派认为，企业必须通过不间断的试错学习来减少外部环境带来的不确定性。而商业模式创新是一种具有高度创造性的探索过程，需要企业通过试错性学习从而不断地对初始商业模式进行重新设计、改进、测试和调整，通过识别、优化、适应、修改以及重塑等环节，精心打造（Crafting）新的商业模式，最终实现商业模式创新，也就是这个试错过程的结果。

组织认知学派认为，高管团队的认知能够驱动企业进行商业模式谋划（Business Model

Schema），从而形成新的商业模式。即使外部环境没有发生变化，管理者也可以影响商业模式创新：管理者可以通过认知过程从其他地方借鉴、获取知识并将其整合到现有的商业模式谋划中，因此商业模式谋划也是对企业高管团队认知结构的反映。这改变了企业现有的商业模式，其结果即一个创新的商业模式。

资料来源：吴晓波，赵子溢. 商业模式创新的前因问题：研究综述与展望 [J]. 外国经济与管理，2017，39(1): 114-127.

## 5.1.3 商业模式创新过程

商业模式的创新无法一蹴而就，需要经历至少一个往复过程，如图 5-3 所示。

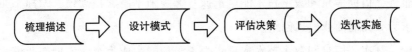

梳理描述 ⇨ 设计模式 ⇨ 评估决策 ⇨ 迭代实施

图 5-3 商业模式创新过程

**过程一：梳理描述**

描述要进入某一个行业、进入某一个商业生态的企业现有的商业模式或设想的商业模式，描述竞争对手或其他行业中的一些标杆企业的商业模式，对这类企业的商业模式进行扫描和概述。

通过这一步骤，企业可以发现自身或者竞争对手现有的商业模式存在哪些痛点和盲点，进而挖掘可能存在的、可以创造和改进的机会点。

**过程二：设计模式**

在梳理现有商业模式的基础上挖掘利益相关者以及其资源和能力，之后套用商业模式的概念框架，综合不同的要素进行重新排列、组合或构造，设计出一些非常具体、创新的商业模式备选方案以及"模式落地的执行路径"。

**过程三：评估决策**

当设计出很多新的备选方案之后，就可以进入到对这些方案的评估决策环节。该环节主要从两个维度进行：第一个是对结果进行评估，因为商业模式涉及内、外部两种不同的利益相关者，所以在设计商业模式的时候，除了要考虑传统企业边界内的效率，还要兼顾和外部利益相关者共同构建的生态系统的效率；第二个是对过程进行评估，包括在这个设计的交易结构中，利益相关者参与的动力、投入度、资源/能力以及资源的利用效率等，通过对结果或过程的评估，可以从诸多备选方案中选择出相对较好、成功率较高的商业模式。

**过程四：迭代实施**

创新一个商业模式就如同设计一个建筑，在设计好模型之后，还需要按照图纸进行建造。一般来说，在进行商业模式创新时，建议先进行小规模的迭代实验，并将实验验证成功的模式放大，再进行大规模的复制。

## 5.2  数字化与商业模式创新

从商业发展的角度来看，永远是先进的模式打败落后的模式，高效的模式打败低效的模式。行业的每一次颠覆，一定会出现革命性的产品或者是颠覆性的商业模式。数字化浪潮下，企业赖以生存的商业环境发生了彻底的变化，这也导致几乎所有行业、所有市场都在发生巨变。每个行业都可以利用数字技术大幅提升行业内企业和产业链的效率，创新无处不在。在数字经济浪潮中，信息和数字技术成为企业商业模式创新的重要驱动力。

首先，信息和数字技术能够不断提升客户价值，在传统行业中关注的产品和服务，借助信息和数字技术能更迅速及客观地了解客户需求，实现企业以客户需求为导向的商业模式创新。

其次，信息和数字技术本身作为资源和能力成为企业实现商业模式创新的关键要素。创新技术的应用能够整合企业内外部资源，实现跨部门协作，不仅能提高运营效率还有利于进入新市场、开拓新领域。

最后，信息和数字技术能够完善企业的盈利模式。新技术的应用能够提高产品在市场上的扩散和渗透，在不断开拓和整合新市场的基础上，以更加方便和便宜的途径向市场上投放新产品和服务。

### 5.2.1  数字商业模式创新趋势

#### 趋势一：价值颠覆

价值颠覆是数字时代商业模式创新的第一个大趋势。[一]数字技术时代的新商业规则让很多企业能够直接从主流市场切入，进而颠覆原有的格局，而不是以往的简单从低端市场颠覆或者是从新兴市场颠覆，因为价值颠覆是发生在所有，而不是某一类客户层面的。从这个意义上说，随数字时代而来的价值颠覆是普世性的颠覆，是指用数字技术或者新的商业模式让产品和服务变得更简单、更便宜、更便捷。

（1）更简单。从客户的角度来看，更简单指在产品的使用上从麻烦到方便；从产品功能的角度来看，更简单指产品从复杂到简洁。所以，产品未来的发展趋势应该具备以下特征：不是把产品功能变得越来越强大、越来越复杂，而应该是越来越简单、越来越容易使用。

当然，更简单并不意味着不专业。相反，一个复杂的东西要以简单的方式呈现出来，更需要内在技术的专业和强大。因此，更简单是指通过技术变革使得复杂的过程被简化，从而更容易操作和使用。同时，也正因为这种简单、易操作，才大大提升了客户的接受程度。

---

㊀  鲍舟波.未来已来：数字化时代的商业模式创新 [M].北京：中信出版集团，2018.

例如，相对单反相机而言，"傻瓜相机"就是一种价值颠覆，它在操作上由复杂变得简单，没有基础的普通用户也可以直接上手使用。发展到现在，手机集成相机功能之后的操作变得更加简单，如今手机像素越来越高、拍照功能越来越强大，大家在出游时更多会选择手机而不是相机，这意味着手机正在逐步淘汰相机这个行业。

（2）更便宜。对消费者而言，不论是低端客户还是高端客户，都希望同样的产品和服务，价格能更便宜，也就是说更便宜并不仅仅针对一个市场里的低端客户，这是所有消费者的共同诉求。这意味着更便宜不等于低价格或者打价格战，这是一种由数字技术进步带来的效率提升和成本下降而导致的红利。

使产品更便宜的方式有两种。第一种发生在产品层面，通过降低成本或是利用技术简化产品进而降低成本使价格变得便宜，也可以是同样的产品利用技术优化成本从而变得更便宜，比如在加工、包装等环节中利用智能制造设备实现人效升级，降低用工成本；第二种发生在商业模式层面，通过改变整体成本或收入结构让产品变得更便宜，比如集采、直采等一系列优化供应链的手段，就是通过优化商业模式使产品变得更便宜。

从产品和商业模式这两个层面使产品变得便宜在数字时代是很常见的。这些新的模式、新的产品，一推出就针对主流市场，用更低的价格，甚至是免费的方式直接颠覆主流市场。

但更便宜同样不代表更低的利润，更便宜不是简单地降价，其本质是通过降低成本、优化商业模式来与用户达成双赢，所以更便宜在本质上不会降低企业的利润。

### ⭐ 专栏 5-3　数字化带来的价格颠覆

数字化的历程，几乎是一个不断用价格颠覆各个行业的过程，过去利用信息不对称优势赚取高额利润的行业巨头纷纷倒下，过程堪称波澜壮阔。例如电商对线下实体店的冲击在于，线上成本大幅低于实体店成本，且线下实体店房租的成本逐年递升。

在企业营销策略的定价理论里有个词叫定倍率，比如某商品的成本是 10 元，价格定为 20 元，定倍率就是 2。过去线下实体店的定倍率普遍要在 3 倍以上，因为房租成本大致要占营收的 25%～30%，再加上人工、水电费用等其他开支，定倍率在 3 倍以下几乎没有什么钱可赚。

但在互联网上开店没有房租成本，因此在网购崛起的初期，线上商家凭着完全不同的成本结构把线下商家打得落花流水，究其原因，就是商品卖得更便宜。

（3）更便捷。更便捷不同于更简单，后者针对产品的操作和使用，而更便捷则是针对客户获得产品的便利性和速度。更便捷包含两个维度：一是获得产品更容易，二是获得产品更快速。举例来说，微信的存在让社交更便捷；支付宝让人们的支付更便捷；T3 出行让人们的出行更便捷；饿了么让人们的用餐更便捷。

总之，所谓数字时代的价值颠覆，其本质就是颠覆者在更简单、更便宜和更便捷三个维度上发力，可以三者兼而有之，也可以循序渐进（见图 5-4）。

图 5-4  价值颠覆的三个维度

### 趋势二：平台模式

2022 年中国的超级独角兽企业中，超过 70% 采用的是平台型的商业模式。作为新兴的商业模式，"平台"一词正在改写我们的生活方式与商业行为。[⊖]平台可以理解为一种现实或虚拟空间，该空间能够促成双方或多方客户之间的连接和交易，这也正是平台的核心作用。相应地，平台模式就是指通过构建一个物理或者虚拟空间，连接双边或多边群体，为其提供互动机制，满足所有群体的产品或服务的交易需求并从中盈利的商业模式。

如果根据平台服务的客户来分，有三种基本的平台模式：连接客户与商家的平台（B2C 平台，如京东、亚马逊）、连接客户与客户的平台（C2C 平台，如eBay、当当）、连接商家与商家的平台（B2B 平台，如中国制造网、TradeKey）。

纵观现在成功的平台的商业模式，其实在传统商业中都存在。天猫超市对应的是传统的沃尔玛超市，京东对应的是苏宁、国美等传统卖场，唯品会对应的是工厂折扣店或者奥特莱斯……也就是说，平台模式其实一直都存在。但是传统平台的核心价值建立在空间和流量基础上，受到空间的极大限制，这也是传统平台很难做大做强的直接原因。一个传统平台就算在一线城市站稳脚跟、一骑绝尘，也很难在二三线城市复制同样的成功，因为大量的本地平台早已复制其模式。

而数字技术带来的虚拟世界没有时间和空间限制，平台从之前的区域性竞争升级为全国性竞争，几乎每个行业都有做全行业平台的机会。在此过程中涌现出了一大批基于互联网、云计算、大数据等应用的平台，如电商交易平台（京东）、第三方支付平台（微信支付）、社区社群交流平台（豆瓣）、开放创新平台（海尔HOPE 平台）等，平台型定位也成为越来越多企业的转型目标。比如基于互联网的社交、搜索、电子商务等应用使腾讯、百度这些企业发展为大型平台型企业。近些年发展得如火如荼的共享经济，也是平台模式的重要代表。

---

⊖ 鲍舟波 . 未来已来：数字化时代的商业模式创新 [M]. 北京：中信出版集团，2018.

　　不管哪个行业，发展到一定阶段必定会出现一个平台，把这个行业的信息流、资金流、物流整合在一起，从而大幅提高该行业的运行效率。未来必定是平台的世界，数据作为最重要、最核心、最关键的资源在整个平台上流动，平台又连接了人、产品、渠道商、供应商、生产商等所有要素，构建起了一个新的商业社会。

## | 重要概念 | "二八法则"与"长尾经济"

　　"二八法则"又称"帕累托法则"（Pareto Principle），是指导企业生产经营的重要准则。"二八法则"意味着企业更关注 20% 的少数大客户，从而导致企业竞争激烈，利润空间逐渐萎缩（见图 5-5）。

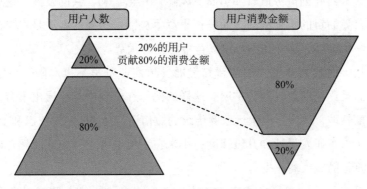

图 5-5　"二八法则"图示

资料来源：周志鹏 . Python 电商数据分析实战：从电商实际案例出发洞悉数据分析全流程 [M]. 北京：机械工业出版社，2023.

　　而互联网和数字技术的到来，使"长尾经济"理论脱颖而出，终结了"二八法则"对企业的指导意义。"长尾经济"理论认为企业利润不再仅仅依赖 20% 的少数大客户，即所谓的"优质客户"地位已不复存在。以往分散化的、碎片化的 80% 的客户所蕴含的市场和利润空间同样不可小觑，小众的、个性化的产品同样可以创造巨大的市场价值（见图 5-6）。

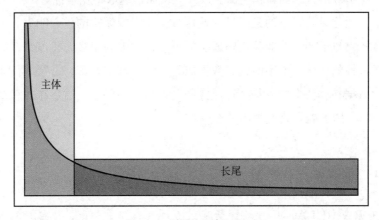

图 5-6　"长尾经济"图示

资料来源：昝辉 . 网络营销实战密码：策略、技巧、案例 [M]. 北京：电子工业出版社，2009.

互联网因其具有分流聚类的渠道和平台功能，提供了满足客户个性化和定制化需求的可能性，在此基础上可以吸引到足够多的客户以形成"规模经济"，因此，越来越多企业选择"长尾经济"，这逐渐成为互联网和数字经济时代的主流。

### 趋势三：跨界融合

在数字经济时代，消费者和竞争对手的边界变得越来越模糊且不可捉摸，行业也逐渐转向松散和不稳定，行业之间的竞争不再是一句空谈，可以说跨界竞争和融合已经成为一种普遍的发展趋势。[一]

从商业模式角度来看，跨界融合旨在打造一个多方共赢的生态环境，让栖息在生态圈中的成员共同获得成长的机会。大家在生态圈内共享资源信息、共建商业模式、共同创造价值、共担商业风险，互惠互利、共同发展。这里需要强调的是，跨界的目的不是利润，而是积累竞争势能。跨界的本质是将自己的商业模式提升一个维度，这样在参与市场竞争时更有优势。

数字时代商业模式的创新和发展导致商业竞争不再局限于特定的产品和服务，而是逐渐向跨界融合扩展。这样的例子在实践中早已层出不穷，比如腾讯跨界通信领域，改变了电信运营商传统的短信语音业务；阿里巴巴和上汽公司合作，加快了汽车研发设计和升级速度；小米在手机业务之外构建起涵盖硬件、互联网和新零售的庞大商业生态。

可以预见的是，未来行业的边界会变得愈加模糊，跨界融合会逐渐成为一种新常态。对企业来说，应该利用自身的竞争优势，遵循合作、共享、共赢的原则，进一步完善商业生态系统，增强核心竞争力，为跨界融合创造有利条件。从企业的角度来看，跨界的本质就是多元化战略，只不过在传统的工业时代，多元化是在企业的主导产业范围内，发展多个具有一定关联性的产业。跨界成功的企业往往能充分利用和延展已有的核心优势，包括平台、技术能力、客户资源等优势，跨出舒适区，创新相关商业模式，从而迅速取得竞争优势。

工业化时代强调的是通过专业化分工获得规模化的生产能力。工业化时代的无数案例也证明，专业化道路成功的可能性大大高于多元化道路，而数字化带来了颠覆性的变化。数字时代，数据成为行业的基本要素，击穿了行业的壁垒和边界，数据和算法变成了每个行业共同经营的核心要素，这意味着只要掌握了数据和算法，跨界融合就变得不那么困难。

---

**| 重要概念 |  企业多元化战略**

美国学者安索夫（H. I. Ansoff）是最早研究　多元化战略的先驱，他在 1957 年的文章《多

---

〇　鲍舟波. 未来已来：数字化时代的商业模式创新 [M]. 北京：中信出版集团，2018.

元化战略》中以企业经营的产品种类数量来定义企业的多元化，指出企业多元化战略就是用新的产品去开发新的市场。

1959 年，英国经济学家彭罗斯（E. T. Penrose）在《企业成长理论》一书中对多元化进行了更深入的思考。他认为多元化不只是开发和生产新的产品，新产品和原产品之间的差异性才是多元化的关键，因为多元化的本质是企业经营范围的延伸。

1962 年，钱德勒（A. D. Chandler）认为多元化经营是企业最终产品线的增加，不仅区分了多元化与一体化、多元化与差异化，还提出了著名的"结构跟随战略"，指出企业成功实现多元化战略的关键是企业组织结构的相应调整。

1962 年，戈特（M. Gort）提出企业的多元化为单个企业所服务的异质性市场的数目，

并在四年后进一步提出多元化的含义是单个企业所服务的行业数目的增加。

1974 年，美国管理学家拉梅尔特（R. Rumelt）指出多元化的实质是利用各种现有资源开拓新的领域，强调培育新的竞争优势和巩固已有市场地位的重要性。

综上所述，多元化的定义和度量并没有统一的标准，往往根据研究和实践的目的对其概念进行定义。多元化实质上是企业向新的产品—市场领域延伸，增强现有企业能力或开拓新能力的行为。作为一种战略，多元化决定着企业的长远目标以及相应的企业行为和资源配置，企业本身都有进行多元化的要求。

资料来源：徐希燕，等.企业多元化战略研究[M].北京：中国社会科学出版社，2015.

企业能不能跨界，或者如何跨界，通常需要考虑两个关键因素：一是企业的发展阶段，二是企业的核心竞争力。

企业如果是在发展的初期，还在为生存而奋斗，那么企业家应该全身心地聚焦于核心业务，建立生存优势，实现业务的专业化。当企业的核心业务在市场站稳脚跟后，在完善企业内部管理和业务运营机制的基础上，企业可以适当逐步开展相关的多元化，整合更多的资源、核心能力为客户提供产品和服务。

企业如果在某些领域极具竞争优势，这就是天然的跨界良机，比如，华为通过数十年高投入建立的研发技术和管理体系优势，从领先的通信设备供应商成功跨界成为手机、电脑、穿戴式设备等终端供应商。

总之，在企业合适的发展阶段，以核心竞争力为支点面对跨界竞争，是企业在当今数字化商业环境中或主动或被动的选择。

## 5.2.2 数字商业模式创新路径

当前数字技术与商业模式创新不期而遇，改变了世界的经济格局。在这二十几年中，层出不穷的商业模式远远超过数百年工业革命以来的总和。为什么会如此？我们必须看到，其背后的根源正是数字时代各个商业要素的根本性变化，也正是由于这些变化，商业模式创新才有了无数可能。

数字技术已经成为商业模式创新的关键驱动因素，它使创造、传递和获取价值的新方式、新的交换机制和交易架构以及新的跨界组织形式成为可能。商业模式创新涉及从识别机会、运用机会到价值创造与实现的过程，而数字技术

的赋能作用主要体现在数字机会识别能力、数字化能力和数字协同能力三个方面。[一]其中数字机会识别能力指企业能够充分感知数字经济环境变化、及时做出反应并从中识别出对企业转型发展具有价值机会的能力。数字化能力是数字时代企业进行商业模式创新，实现动态、可持续发展的重要条件，主要包括数字化供应链能力、数字化运营能力和数字化管理能力等。数字协同能力，可以从价值链网络的内、外部构成视角来进行划分，其中，外部协同能力体现为对政府、供应商以及消费者的数字资源协同、数字知识协同、数字资产创新协同等；内部协同能力则体现为企业各产业要素、部门、员工之间的数字化协同程度和强度。

在数字经济环境下，数字技术赋能是企业进行商业模式创新的前提和重要条件之一，其构建和培育影响着商业模式各构成要素的变革和对商业模式的整体创新。与此同时，数字技术变革引发的商业模式创新能够助力企业快速实现数字产品和核心产品的商业化。

### 1. 数字机会识别能力与商业模式创新

**|创业聚焦|　八维通：全球首创轨道交通移动支付全线开通案例**

2017年，我国城市轨道交通正处于基础建设的蓬勃发展期，全国有超过30座大中型城市开通了地铁或轻轨，车站总数不少于3 000个。但当时的轨道交通普遍存在信息化程度低、工作效率不高等问题。创始初期，通过对20多个城市地铁公司的深入调研，八维通发现运营主体普遍关心降本、增效、安全这三大"痛点"。而当时城市轨道交通传统的购票过闸模式存在诸多弊端，乘客排队过闸不仅费时，也易造成安全隐患。售票机、闸机和票卡的投资运营成本较高，清理票卡和清分结算的人力成本也居高不下。

这种情况下，八维通创始人敏锐识别到城市轨道交通数字化转型升级的机会，从数字票务系统切入，打通运营和乘客服务之间的数据壁垒。2017年，八维通与无锡地铁合作研发了"码上行"手机App，并对1、2号线进行设备系统改造，使无锡地铁在全球地铁行业首次实现以App二维码全线网、全闸机乘车，并创新性地实施了"先乘车、后付费"的信用支付模式。

资料来源："政协君"微信公众号。

数字经济下的商业模式创新是一个充满实验性和探索性的过程，其中机会识别是这一过程中的重要行为，也是商业模式创新的前置因素。因此，企业要充分培养和利用数字机会识别能力，及时发现数字经济发展演化中环境、政策和技术等方面的变化、趋势和机会，精准预测消费者需求，并有效地嵌入商业模式创新的各要素，创造新的价值供给，创新价值传递机制和获取方式，进而实现商业模

---

[一]　易加斌，柳振龙，杨小平. 数字经济能力驱动商业模式创新的机理研究 [J]. 会计之友，2021(8): 101-106.

式创新。[○]

数字机会识别能力助推企业发现新的市场需求，明确价值主张创新的方向。价值主张作为商业模式链条的最前端，其创新结果影响着企业整个商业模式的方向。数字经济带来了新的消费理念、消费方式和消费需求，呈现出目标用户界限模糊化、用户需求多元化、产品与服务供给方式新颖化等新特征，也随之带来了新的市场机遇。运用数字机会识别能力，可以有效辨识政府、市场以及用户在宏观产业、中观行业和微观需求层面蕴含的新机会。具体来讲，可以利用大数据等数字新技术对政府产业政策、行业竞争、用户行为进行实时监测和数据分析，精准预测政府、企业和用户的变化趋势。在此基础上精准划分企业的目标用户，针对目标用户需求设计和调整价值定位点，通过产品和服务创新满足用户的新需求，实现价值诉求。

数字机会识别能力驱动企业寻求价值创造与传递的新模式、新路径。价值创造与传递连接着前端的价值主张和终端的价值获取，这两种模式的创新主要围绕资源、活动、渠道以及价值网络四方面展开。由于数字技术的加持和赋能，企业的价值创造与传递向更加开放和多元转变。大数据、云计算和人工智能等新兴技术的应用与数据资源和资产的传递、共享等带来了新的价值创造机制。数字机会识别能力可以助力企业发现数字经济环境下价值创造与传递模式中的关键资源与活动以及价值网络核心构成要素，从而带来针对性的、创造性的新模式与新路径。

数字机会识别能力有助于企业洞察新的价值获取方式并赢得市场先机。商业模式链条的终端为价值获取，是价值创造与传递机制"实施"后的"收获"阶段，其创新主要集中在收入模式和成本结构两个维度。数字经济对成本结构与收入模式的影响可以从共享模式、免费模式和平台模式等新模式的暴涨体现。企业如果具备较强的数字机会识别能力，便能够抢先识别出这些模式的优点并大胆创新，从而赢得市场先机。比如，360 杀毒软件彻底颠覆了传统杀毒软件的收费模式，通过免费的方式获取大量客户，之后通过广告投放、VIP 客户收费转化以及衍生金融服务等方式，成功实现了收入模式的创新。

### 2. 数字化能力与商业模式创新

| 创业聚焦 |　**直播电商**

短视频的火爆带来了直播电商的快速发展，直播间里出现的不仅仅是网红主播，携程、银泰百货、洋码头、海底捞、小龙坎等企业的老板们也纷纷加入直播带货的大军。各大

---

○ 易加斌，柳振龙，杨小平. 数字经济能力驱动商业模式创新的机理研究 [J]. 会计之友，2021(8): 101-106.

互联网公司更是不肯放弃这一波红利，紧锣密鼓地加速布局直播电商业务。

数字技术的飞速发展助力直播电商直击传统电商痛点，首先，传统电商在商品上提供的信息有限，而以直播的形式，可以让买家得到更多关于商品的信息，从而更快速地做出购买决策。其次，直播带货借助 3D 技术、VR 技术等带来多维度、立体化的呈现方式，通过主播对商品的体验、答疑，通过相关平台对商品的审核、背书，形成一个相对系统化的推荐，解决了买家购前的体验问题。最后，直播带货是实时互动的，具有天然的社交属性，买家不仅可以向主播提问，而且可以进行弹幕交流，同一时间很多买家分享经验、刷弹幕、下单购买，享受一起购物的快乐。

数字经济时代下最关键的生产要素是数字化的知识和信息，而数字化能力正是企业正确、有效运用这些新型生产要素的关键手段。[一]数字经济环境下，在创新商业模式的过程中，企业首先基于数字机会识别能力发现新的价值主张、价值传递与创造以及价值获取的方式，在此基础上，还需要充分利用数字化能力将这些新的主张和方式转化为现实、可执行的方案，进一步推动商业模式创新的落地实施。

数字化能力帮助企业快速且精准地锁定价值主张。数字经济环境下借助大数据、云计算、人工智能算法等数字技术手段，通过数字化能力，可以助力企业精准识别用户画像，锁定目标客户并了解客户需求，从而为其提供个性化和定制化的产品与服务，为客户创造独特的价值。在此过程中，可以利用数字化供应链能力，创新数字产品和服务；利用数字化运营能力，实现价值主张的精准传递等。

数字化能力助力企业拓宽价值创造与传递路径。数字经济以及数字技术的发展极大拓展了商业边界，以数字平台为核心的资源共享和价值共创成为这个时代最具代表性的价值创造与传递模式。企业可以通过数字供应链能力，借助移动互联网、大数据、云计算等新技术与平台更快速、更简单地获取企业所需的关键资源，同时开放供应链平台，实现与客户的价值共创；也可以通过数字化运营能力，借助 3D 技术、VR 技术打造云端展厅以及网络直播带货，客户可以直接线上观看并与主播实时互动，可以打造无时空界限的企业活动，从而创新营销渠道，增强客户的体验性，提升价值归属感。

数字化能力助力企业缩短价值获取的中间过程。传统经济模式的价值获取链条较长，成本结构较复杂，交易成本较高，而数字经济带来的新模式和新业态从根本上颠覆了企业的收入模式和成本结构。随着越来越多的合作伙伴参与到新业态中，借助数字技术的应用，企业原有的价值获取链条大大缩短，在降低成本的同时也能实现收益的最大化。比如，企业通过直播将商品销售给消费者，由于节省了传统模式的中介费用和新零售 O2O 模式的线上线下协同成本，不但能使消费者以更低的价格获取商品，同时也增加了平台收益，在缩短价值获取中间过程

———
○一　易加斌，柳振龙，杨小平 . 数字经济能力驱动商业模式创新的机理研究 [J]. 会计之友，2021(8): 101-106.

的基础上创新了价值供给体系。

### 3. 数字协同能力与商业模式创新

**|创业聚焦|  今日头条**

作为新闻、咨询、信息分发与交互的数字化运营平台，今日头条本身并不生产内容，而是通过"创作者计划"，鼓励和培育大量的自媒体用户，在军事、娱乐等诸多领域展开创作；通过今日头条的大数据算法和人工智能推荐给用户，从而形成了用户既是消费者也是创作者的全新价值共创模式；通过"您关心的才是头条"的价值定位，实现了价值主张的创新。

协同能力对商业模式创新具有显著的正向影响。数字技术带来的驱动企业商业模式创新的数字协同能力，除包含资源、关系等传统要素的协同外，还涉及对数据、信息等数字化技术和知识资产的协同，其协同的范围、规模与层次变得更加广阔和开放。⊖

数字协同能力驱动企业打破传统的价值主张壁垒进而实现价值共创。在数字经济时代，企业的外部数字协同能力能够帮助企业跨越自身的边界以及打破行业之间的壁垒，实现跨领域的融合和协同共生发展，从而打破固有的价值主张壁垒，扩大企业的价值主张领域，发展"跨领域"的价值主张。数字经济下的跨界融合新模式，使企业的边界逐渐模糊甚至消失，企业的客户不再局限于某个领域或范围，企业的潜在客户和企业价值的创造者可以是任何人，这有助于形成"跨领域""多视角""多维度"的目标用户群和共同参与、共同设计、共同使用的创新型产品与服务供给机制，最终实现价值主张创新。

数字协同能力助力企业拓展价值创造与传递的范围和程度。在数字经济环境下，企业通过数字协同能力可以实现与客户、合作伙伴等多方利益相关者的资源、信息融合，从而达成多方共治，拓展价值创造与传递的范围和程度。数字经济具有无边界性和价值共创的特征，企业需要改变传统的价值网络、渠道以及客户关系等，形成以客户为中心的与客户、合作伙伴以及员工等多方利益相关者协同共生的数字时代的价值网络和活动方式，不断拓展价值创造与传递的范围和程度，从而推动商业模式的动态创新。

数字协同能力推动企业在价值获取上实现经济效益与社会效益的双赢。传统的市场竞争强调零和博弈，相比社会效益，企业更加注重经济效益。在数字经济环境下，企业的价值获取不仅仅停留在经济效益的获取上，更强调通过协同各方资源和资产，调配各方积极性，使社会资源得到最优配置，实现互利共生和融合共赢，从而实现经济效益和社会效益的双赢。一方面，数字技术加持的新型数字

---

⊖  易加斌，柳振龙，杨小平. 数字经济能力驱动商业模式创新的机理研究 [J]. 会计之友，2021(8): 101-106.

化企业以自身的主营业务为平台，提供免费服务以吸引大量客户。大量客户为平台带来赞助商、广告商，企业能从中抽取一定的利润，这种方式既实现了企业自身经济效益的获取，又满足了平台两端双方的价值诉求。另一方面，数字化平台型企业通过平台协同整合供应链资源和上下游关系，通过数字技术的应用和数字化信息与资产的共享，在重构产业链的同时解决传统产业链价值创造与价值获取中存在的诸多问题或顽疾，助力政府对传统产业进行升级、改造和优化，从而增加社会福祉，实现经济效益和社会效益的"双丰收"。

## 5.3　数字商业模式

### | 创业聚焦 |　小米商业模式：以硬件为基石的互联网生态公司

2023年，雷军一手创立的小米迎来了13岁生日。小米曾以其开创的互联网手机模式，快速成为一家全球瞩目的智能手机厂商。13年来，小米早已在不断地发展创新中扩大了其商业版图，成为一家兼具智能硬件、软件、互联网服务、新零售的庞大生态型公司。

13年间，小米经历了从数字系列爆火到中期遭受恶意网评攻击，从陷入低谷到涅槃重回巅峰，从线上运营到米家的线下扩张，从小米手机系列到整个生态链企业，从2G、3G、4G时代的更替到抓住5G时代的风口，从"铁人三项"到"手机×ALOT"的核心战略，从国内领先到国际全球化的一系列发展与变革，这都推动了小米从传统制造业向人工智能化行业的转变。

小米的商业模式之路有这样一个特征，即在快速奔跑中吸收一切好的商业模式。产品与品牌理念上借鉴无印良品的"极简品牌"、同仁堂的"匠人品质"和暴雪的"高性价比易上手"；服务上借鉴海底捞的"超高口碑"；销售模式上借鉴戴尔的"直销模式"、亚马逊的"长期价值"和好市多的"全品类精选"。总的来说，小米商业模式的本质为以互联网思维打造软硬件，积累海量用户，通过服务变现。

**以互联网思维打造软硬件**：小米最初的设想是以互联网思维做软件和硬件，以品牌和口碑积累粉丝，塑造品牌形象。手机仅获取微薄利润（利润率＜5%），把手机当作生态的流量入口，将用户导向互联网服务并以此盈利。

**优质低价的硬件产品是小米生态的基石**：小米一直奉行"高性价比""高品质"的策略，后来又加入了"黑科技""高颜值"等维度，目的是让用户对其产品形成巨大的需求和信任感，从而实现规模化量产，进而降低产品成本，低价售卖吸引更多用户，实现正向循环。尤其当其社交产品米聊在与微信的竞争中落败后，硬件对生态所承担的角色更为重要。

**极致效率是生态高速运转的保障**：对企业来说，不管是产业链还是自身运营，小米都追求最大限度地提高效率，从而让企业的运行成本保持在低位，支撑小米薄利多销的策略。

2010年，创业初期的小米迎着移动互联网风口通过创新的互联网手机模式和后来推出的廉价品牌红米，快速成为全球领先的手机厂商。

2013年年底，随着万物互联的趋势逐渐明朗，小米开始快速布局物联网，通过投资孵化快速抢占家庭物联网市场。

2017年，小米升级了初期的"铁人三项"模型，三个板块由硬件、软件和互联网升级为硬件、互联网和新零售（见图5-7）。软件板块并入互联网板块，增加了新零售板块。硬件板块有智能手机、电视、路由器、智能音箱和外部的生态链；互联网板块的业务包括 MIUI、互娱、云服务、金融、影业；新零售板块是小米从单纯的网商模式向线下结合发展的产物，包含小米商城、全网电商、小米小店、小米之家、有品商城等。

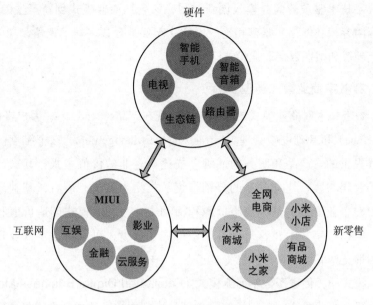

图 5-7　小米商业模式

资料来源："互联网实验室"微信公众号。

## 5.3.1　数字商业模式类型

### 1. 数字商业模式概念

人类社会已经迈入一个以数字化为主要特征的崭新时代，数字技术被广泛运用到各类经济活动中，数字技术与实体经济的深度融合，催生了新产业、新业态和新模式，并对企业的商业模式产生深远的影响。2020 年年初，新冠疫情席卷全球，加剧了对数字技术的需求，在线教育、在线医疗等无接触式服务成为必需品，推动了数字商业模式的发展进程。作为一种新兴的商业模式，数字商业模式引起了国内外学者的广泛关注。

数字商业模式（Digital Business Model，DBM）被定义为利用数字技术改进组织多方面的模式，指企业利用数字技术持续对企业结构、业务流程、资源配置和收入方式等进行调整、增强与优化，以适应经济与技术环境的变化并获得竞争优势的商业模式创新。

其内涵可从以下两方面理解。[一]一是数字技术是数字商业模式的基础和前提。数字技术的应用改变甚至颠覆了原有产品或服务的性质和结构，以及传统的以企

---

　㊀　闫俊周，朱露欣，单浩远. 数字商业模式：理论框架与未来研究 [J]. 创新科技，2022, 22(9):11-24.

业为中心的商业模式，创造了新的价值和获取价值的路径，推动了商业模式的创新和重塑。二是数字商业模式强调功能和结果。数字商业模式有利于企业推陈出新，改变企业获取和创造价值的方式，提升企业竞争优势。数字商业模式既包括由数字技术驱动的商业模式创新过程，又包括商业模式创新产生的功能和结果，并且两者相互依存、紧密相连。因此，需要结合数字技术视角和功能视角，从整体上理解和把握数字商业模式。

### 2. 数字商业模式类型

数字技术对商业模式的影响主要体现在产品（Product）、客户接口（Customer Interface）和基础设施管理（Infrastructure Management）三个维度。首先，产品通过提供的"产品和服务的捆绑"描述了企业的价值主张；其次，客户接口描述了公司与客户建立联系的分销渠道、类型和方式；最后，基础设施管理主要集中在企业安排的基础设施资源和活动中，为商业模式创造价值和保障高效运行。根据数字技术在这三个维度中的应用程度，可以将数字商业模式划分为以下四种类型。<sup>⊖</sup>

#### 模式一：促进型数字商业模式（Facilitated Digital Business Model）

只在商业模式的基础设施管理部分中使用数字技术。促进型数字商业模式通常通过采用硬件（如计算机和打印机）和/或软件（例如，用于任务和知识管理或企业资源计划）来实现，如利用数字技术来促进金融资源获取和融资。

#### 模式二：中介型数字商业模式（Mediated Digital Business Model）

在商业模式的基础设施管理和客户接口部分共同使用数字技术。它通过引入一个新的数字技术中介销售渠道来创造并捕获价值，从而增强客户体验。比如企业通过加入京东、天猫等电商平台建立起一个新的销售渠道。

#### 模式三：承载型数字商业模式（Bearing Digital Business Model）

在商业模式的基础设施管理和产品（价值主张）中共同使用数字技术。从价值链的角度来看，数字技术位于价值创造活动的核心，因为数字技术是运营本身的结果，并作为最终产品出售。典型例子是生产软件、硬件或提供 IT 服务的企业。

#### 模式四：完全型数字商业模式（Entire Digital Business Model）

数字技术在商业模式的所有三大核心——基础设施管理、客户接口和产品中频繁共同使用。企业的价值创造及商业模式完全依赖于以数字技术为中介的数字产品或服务。这种企业的典型示例是脸书、微博等社交网站。

⊖ STEININGER D M. Linking information systems and entrepreneurship: a review and agenda for IT-associated and digital entrepreneurship research[J]. Information systems journal, 2019, 29(2): 363-407.

## | 延伸阅读 |　eBay：开创 C2C 电子商务时代

　　1967 年出生的 eBay 创始人皮埃尔·奥米迪亚大学计算机专业毕业后便在公司工作，也曾与人合作创办 Ink Development 公司。1995 年，互联网成为很多人眼中的财富宝地，大家纷纷思考如何利用互联网致富。在互联网上卖东西的大有人在，不少人还因此发了一点小财。奥米迪亚也利用业余时间做了一个网站，要求用户标明物品的最低价格，如果多人感兴趣，便可以议价拍卖。奥米迪亚可能没有想到的是，他自己业余时间迈出的这一小步，却开创了人类电子商务时代的一大步。

　　该网站用 eBay.com 注册成功，到了 1995 年年底，已经有几千次物品拍卖成功，参与人数过万。但技术出身的奥米迪亚没有考虑盈利和财务问题，很快就发现网站服务器是一笔大开销。于是，eBay 开始对每一笔交易进行收费，收费后财务马上略有盈余。

　　网络交易的最大问题是诚信和争议。初期，奥米迪亚采用的策略是让有争议的双方互发邮件协商解决。后期，eBay 发明了评价系统来解决诚信和争议。在交易完成后，买家可以给卖家进行正面或者负面评价，给后续交易的买家提供参考，这一模式现在成为很多电商和移动 O2O 应用的标配。再后来，为了保护买卖双方的利益，当然最重要的是买家的利益，eBay 在 2002 年收购了网络支付系统 PayPal，后者提供了在线支付担保体系。通过 PayPal 支付，买家如果在交易过程中有任何不满或者争议，都可以提出中断交易，卖家则拿不到钱。另外，如果存在违规等问题，账户会被永久关闭，因此卖家必须非常谨慎。至此，评价系统、电子支付担保系统再加上外围配套的物流系统，电子商务模式的基础功能就完备了。

　　线上电子商务模式属于典型的数字商业模式（见图 5-8）。无论 B2C 还是 C2C，电商平台都采取了开放策略，允许第三方商家在平台上开店。这丰富了商品货源，积聚了人气，也为平台带来了收入。

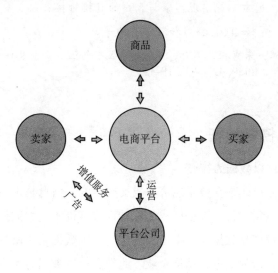

图 5-8　线上电子商务模式

资料来源：柴春雷.商业模式进化论 [M].北京：中国人民大学出版社，2017.

　　目前，电商平台的竞争将逐渐从规模竞争向体验竞争转换，如物流的便捷体验、卖家的贴心服务等；将从价格竞争转换为品质竞争或品质基础上的价格竞争。

✦ 专栏 5-4 数字商业模式类型划分

按照数字技术与创业的交互程度，可以将数字商业模式划分为全面型、融合型和传统改造型，分别对应 Hull 等所提出的极致型、中度型和轻微型。

**全面型数字商业模式**

数字创业企业在线上创造与生产虚拟产品和服务的商业模式，其产品通常只在线上销售。这些产品或服务以数字化为主要形式，如音乐、游戏、知识等，这些数字产品和数字服务主要通过数字渠道配送，全面型数字商业模式的独特性体现在从生产到产品再到市场均是数字化服务。

典型例子：如腾讯、华为云等主要在线上销售产品和服务。

**融合型数字商业模式**

通过构建数字化平台，企业能依托线下资源进行线上经营，这些线上线下高度融合的企业能够利用数字技术改变传统线下营销的商业模式，融合型数字商业模式的独特性主要体现在能够创造数字化需求，输出数字产品或数字服务。

典型例子：如美团、T3 出行等。

**传统改造型数字商业模式**

以实体经营为主，线上经营为辅的商业模式。与其他两种数字创业的数字商业模式相比，传统改造型数字商业模式多采用"厂家—代理商—零售商—客户"的经营链条，通常不能实现厂家与客户的直接对接。

典型例子：如 TCL 公司和苏宁易购等。

资料来源：朱秀梅，刘月，陈海涛.数字创业：要素及内核生成机制研究 [J]. 外国经济与管理，2020, 42（4）：19-35.

## 5.3.2 数字商业模式特征

### 特征一：以数据为核心

数字商业模式是在数字经济背景下产生的，信息技术与经济社会的交汇融合引发了数据迅猛增长，数据已成为基础性战略资源。大数据的应用促使企业在生产经营上实现产品数据化、渠道数据化、营销数据化、研发数据化以及管理数据化，将企业打造为数据驱动型企业。此类企业以数据为生产要素、以数字化产品为核心服务来构建商业模式，同时依托数据提高市场竞争力。

从产品角度来看，这类企业的产出和服务以虚拟的网络化产品为主，最终用来交易和盈利的是数字化产品。这类企业的核心资源也与以往传统企业不同，主要利用互联网的创意与要素来更新自身的服务模式。

因此，大数据时代背景下，数据的价值逐步显现，"数据就是资产"的观念已成为共识，大家对数据价值的重视程度与日俱增，越来越多的企业把数据当作资产来进行运营和管理，以实现更大的价值。

工业互联网产业联盟联合中国信息通信研究院发布的《2018 工业企业数据资产管理现状调查报告》显示：在管理意识层面，已经有 98.6% 的工业企业认为企业数据管理非常重要；在落地工作层面，有 87.8% 的企业已经开始开展或者已经开始规划整个数据管理工作，其中 55.4% 的企业已经设置了数据管理的专职机构，47.3% 的企业投入了 0 ~ 5 人的团队进行整个数据的管理。

## |重要概念|　数据资产

数据资产（Data Asset）是指由组织（政府机构、企事业单位等）合法拥有或控制的数据，以电子或其他方式记录，例如文本、图像、语音、视频、网页、数据库、传感信号等结构化或非结构化数据，可进行计量或交易，能直接或间接带来经济效益和社会效益。在企业中，并非所有的数据都构成数据资产，数据资产是能够为企业产生价值的数据资源。

企业潜在的数据资产大概可以分为两大类。一类是研发设计、生产制造、物流交付等过程的内部运营管理数据，若这类数据在收集、整理形成资产后被充分利用，就可以有效提高企业内部的管理运营效率。另一类是与外部客户在具体业务交互中形成的业务数据，包

括客户基本信息、沟通信息、交易信息等。通过对业务数据的采集和挖掘，深入了解客户需求与客户期望，加强客户关系管理，预测客户需求，生成客户画像，分析客户消费行为，为其提供量身定制的产品、服务以及解决方案，提高客户服务质量。除此之外，企业利用客户的网络效应与客户互动，可以洞察客户最关注、最感兴趣的问题，减轻调查客户的压力，并且通过快速测试市场上的产品，提升产品和服务的竞争力。

资料来源：中国通信标准化协会大数据技术标准推进委员会，《数据资产管理实践白皮书（6.0 版）》，2023 年。

### 特征二：智能终端

智能终端是数字商业模式的另一个核心特征，它的功能和传统机械式产品有天壤之别，除了具备产品的基本使用功能，智能终端还是生态系统中的一个连接器和生态服务的入口。

传统的机械式产品就像是一个个孤岛，和外界并不发生连接，而智能终端本质上就是智能互联产品，能够起到连接的作用。它包括三个共同的要素：物理部件、智能部件和互联部件。其中物理部件包括机械设备和电子零件；智能部件包括传感器、微处理器、数据储存装置、控制器、软件、内置操作系统和数字用户界面；互联部件包括互联网接口、天线、连接协议、网络接口等。

### 特征三：以数字平台为支撑

传统工业时代，由于信息不对称，代理商或分销商等充当企业和消费者之间的中间角色，企业借助渠道商的资源，也取得了销售佳绩。但这样的商业模式存在以下弊端：一方面，企业始终无法及时、全面地收集消费者的需求和对产品的

反馈，这带来了供给侧和消费侧，也即产品研发、生产与市场需求之间的脱节；另一方面，产品从企业到消费者手中需要经过多次流通，这也导致了成本的增加，再加上层层分销的利润，最终使产品价格居高不下，不仅削弱了产品的竞争力，也损害了消费者的利益。

数字经济时代，随着各种数字平台的广泛应用，企业与企业（B2B）、企业与用户（B2C）的交互更为便捷高效，渠道空间属性被打破，传统渠道商的运作变得低效。因此，不仅是互联网企业，传统企业也开始寻求数字化连接新模式。

数字商业模式充分利用新兴技术，以数字平台为支撑，全方位打造企业与最终用户的数字化客户界面，实现产品的信息流、物流，甚至资金流的贯通。跨越原本多层级的销售渠道，直接与客户进行连接达成交易，提升企业的反应速度和盈利水平。同时，在充分收集客户浏览、购买、维护等大数据的基础上，根据业务模型预测出市场需求的变化趋势，制定面向用户的最优定价模型，实现客户前端和企业后端的有效融合。

此外，数字商业模式还具有成长性、融合性、可扩展性等特征。[○]成长性是指数字商业模式在不断发展，数字技术不断强化价值创造和商业运营要素或使其自动化，从而适应持续变化的经济和技术环境的特性。融合性是指数字商业模式可以突破产业和组织边界，进行跨产业、跨组织融合的特性。可扩展性是指数字商业模式所提供的产品和服务能够以几乎为零的边际成本复制，并且随着更多用户的加入，产品和服务的价值会呈现指数级增长的特性。

## | 行动指引 |

请读者选择 1 ~ 2 家典型数字商业模式的企业，分析其商业模式特征。

## 本章小结

1. 商业模式和商业模式创新的内涵与特征。商业模式描述的是一个组织在明确外部环境、内部资源和能力的前提下，通过整合组织本身、员工、客户、供应链伙伴等利益相关者，来获取超额利润的一种战略创新意图、可实现的结构体系和制度安排的集合。商业模式创新是改变企业价值创造的基本逻辑以提升顾客价值和企业竞争力的活动，是对企业商业模式的关键要素、体系结构等进行的新颖的和重要的改变。

2. 商业模式创新过程，主要包括梳理描述、设计模式、评估决策、迭代实施。

3. 数字商业模式创新趋势或模式，主要有价值颠覆、平台模式、跨界融合等。

4. 数字商业模式类型和特征。根据数字技术在产品、客户接口和基础设施管理这三个维度中的应用程度，可以将数字商业模式划分为促进型、中介型、承载型和完全型

○ 闫俊周，朱露欣，单浩远. 数字商业模式：理论框架与未来研究 [J]. 创新科技，2022, 22(9):11-24.

数字商业模式四种类型。数字商业模式具备以数据为核心、智能终端和以数字平台为支撑等特征，此外，数字商业模式还具有成长性、融合性、可扩展性等特征。

## 重要概念

商业模式　商业模式画布　商业模式创新　数字商业模式　数字商业模式创新

## 复习思考题

1. 为什么商业模式对企业来说非常重要？
2. 为什么需要进行商业模式创新？
3. 数字经济时代，商业模式创新的趋势是什么？
4. 相比传统商业模式，数字商业模式具备哪些特征？

## 实践练习

### 探索一家企业的数字商业模式创新历程

查找一家成功实现数字商业模式创新的企业，梳理其商业模式创新的过程，总结其成功的要素，并对比提炼数字时代的商业模式创新和传统商业模式创新有何异同。

# 第6章  企业数字化转型

## ■ 名人名言

全数字化颠覆是当下真实的、正在发生的事，而且正在从根本上改变未来数十年的竞争方式。从来没有哪个时代拥有如此美好的前景，也没有哪个时代存在着如此巨大的风险。企业如果不趁现在寻求转型之道，很快就会陷入穷途末路的境地。

——SAP（思爱普）公司数字化转型全球副总裁　道格·康纳

## ■ 核心问题

数字化转型的内涵与特征是什么？

企业数字化转型的阶段如何划分？

企业数字化转型的模式有哪些？

企业数字化转型的效果有哪些？

## ■ 学习目的

掌握数字化转型的内涵与特征

了解企业数字化转型的阶段

理解企业数字化转型的模式

了解企业数字化转型的效果

## ■ 引例

### 博世苏州的汽车零部件智造之路

博世集团成立于 1886 年，全称是罗伯特·博世有限公司（BOSCH），是全球第一大汽车技术供应商。博世汽车部件（苏州）有限公司（以下简称"博世苏州"）成立于 1999 年，是 4 个博世产品事业部的业务场所：汽车电子事业部、底盘控制事业部、汽车多媒体事业部和 PA-ATMO3 事业部——设备制造事业部。为降低生产成本、提升运营效率、增强竞争优势，博世苏州自 2013 年起实施智能制造，依托博世集团"工业 4.0 解决方案实践者 + 解决方案供应商"的"双元"战略，在研发、制造和交付等三个主要运营管理环节进行充分的智能化转型。

**研发数字化。** 数字化转型理念向设计端延伸，以研发设计软件数据为基础，进行工程设计软件的开发，实现设计资料、生产程式和设计档案的有机结合，实现生产档案的一次性自动化输出。

**制造数字化。** 一方面，引入深度学习算法及人工智能缺陷检测，导入自动化设备，实现设备操作简单化、无人化和生产智能化，降低人员工作负荷，提升生产效率。例如，通过 AI 的深度学习技术，利用一些少量的样本照片，可以建立一个自主分析的神经网络，从而实现"不生产不良品"的品质理念，有效避免了以往人工作业因视觉疲劳、检测标准不统一等原因造成的不良品外流。另一方面，通过工业物联网（IIOT）的感知层，自主建构数据互通平台，实现全方位的 CPS 监测系统，准确采集设备参数，提高数据分析的效率、品质、敏捷度，达成对于生产环节的全面智慧感知。例如，车间里有成千上万台生产设备，每一种类型的设备，甚至每一台设备的运行状态，都不甚相同。过去，依靠人工检测监测设备运行的效率和精度都很低，一旦某一台设备的某个环节出现了问题，就可能导致整条生产线停止运行，损失难以估量。除生产线外，物料运输、工厂管理、安全生产等多个方面也可能存在类似状况，通过数字化手段的运用，可以有效解决此类问题，提高产品品质、提升生产效率、降低生产成本。

**交付数字化。** 交付数字化是指通过采集加工设备的数据，实现实时的设备运行状态和工艺流程等要素的信息反馈，并将生产数据和成品实物一并交付给供应链下游采购方的举措。博世苏州的数字化交付体现在产品交付和数据交付的融合，两者的融合需要基于实时数据的准确交付能力和基于运营数据的质量追溯能力。一方面，对出货实物进行规范化的标识，便于企业内部识别，快速完成出货与数据核对；另一方面，对可追溯的条形码进行快速响应，从产品产出到产品生产过程，直至原材料源头，可以快速提交追溯信息，且信息真实可靠、足够详尽。

资料来源：e-work 智能制造研究院。

步入数字时代，千行百业都面临前所未有的挑战。行业市场规模的突破、复杂多变的商业环境以及消费主权的崛起所引发的商业格局的重构，不断倒逼企业快速加入数字化转型的行列，企业数字化转型决定的不是企业好与坏的问题，而是生与死的问题。

# 6.1 企业数字化转型的内涵、类型与特征

## 6.1.1 企业数字化转型的内涵

近年来，随着数字技术的快速发展与应用，企业赖以生存的内外环境也发生了重大变化，越来越多的企业将数字技术纳入其变革实践中，以获取竞争优势。因此，数字化转型（Digital Transformation）成为企业管理研究及实践的重点关注内容。对于数字化转型的基本概念，学术界和产业界基于不同的视角有不同的界定。从学术研究来看，多数学者将数字化转型看成企业利用数字技术开展一系列颠覆性或破坏性创新的行为，如进行企业商业模式的创新、改变生产流程、推出新产品或新服务等。有的学者认为数字化转型是一种蓝图，它促使企业关注并管理那些因为融合信息技术而产生的转变，以及转变之后的运营操作。也有的学者将这种变革性或颠覆性影响产生的机制进行了细化，指出数字化转型体现为企业的三种主要变化：数字化技术支持的沟通、数字化技术支持的交叉式连接和新的价值产生方式。

从产业实践来看，我国的不同机构也给出了数字化转型的不同概念。国务院发展研究中心基于宏观视角，将企业数字化转型定义为利用信息技术，通过在企业内外部构建信息的获取、整理、分析和反馈闭环，冲破跨层级和跨行业的信息和数据壁垒，进而提高行业整体的运行效率的过程。阿里云研究中心认为，企业数字化转型是借助数字技术手段，对企业的生产和运营进行优化，以实现从流程驱动到数据驱动的过程。艾瑞咨询将企业数字化转型视为企业利用新一代数字技术，将某个生产经营环节乃至整个业务流程的物理信息链接起来，形成有价值的数字资产，通过计算反馈有效信息，最终赋能到企业商业价值的过程。

✦ 专栏 6-1 数据驱动成为数字时代组织管理的必然选择

数据驱动是利用大数据进行分析和挖掘的商业决策过程，其具体实现方法包括数据抽取、数据转换、数据查询以及分析预测等。数据驱动将数据转化为信息与知识，最后转化为利润，在大数据技术的支持下，数据的不断更新使得数据的验证结果也不断更新与调整，形成一个不断优化的数据闭环，从而使得决策更加智能。

数据驱动的创新过程和一般创新过程的关键区别在于，它强调创新过程中对数字技术的应用。从传统企业组织向平台型、生态型等新型组织演变，引致了企业创新体系的革命性变迁，使得数据驱动的创新呈现出四大特征：一是创新主体虚拟化，创新生态系统中的主导者和参与者在线上实现交互，个体和组织两类创新主体之间的合作模式显现出多样性；二是创新要素数字化，技术的变革推动创

新要素流动方向和流动速度的革命性变化，为企业创新提供全新的边界条件；三是创新过程智能化，创新合作者之间的创意交互、流程重构、商业共创正在为企业创新提供全新空间；四是创新组织平台化，以双边平台、多边平台、生态社区、创新社群为代表的新型创新组织，充分显示出强大的创新生命力。

成为数据驱动型企业需要三个步骤：将数据迁移至云端，构筑坚实底座与云原生数据基础设施；将数据作为资产，实践数据一体化融合，发掘数据价值；依托云上人工智能，实践数据驱动的持续创新业务。

资料来源：埃森哲、亚马逊云科技，《云筑底座　数创价值：数据驱动型企业发展要务与构建路径》，2022 年。

总之，不论来自产业界的定义还是来自学术界的定义，都可以看出，数字化转型是组织、产品研发、供应链、制造、财务等要素的全方位变革。变革强调利用人工智能、大数据、云计算、区块链、5G 等新一代信息技术，建立一种全新的、以数字技术为核心的、富有活力和创新性的新商业模式，以提升企业的竞争力。

## 6.1.2　企业数字化转型的类型

企业数字化转型可以划分为产品、服务、组织和供应链数字化转型四种类型。

### 1. 产品数字化转型

企业的产品数字化转型主要体现在产品开发、产品分类、产品质量和产品展示四个方面。

在产品开发方面，数字化可以降低试错成本、提高迭代速度。例如，味好美为客户研发候选口味，调味师设计一系列不同的口味，制作样品并进行试验，然后不断改进，直到觉得产品可以提交给客户为止。为此，味好美开发了一个SAGE 深度学习系统，用于生产新的口味特征，提高了试验过程的效率。

在产品分类方面，数字化可以提高数据和图像分析能力、提升分类准确度。例如，在确定传统分析技术已经达到极限之后，绫致时装将其服装图像作为输入训练了一个卷积神经网络（一种人工神经网络，通常用于分析视觉图像）。这样，绫致时装可以根据未包含在其结构化数据集中的其他特征来对产品进行分类。

在产品质量方面，数字化有助于及时发现问题产品，第一时间对产品进行"补救"，降低不良率。例如，森科能源公司开发了一种"意外标记"模型，该模型旨在提高预测能力，帮助发现新出现的不良状况，为采取措施赢得足够时间，最大程度减少"意外"，避免产品质量偏离可接受的标准而无法出售。

在产品展示方面，数字化能够克服地理位置的局限，实现跨空间的虚拟展示。例如，"5G+AR 智慧工厂"以"标准化产品＋定制化服务"的模式，实现工业领域全方位全产业链的虚实融合，通过 AR 虚拟展示技术对工业产品进行功能结构和操作使用说明。

### 2. 服务数字化转型

服务数字化转型是指企业运用数字技术从提供单纯产品向提供包括产品维护、技术支持、流程服务及知识等在内的产品服务的数字化转型过程，是企业商业模式从以产品为中心转向以服务为中心的过程。以服务为中心的商业模式不仅提供与产品高度关联的售后服务，更强调客户体验与客户反馈在产品设计和研发中的体现，主张与客户共同创造价值，企业由传统价值创造中的价值提供者与价值促进者转变为价值共创者，同时，客户也由价值消耗者和破坏者转变为价值共创者。

潍柴动力是中国最大的柴油机制造商之一，其建设的发动机车联网——潍柴智慧云平台，实现了"人、车、平台"三位一体，不仅打通了采购、供应链、生产、营销、服务等各环节的壁垒，还通过大数据分析实现了故障预警、远程智能化主动服务。目前，潍柴智慧云平台已接入重卡、公交车、校车、工程机械等多种车辆，通过持续提升用户体验，支撑潍柴动力开启服务模式转变。

---

| 创业聚焦 | 数字服务化：数字化和服务化的融合发展

数字化和服务化作为制造企业实施转型升级的两大主要方向，是近年来国内外学者研究的热点话题。随着"制造业服务化"和"数字创新"两大主题研究的不断深入，两大主题融合研究即"数字服务化"已经成为制造业服务化研究的一个新兴分支，且仍处于早期研究阶段。

数字化和服务化之间有着紧密的联系。数字化既是服务化的驱动因素，也是服务化的促成因素。数字技术的使用促进了各种类型的服务化和服务创新。数字化实际上刺激了企业从以产品为中心的模式转向以服务为中心的模式。

数字服务化可以定义为"工业企业及其相关生态系统内流程、能力和产品的转型，目的是逐步创造、交付和获取由数字技术赋能产生的服务价值"，它利用数字工具将以产品为中心的商业模式转变为以服务为中心的价值逻辑。

如果数字服务化代表了数字化和服务化的融合，那么数字服务化过程是什么样的呢？革命性的、不连续的数字化过程是否可以与持续演化的服务化过程并行管理？它们是按顺序出现的吗？数字服务化文献尚未给出答案，需要我们不断探索。

资料来源：KAMALALDIN A, LINDE L, SJÖDIN D, et al. Transforming provider-customer relationships in digital servitization: a relational view on digitalization[J]. Industrial marketing management, 2020(89):306-325.

### 3. 组织数字化转型

组织数字化转型是通过应用数字技术提升各环节间的连通性、信息化与自动化，以达到优化企业内部管理、体系架构、组织控制，为企业发展赋能的目的。数字技术的应用能够带来生产方式与组织结构的变革，促进柔性生产与深化分工，打破企业固有的内外部边界，重构企业战略内容和战略决策程序，帮助企业在动态环境中创造持续竞争优势。

经营管理数字化。数字化技术可以渗透企业经营管理的方方面面，例如，办公自动化系统（OA）的应用促进了企业内部的协同办公，优化了办公流程。首先，应用数字化技术建立数字化的沟通体系，有利于加快组织内部的信息交流，提升沟通效率，提高组织对环境变化的灵敏度；其次，依托数字化技术建立的财务共享中心、采购管理系统、人力资源系统以及合同管理系统等数字管理平台，实现了企业经营管理的网络化、共享化、模块化，极大地提升了管理效率；最后，依托数字化管理平台，组织能够收集到海量信息形成数据中心，进一步建立数据分析系统，为管理者的相关决策提供支持。

组织结构数字化。经营管理的数字化转型，推动着组织结构不断扁平化、平台化和网络化。组织结构的核心功能从传统的管理工具转型为提供服务、激励和资源的平台。传统的金字塔结构存在层层请示、效率低下的弊端，不适合变化万千的数字时代。应用云计算、大数据、人工智能等技术重构组织结构，推动组织扁平化、网络化，能极大地促进信息传递的效率，增加组织捕捉市场机遇的概率。此外，基于数字技术组建的数字管理平台，能够链接整合合作伙伴、供应商以及客户信息，进一步提高企业的灵活性和速度，从而能够创新和迅速响应市场变化。

例如，博世苏州建立了完整的数字化转型组织结构，这些结构区别于已有的职能体系结构，是企业数字化转型的虚拟组织。其中，互联解决方案审核委员会由企业内部各主要职能部门的代表组成，每两周组织一次例会，进行各部门数据驱动与智能制造信息分享、收集企业层面的需求等活动。

## | 重要概念 |　智能制造与"灯塔工厂"

智能制造指的是对工厂及整个价值链中业务和流程的智能化协调与优化。资源和流程根据所有可用信息尽可能实时进行自动化、集成、监控和评估。主要手段是在精益管理的基础上，运用先进制造技术、装备和先进数字化技术，支撑企业在制造前中后段整条价值链上的地位。智能制造解决的是与生产相关的业务过程中复杂的运营、产品与工艺等方面的不确定性问题。

自2018年以来，世界经济论坛（WEF）与麦肯锡公司展开合作，共同寻找制造业中的数字化转型典范。通过新的联盟、伙伴关系和共享跨行业学习旅程，加快工业4.0技术在制造业中的应用，遴选全球第四次工业革命中科技和创新最前沿的制造工厂——"灯塔工厂"。同时对这些最优实践背后的方法路径进行总结，供其他制造企业参考。这些企业成功运用数字技术优化业务流程，改变了生产部门员工的工作方式及端到端价值链的协作形式，实现了系统化的运营模式转变，而这种转变带来的影响也体现在运营指标改善和财务回报方面。入选为"灯塔工厂"的企业也证明了他们在扩大应用规模方面的成功。

截至2023年1月，全球"灯塔工厂"数量达到132家。亚洲拥有77家，是创建"灯塔工厂"最活跃的区域之一。中国拥有50家"灯塔工厂"，是目前拥有"灯塔工厂"最多的国家。中国的"灯塔工厂"主要来自3C电子、家电、汽车、钢铁、新能源等领域。以海尔和美的两个家电巨头为例，其已各自拥有6家和5家"灯塔工厂"，合计占中国"灯塔工厂"总数近四分之一。

资料来源：前瞻产业研究院，《新经济下中国企业数字化转型之路——灯塔工厂专题报告》，2023年。

### 4. 供应链数字化转型

随着区块链等数字技术的迅速发展，供应链全局透明度和可追溯性问题逐步得到解决。供应链数字化转型具体指供应链利益相关者之间通过信息交换加强沟通，并整合各种制造过程，以实现全链路的高度可视化、可触及、可调整、高度柔性化、高度信息整合、高度可协作的过程。供应链数字化转型重点在于以数据流和物流连接消费者与工厂、供应商与工厂。通过数字化转型从原来的传统供应链模型向数字化供应网络转型升级，形成多方协同计划和动态履约。通过联通生产与销售链路的数据，实现预测准确性的提升，有效指导物流及产能规划，提高排产频率。

和硕联合科技股份有限公司是全球十大电子代工厂之一，其数字化转型始于设计、采购、生产、装备运维、品控、物流、营销、管理等业务运营流程的数字化。通过供应链"去边界化"，逐步实现产品制造高度自动化、管理流程高度协同化和客户柔性定制化模式，打通从客户端到生产端的全数据链，实现运营业务全链条的互联互通和闭环控制。

## 6.1.3 企业数字化转型的特征

### 1. 业务自动化

企业业务活动实现自动化是数字化转型方案实施的基本目标。从早期的电子化开始，企业借助信息技术的原始诉求就是代替原先落后的活动方式。业务自动化具体可以分解为企业内IT架构的电子化、信息化、智能化的发展路径，数字化转型最终是为了实现数据驱动的智能管理模式。因此，业务自动化解放了活动者的双手，是数字化转型最直观的特点。

对应地，企业在实施数字化转型之前需要思考：当前企业的业务活动有哪些可以实现自动化？是否具备机器可替代的前提？例如，一些零售企业现有的业务活动可以用机器代替，例如客户行为追踪、门店管理、现场监管等事务，技术的注入会给当前业务活动效率带来较大提升。

### 2. 服务个性化

服务个性化是企业实施数字化转型所期盼的结果，也是评估一项数字化转型方案的指标之一。多数研究者认为应该对企业业务活动中产生的数据加以有效地处理和分析，为终端服务对象提供个性化的体验。有学者认为挖掘企业生产过程中产生的海量数据，便可具有预测未来的效应，例如可以预测市场需求的动态变化，进行逆向的供应链整合，提升终端服务对象体验。

实现服务个性化需要企业考量当前服务的类型，服务体验是影响交易成败的关键因素。借助数字化转型提升服务个性化需要考虑：数字化的方法是否对当前服务体验具有提升作用？原始的办法为什么不如数字化的方法？哪一种方法的投资回报率更高……基于长达 12 年的技术积累和超 20 亿元的累计投入，根云平台可以在机器在线管理（服务、智造、研发、能源）、产业链平台、工业 AI、设备融资等方面为机器的制造商、设备使用者、政府监管部门等社会组织提供深度服务。

### 3. 场景多元化

企业的消费场景丰富多元，多数企业追寻的是打造场景上的闭环。例如网络零售企业开始线下布局，弥补产品直观体验上的不足；实体零售企业亦不忘线上场景，打造多渠道的分销策略。除线上线下的互补外，越来越多的企业开始营造出多元场景，这种场景的嵌入直接满足了客户即时的需求，在提升企业价值的同时，也提升了客户体验，例如亚马逊借助智能语音助手在必要时给客户提供可能的产品推荐。

满足多元化的场景，需要企业在数字化转型过程中，尽可能梳理企业能够触及的消费场景。例如，木槿生活作为一家专注年轻人时尚生活的百货品牌企业，除大力推进门店数字化转型外，还对线上渠道进行了部署，将微信公众号、微信群、淘宝、美团等不同类别的平台全部打通，有针对性地构造消费场景。

### 4. 投入长期化

企业的数字化转型是一个长期过程，有学者认为数字化转型是一项企业级的战略，高层管理者的远见卓识对项目的成功与否具有至关重要的作用。因此，企业在实施数字化转型的过程中，必定会或多或少存在考虑不周甚至错误的地方，而长期的方案规划会让企业留有耐心和时间去调整更新。

同样，长期化的投入意味着充足可观的资金、高层的支持、执行层的认同、市场的有效反馈，并不是所有类型的企业、所有规模的企业，都能实施数字化转型，"打好持久战"实际上是企业"施展拳脚"过程中最基本的条件。

### |创业聚焦| 数字化转型的三大主题

数字化不仅仅是一种创新和创业的环境，数字技术可以承担一种运营资源的作用，即在推动创新活动中发挥积极作用。数字化转型研究可以凝练为三大主题。

**开放性：** 开放性是指数字技术在创新和创业中强化的开放性性质和程度，包括谁可以参与（参与者）、他们可以贡献什么（投入）、他们如何贡献（过程）和达到什么目的（结果）。

**可供性：** 可供性是指在创新和创业研究中，一个对象（如数字技术）相对于特定用户（或使用环境）提供的行动潜力或可能性，例如，数字可供性、空间可供性、制度可供性、社会可供性。

**生成性：** 生成性是指数字技术表现出的能力，通过大型、多样、不相关、未经认可和不协调的实体/参与者（通过"混合"或重组）产生自发变化。

资料来源：NAMBISAN S, WRIGHT M, FELDMAN M P, et al. The digital transformation of innovation and entrepreneurship: progress, challenges and key themes[J]. Research policy, 2019, 48(8):1-9.

## 6.2　企业数字化转型阶段

企业数字化转型过程可划分为"点、线、面、体"四个阶段。

在"点式"数字化转型阶段，目标是实现企业关键业务环节的数字化表达，通过数字化工具和设备投入，实现某一环节的数据汇聚和互联互通互操作，基于数据解决实际遇到的单点问题。

此阶段的主要特征体现在企业研发设计、生产制造、经营管理、运维服务等某个环节的数字化实践应用上。"点式"数字化的突破需要抽象出高频重复、成本低、收益大且相对独立的业务场景，把握数据这一核心驱动要素，通过采集、汇集、分析到沉淀，将数据的价值融合到企业关键环节的活动中，从流程驱动转向数据驱动。"点式"数字化对于数字化能力基础薄弱或数字化资金投入能力有限的企业，能使其在短期内投入最少成本收获较大价值，带来明显收益或改善困境。

在"线式"数字化转型阶段，目标是借助数字化手段，将过去局限于某个设备、系统或业务环节的数据进行系统性集成管理，打破信息孤岛，实现跨部门、跨系统和跨业务环节的集成优化，从而达到降本增效的目的。

此阶段以企业关键业务为核心，实现相关多业务环节和流程系统的集成。基于关键设备和业务系统的数据集成共享，开展业务流程优化设计和组织架构调整，形成数据驱动的系统建设、集成、运维和持续改进机制。局部优化是对传统的已建立的规则和工业实践发起挑战，是数字化新方案对既有方案的改造升级。局部优化对于具备一定数字化基础的企业，有助于进一步深入开展业务数字化，积累数字化实践经验，为企业的全面数字化打下扎实基础。

在"面式"数字化转型阶段，目标是通过工业互联网平台汇集各要素资源，形成支撑能力，关注点在于通过平台建设实现企业全链条业务的优化和协同共享。

此阶段的数字化转型体现在多个环节的协同优化，数字技术应用深入整个企业生产经营全过程，行业级工业互联网平台在此阶段涌现。一方面，将管理知识、工艺机理、专家经验等沉淀封装形成可复用、可移植的微服务组件，并结合海量数量分析和决策优化，突破原有知识边界，提高知识体系开放性，创造新知识；另一方面，通过人、机、物的全面互联，打通企业研发设计、生产、供应、销售、服务等各个业务环节，实现各方面资源要素的连接与整合，推动资源的高效配置与内外部的协同优化。体系融合对于数字化基础能力较好的企业或平台型企业来说，是实现全链条业务协同的重要方式。

在"体式"数字化转型阶段，目标是以向外赋能等方式构建起生态，通过数字化转型推动生态演进和企业成长，强调数字技术与企业生态的耦合，以增强企业的竞争优势。

在此阶段，数字化转型企业与生态中其他主体互连互动，形成了多层次、多结构、多形态且彼此依存、合作和冲突的动态系统。一方面为产业链上中小企业提供有效可靠的数字化转型解决方案；另一方面也通过提供资金、人才、订单对接等多层次支持，构建全方位、全链条、全要素的数字化转型生态，引导中小企业实现数字化转型。例如，和硕联合科技股份有限公司整合运用数字平台资源，为平台参与者构筑数字生态，为产业链上中小企业提供数字化转型的技术和服务支持。

# 6.3 企业数字化转型模式

## 6.3.1 IT 基础设施云化

实践中越来越多的实体经济企业已经选择将更多的业务部署在云端，基于数据对全业务链路进行连接，实现对各业务环节、线上线下业务现状的可感知、可追踪，并且基于深度的数据加工和发掘能力，对业务发展趋势的可能性作出判断。IT 基础设施云化作为一种数据驱动业务发展的方式，已经给部分经营受困的实体经济企业带来新的发展机会。

企业通过 IT 基础设施云化，可以实现应用与运行环境的解耦、资源编排调度与底层基础设施解耦，打造新的计算形态、新的应用负载和新的物理边界，以更先进的方式构建数字应用并赋能数字化应用全生命周期管理。技术用户可以利用云原生基础设施的微服务架构体系和开源标准，提升持续交付和智能自运维的能力，做到比传统开发与运营维护更高的服务质量、更低的开发运维成本，让研发更专注于业务的快速迭代。

例如，兴业银行自 2018 年开始就与微软进行深度合作来共同驱动数字化转型进程。当确定非银业务作为试点项目后，兴业银行利用 Azure 云原生技术将其业务和技术架构进行改造升级，包括 Azure Kubernetes 托管服务、Redis 缓存、MySQL 数据库等核心技术的应用，有效满足了其对于业务弹性扩容的需求。为了提升业务的可持续性，加强云原生技术能力的安全合规性，微软帮助兴业银行建立和完善了数据中心的容灾隔离、双活、热备冷备等机制。

## 6.3.2　打造数字工厂

随着国际环境变化、外部竞争加剧、人力成本增高、消费需求的差异化，传统制造企业亟待智能化、数字化转型，以提升自身的市场竞争能力。如何利用大数据、云计算、物联网等技术帮助工厂建立新型数字化工厂，把人、设备、工具等生产要素管理得更好，降本增效，是很多制造企业思考的问题。

数字工厂是制造业产品价值链、生产价值链和供应价值链三大价值链的交汇点，打造的重点在于如何凭借数字技术与工具，实现更加实时准确的生产安排与工厂管理，实现业务、场景、流程完全透明的系统集成。

在实际应用中，数字工厂并不是一个静态的存在，数字工厂会根据实际情况，以结果为导向进行动态智能化升级，实现从最初级的自动化控制层级向高级别互联工厂的升级。

例如，上海赛科石油化工有限责任公司从 2006 年开始打造数字工厂，并逐步应用了霍尼韦尔操作员仿真培训系统（OTS）、先进控制（APC）、在线实时优化（RTO）以及报警管理等一系列数字系统，实现了从初级数字工厂向高级数字工厂的动态智能化升级。

---

**| 行动指引 |　流程型和离散型制造业企业数字化转型的比较**

根据联合国产业分类划分标准，我国制造业拥有 39 大类、191 中类和 525 小类，可分为流程型制造业和离散型制造业两大类型。流程型制造业主要为"连续性生产"，在生产过程中，物料均匀、连续地按照一定工艺顺序运动，经过一系列化学及物理反应，形成最终产品。流程型制造业具备工艺流程长、工艺环节多、工艺间关系复杂与涉及的硬件设备种类繁多等特点,对工艺的稳定性和工艺间协同性的要求高,整体工艺的容错率很低,价值量较高。典型的流程型制造业包括医药、石油化工、电力、钢铁制造、能源、水泥等。离散型制造业主要通过原材料物理性状的改变,对原材料进行一系列不连续工序加工并装配成为产品。相较于流程型制造业,离散型制造业具备"小规模、多批次"的特点,工艺相对灵活,并且追求极致柔性,下游需求多、呈点状分布,更需要灵活的智能制造解决方案来解决实际业务中的痛点。典型的离散型制造业包括机械制造、电子电器、航空制造、汽车制造等。

由此可以看出,流程型和离散型制造业在诸多方面存在不同,那么,流程型和离散型制造业企业在开展数字化转型过程中会存在哪些差异呢?

## 6.3.3 建设数字中台

经过数年的发展与衍化,数字中台这一理念在各个行业快速传播、落地,并形成了带有行业特色的中台技术、架构与方法论。其中,制造业在传统行业中是数字中台的早期实践者。探究数字中台在企业的落地,其本质是探究企业核心能力的沉淀与复用。企业通过中台对后端核心数据与核心系统进行标准化、模型化、模块化,由中台进行统一管理,并以共享的形式赋能前台,以保障在高度的不确定性中,快速响应业务变化与创新。

如今,企业数字化营销、上下游产业链协同、生产运营优化以及敏捷创新成为数字中台在制造业企业的优先落地场景。实践证明,无论流程型企业还是离散型企业、To B 企业还是 To C 企业、大型企业还是中小型企业,都可与数字中台发生良好的化学反应,并从中获益。从业务角度来看,数字中台可提升快速响应市场环境、用户需求、服务体验变化的应用开发能力;从 IT 角度来看,数字中台可有效打破 IT 系统间的"围墙花园",解决数据孤岛与业务孤岛的顽疾;从数据价值角度来看,数字中台可提升数据变现能力,推动由经验决策到数据驱动决策的转变;从组织角度来看,数字中台可通过数据协同提升组织、业务、供应链间的液态化协同能力,激发全员的数据化运营与数据化创新思维。

数字中台是技术,更是先进的数字化转型理念。数字中台的搭建一定是面向业务的、可扩展的、不断迭代的。而这一过程会同时涉及企业的战略升级、组织升级、流程升级与技术升级。

例如,为优化集团内部资源管理效率,作为中国特大型能源企业,兖矿集团决定围绕业务中台理念,建设一个统一的物资采购平台,即将兖矿集团不同部门、不同分 / 子公司、不同业务的所有采购业务统一归集到供应商关系管理(SRM)平台中。所有板块、分 / 子公司需求部门、采购部门、供应商在同一个平台操作处理采购业务,实现集团统一的采购业务管控,推动供应链高效协同和数据沉淀,为后续决策提供支撑。

### 6.3.4    构建产业互联网平台

以云计算、人工智能、大数据、物联网为代表的新一代数字技术正在与交通、能源、制造、农业、教育、医疗等行业深度融合，改变传统产业形态，形成全新产业数字化应用场景，产业互联网日益成为经济增长的重要驱动力。

产业互联网的核心价值在于用数据度量、优化和连接多个产业环节，通过数字技术优化产业链从生产端到消费端的各个环节和整体链条，最终达到价值提升、增效降本的核心目的。

工业互联网在产业互联网中占据重要位置，近年来对第二产业的赋能作用持续显现，对第三产业的影响带动作用也不断增强。例如，富池高科是一家金属注射成型产品制造商，借助腾讯 WeMake 工业互联网平台的 AI 技术能力，实现了质检自动化，质检速度较人工质检提升了 10 倍，可实现 24 小时持续稳定工作，设备满载前提下预计每年节约成本数千万元。玲珑轮胎借助腾讯 WeMake 工业互联网平台的技术和产品支撑，持续在智慧营销和工业数字化方面深入探索，通过腾讯生态沉淀千万级的车主群体，进一步提升玲珑轮胎的品牌认知度和客户黏性。

### 6.3.5    商业模式数字化

商业模式数字化是指利用信息技术或互联网思维，变革既有价值主张、价值创造和价值传递方式，主要体现在建立价值创造的新途径。注重商业模式的数字化转型有助于创新运营或服务模式，把现有的产品或服务转换为数字版本并将其价值传递给市场及客户，从而完成价值创造与价值获取。商业模式的转型涉及新渠道、新业务、新场景、新盈利模式等内容。例如，以互联网技术为基础建立的电商平台，冲击了传统的依赖线下营销渠道网络的商业模式，通过在京东等电商平台建立线上店铺，不仅可以降低经营成本，而且由此形成的经营数据也是巨大的商业宝藏。传统企业在数字化转型中建立的线上线下相结合的多元化商业模式，有利于提高企业抵抗风险的能力。

传统商业模式中已经存在 B2B、B2C、C2C、C2B 等多种模式，而在数字时代，数字平台使得这些商业模式的潜力得以充分挖掘。数字化赋能的商业模式可以归纳为线下到线上 O2O（Offline to Online）和线上线下融合 OMO（Online Merge Offline）。O2O 模式可以体现为：线下渠道线上化，即通过线上整合供需双方（供应商与客户）的资源，尤其是闲置资源和长尾资源；线下体验加线上购买，即用户在线下接触实物或体验服务后，再决定是否线上购买；线下建立信任关系，线上进行社交分享，即将线下建立的信任关系导流到线上，形成社交群体，方便商户进行客户关系管理和线上营销推广。

相较于 O2O 边界的泾渭分明，OMO 更强调融合或渗透，尤其体现为一种线上引导线下的一体化模式。许多业务无法离开线下活动，尤其是餐饮业，线上渠道无法取代线下渠道，线下的精细化活动又需要线上的实时支持。在 OMO 模式中，事前、事中、事后等不同场景，可以分别体现出 Online 和 Offline 的分工与交互。可见，OMO 更强调的是基于场景的线上与线下交互，并在交互中发挥各自的优势，例如，线上的大数据分析与推荐能更好地引导线下的体验与行动，而线下的体验与行动也可以为线上分析与推荐提供更丰富的数据。

数字技术本身无法为组织带来任何价值，但其在特定环境中的使用，能使企业发现创造价值的新方法。

首先，数字技术能够改变价值创造过程并开拓新的价值主张。组织使用数字技术将产品销售作为其价值主张的一部分，从单纯实物产品的销售转变为提供创新的解决方案，以及收集客户与产品和服务交互的数据来提供满足客户需求的服务。如原来只卖空调，但基于数字技术就可以提供空调的全生命周期的服务：从空调与居住环境的匹配方案设计，到使用过程中的维修与保养。

其次，数字技术能够搭建新的价值网络。数字技术绕过中介机构实现价值网络参与者（如客户）之间的直接交换，使参与者之间可以进行紧密协作和协调。例如，数字技术通过使用平台来协调供应链中的交流，使价值网络参与者之间的耦合得到加强。数字技术还使客户在价值网络中成为价值的共同创造者或生产者。比如，在线社区和社交媒体几乎完全取决于没有义务使用这些技术的用户的积极贡献。因此，企业必须激励客户使用数字技术来推动价值的共同创造。

最后，数字技术改变了价值传递的方式。组织可以创建新的面向客户的渠道，例如使用社交媒体来与消费者对话并使其愉悦。组织可以有效地利用社交媒体弥合物理世界和数字世界之间的鸿沟，以支持创建全渠道战略。

### ★ 专栏 6-2　数字化转型战略

近年来，几乎所有行业的企业都采取了一系列举措来探索新的数字技术并利用其优势。这经常涉及关键业务操作的转换，且会影响产品和流程、组织结构和管理理念。企业需要管理这些复杂的转换，一个重要方法是制定数字化转型战略，并将其作为核心理念来进行企业内数字化转型的整体协调、优先排序和实施。

数字化转型战略是运营战略与职能战略的融合，既侧重于企业内部信息技术基础设施的管理，也侧重于新技术带来的产品、流程和组织方面的转变。数字化转型的四个维度分别是：技术的使用、价值创造的变化、结构变革和财务支撑。

技术的使用表明了企业对新技术的态度以及利用这些新技术的能力。它包含了信息技术对企业战略的作用。一家企业需要决定自身是否想成为技术使用方面的市场领导者，是否有能力创建自己的技术标准，或者是否更喜欢诉诸已经建立的标准，并将技术视为实现业务运营的手段。虽然成为技术市场的领导者可以带来竞争优势，并创造机会让其他企业依赖自己的技术标准，但也可能面临较大风险，需要一定的技术能力。

从商业角度来看，新技术的使用往往意味着价值创造的变化。这些问题涉及数字化转型战略对企业价值链的影响，即新的数字活动与传统核心业务的偏离程度。偏离会提供扩大与丰富现有产品和服务组合的机会，但往往也伴随着对不同技术和产品相关能力的更强需求，以及由于在新领域的经验较少而带来的更高风险。

随着不同技术的使用和不同形式的价值创造，企业往往需要进行结构变革，为新的业务提供充分的基础。结构变革指的是企业组织结构的变化，尤其是企业组织结构中对新的数字活动的布局。更重要的是，对受这些变化影响最大的是产品、流程还是技能，需要做出合理的评估。如果变化的范围相当有限，将新的业务整合到现有的企业结构中可能更合理，而对于更实质性的变化，最好在企业内部创建一个单独的子公司。

前三个维度只有在得到财务方面的支撑时才能顺利实施。财务支撑既是变革的驱动力，也是变革的推动力。有些企业在数字化转型前面临财务压力，迫切需要采取数字化转型行动，拓展新型业务，开发新型财务增长点；也有些企业力争做到全面数字化转型，这也对企业财务支撑提出了较高要求，需要财务的"鼎力相助"才能实现转型的最终目标。

为了确保成功推出数字化转型战略，企业必须密切协调以上四个方面，保证数字化转型战略的实施达到预期效果。

资料来源：MATT C, HESS T, BENLIAN A. Digital transformation strategies[J]. Business & information systems engineering, 2015, 57(5):339-343.

## 6.4　企业数字化转型的效果

企业数字化转型的效果主要体现在提质、降本、增效三个方面。

### 6.4.1　提质

提质主要体现在提升产品质量、提升服务质量、提升安全质量三个方面。

第一，提升产品质量。产品质量是企业在市场中立足的根本和发展的保证。产品质量的优劣决定着产品的生命，乃至企业的发展命运。博世苏州生产线的每个生产步骤都具有智能检测、修正和反馈的功能，从上一步骤流转来的加工品若存在质量问题，机器可以自动检测出偏差，并进行调整和校正，确保加工品质量问题被解决后才会传递至下一步，在每一环节都严格保障加工品的质量，从而提升最终产品的质量。

第二，提升服务质量。服务既是现代企业的核心竞争力，又是形成差异化的重要手段，良好的服务是降低顾客流失率和赢得更多新顾客的有效途径。昆明机场与腾讯联合打造的旅客服务微信小程序，打通了出行服务业务的交互壁垒，通过数字化身份、应用连接器、服务编排技术实现旅客各类公众服务和商业服务的数字化全连接，重塑旅客数字化出行体验。数据化支撑了机场各服务单位的业务办理，提升了机场服务管理质量。

第三，提升安全质量。提高技术管理水平，改善企业质量安全技术面貌，对企业生产具有重要意义。南方水泥，一家超大型水泥企业，开发了一款安全生产软件，用于进行危险区域的安全帽抓拍和非工作人员入侵等威胁生产安全行为的识别，保障了生产安全。

## 6.4.2　降本

降本主要体现在降低生产成本、降低运维成本、降低数据存储成本三个方面。

一是降低生产成本。降低生产成本对企业来说是盈利的首要条件，对企业的经营效益至关重要。降低生产成本可以节省人力物力的消耗，通过实施各种降低成本的措施，可以用最少的人力物力生产更多的产品。中央广播电视总台采用 AI 人机相融的工作新模式，重新定义了新媒体业务流，在提高生产效率的同时降低了生产成本。

二是降低运维成本。有效地对企业运维进行成本管理，能促进企业数字化系统成本压缩的可持续性。企业需要在保障生产与业务正常、安全、有效运行的基础上，通过规范运维体系，来降低运维成本。中信建投证券从传统依赖管理员分配的资源交付模式转向了自助化的资源敏捷交付模式，充分满足了如今业务敏态发展对 IT 系统的需求。中信建投证券同时利用专有云图形化、自助化的资源管理方式，大幅减少了运维交付的投入。

三是降低数据存储成本。随着企业业务的不断增长，需要存储的数据越来越多，企业会面临大量冗余数据，冗余数据的增长消耗了非必要的存储资源，导致存储资源浪费，存储成本也随之增加，因此，如何优化数据存储是企业数字化进程中需要重点解决的问题之一。绿米联创是智能家居和物联网解决方案提供商，它将数据按照访问频率进行分层，将时常需要调取的数据放在最好的媒介上以匹配数据的价值和性能，减少不必要的数据冗余，极大地降低了存储成本。

### 6.4.3　增效

增效主要体现在提升研发效率、提升资源使用效率、提升业务处理效率、提升运维效率四个方面。

（1）提升研发效率。对研发来说，效率是第一要务。芒果TV通过智能应用云部署，结合芒果TV相关自研技术，使开发效率更高，运维极简化，计算资源成本降低45%以上，助力业务更快迭代。

（2）提升资源使用效率。合理有效地使用有限的资源，有助于优化资源配置，提高经济效益。广汽集团建设了云生态平台，该平台基于联网车辆数和云端运算需求的增加实现了弹性扩容，能有效支撑业务发展，提升资源的精细化管理能力和使用效率。

（3）提升业务处理效率。广州农商银行打造了分布式金融云平台，该平台能提升智慧化运营水平和自主风控能力、业务线上化与智能化服务能力，形成线上用户经营能力，打造创新业务场景，提升业务创新能力且改善业务处理效率。

（4）提升运维效率。国家电投构建了统一综合管理平台，以支持行政办公、法务内控、党建管理、外事管理、财务报销等业务场景。由企业微信作为统一入口，实现产业链上下游之间的无边界沟通协作，大幅提升了运维效率。

---

**|延伸阅读|　工业元宇宙助力产业数字化转型**

工业元宇宙即将元宇宙相关技术应用在工业领域，在虚拟世界中对现实工业环境进行全面模拟，通过融合虚拟世界和现实世界，实现工业的改进与优化，达到降本增效的目的。

工业元宇宙最重要的价值在于，对现代工业的复杂系统，做彻底的、全方位的、系统的数字孪生，使整个工业处于完全的数字化、智能化和信息化的直观状态，并使整个工业体系能够在虚拟化的背景下重构，这种重构打破了传统工业、行业和企业的边界与束缚，真正实现了在技术支撑下的产业融合，最大化地提高了生产效率。

工业元宇宙有助于实现可持续性的降本增效。通过设备数字孪生及流程全面数字化，提供生产系统的全数字孪生镜像，工业元宇宙能够实现生产托管，物流、物资配送等，能提供供应链的全链条管理；对能源、电力等提供镜像分析与模拟试错场景；解决迭代试错成本高昂、升级困难的问题，实现可持续性的降本增效。

在制造业领域，工业元宇宙聚焦于产品数字化设计、工艺流程管控和重大设备管理等场景；在城市管理领域，工业元宇宙赋能城市规划、建设、治理、优化等全生命周期环节；在交通与汽车领域，工业元宇宙应用于交通工具的功能设计与研发、仿真测试、自动驾驶、故障诊断与设备维护等细分场景；在建筑领域，工业元宇宙赋能建筑规划设计、实施、运营、维护等环节；在能源领域，工业元宇宙的应用覆盖能源生产、储运、管理和消费等场景。

资料来源：中国工业互联网研究院，《工业元宇宙五大应用场景——案例集汇编》，2022年。

## 本章小结

1. 数字化转型是组织、业务、产品研发、供应链、制造、财务等要素的全方位变革，强调利用人工智能、大数据、云计算、区块链、5G 等新技术，建立一种全新的、以数字技术为核心的、富有活力和创新性的新商业模式，以提升企业的竞争力。
2. 企业数字化转型的类型包括产品、供应链、服务和组织的数字化转型。
3. 企业数字化转型的特征包括业务自动化、服务个性化、场景多元化和投入长期化。
4. 企业数字化转型过程可划分为"点、线、面、体"四个阶段。
5. 企业数字化转型的模式主要包括 IT 基础设施云化、打造数字工厂、建设数字中台、构建产业互联网平台、商业模式数字化。
6. 企业数字化转型的效果主要体现在提质、降本、增效三个方面。

## 重要概念

数字化转型　智能制造　"灯塔工厂"　商业模式数字化　云化　数据驱动
产品数字化　供应链数字化　服务数字化　数字转型战略　产业互联网　数字中台

## 复习思考题

1. 企业数字化转型的内涵、类型与特征是什么？
2. 企业数字化转型的阶段如何划分？
3. 企业数字化转型的模式有哪些？
4. 企业数字化转型可以实现怎样的效果？

## 实践练习

### 访谈身边的企业家

结合本章内容，找到身边一位所经营企业进行了数字化转型的企业家，与其进行深度访谈，访谈主题围绕"企业数字化转型的促进因素与阻碍因素"和"企业数字化转型的积极影响与消极影响"展开，访谈目的是以辩证的思维来看待企业数字化转型。

# 第7章 数字平台

## ■ 名人名言

过去一百年工业化大生产中，多数价值创造是在企业内部发生的。大型企业类似于管道，资源在其中流动并增加价值，最终输送给消费者。现在，互联网平台通过连接、匹配生产者与消费者，促成大规模社会化协作。互联网平台成为推动经济和社会下一步发展的引擎。

——《平台革命》作者 杰奥夫雷·G.帕克

## ■ 核心问题

数字平台有哪些类型？

数字平台有哪些特征？

数字平台生态系统中有怎样的多主体互动方式？

数字平台治理策略是什么？

数字平台商业模式有哪几种创新方式？

## ■ 学习目的

了解数字平台的类型和特征

认识数字平台的互动主体和互动方式

学习数字平台治理的概念、对象与策略

掌握数字平台商业模式创新的形式

## ■ 引例

### 亚马逊：从管道企业到平台企业的成长之路

苹果从上市到市值破万亿美元，足足用了38年的时间，而亚马逊却仅用21年就完成了这一切。是什么力量支撑了亚马逊的迅速成长？积极利用平台化思维是其中最不可忽视的一项。

## 用平台思维辅助管道式业务的成长

虽然亚马逊如今已是一个庞然大物，但它的历史却是在一个小小的车库里开始的。1994 年，杰夫·贝佐斯敏锐地觉察到了电子商务可能蕴含的商机，毅然辞去了自己在华尔街的工作，转而在自家的车库开始了创业。创业之初，他选择了图书这个利基市场作为切入口。用今天的眼光看，亚马逊在起家时的销售方式非常原始：它主要通过邮件接收订单，根据订单向图书批发商进货，然后再通过邮政系统将书寄给读者。从价值链角度看，这和传统书店并无二致，都是管道式的销售。不过，因地域市场的限制被网络所突破，亚马逊获得的市场需求远超传统书店，这也成功地支撑了亚马逊的最初成长。

通过最初的运营，贝佐斯及其团队发现，相比于邮件，消费者更倾向于在网站上完成整个交易。为迎合这样的消费者偏好，1995 年 7 月，亚马逊网站正式上线。这一举措得到了消费者的充分肯定，上线一周后，网站的日成交量就突破了 10 000 美元。

## 从管道走向平台

尽管网络思维的应用帮助亚马逊获得了早期的增长，但是竞争者们很快也学会了这些"套路"。随着越来越多的传统书店迈入电子商务领域，亚马逊的压力也随之增加。为了保住自己的市场，亚马逊不得不和竞争对手进行价格战，而这样的结果就是在销量节节上升的同时，盈利状况却迟迟没有改观。

为了摆脱这一困境，亚马逊开始拓展业务，进行图书之外的商品销售。起初，亚马逊仍然坚持着自营模式，进货与销售全部由自己承担。为了配合销售，亚马逊还建立了自己的仓储和物流系统。不过，这种模式的问题很快就显露出来：由于当时的亚马逊财力有限，因此很难为消费者提供足够品类的商品，这就限制了其吸引力。购入更多的商品当然是一种可行的方案，但其带来的仓储、物流成本显然是亚马逊难以承受的。

如何才能打破这样的局面呢？平台商业模式成了一个突破口，即让商家入驻亚马逊销售商品。1999 年，亚马逊将这一设想变成了现实。它将自己的网站开放给了商户和个体经营者，允许它们在上面出售商品。对于那些交易比较频繁的商户，亚马逊要对其收取月费和交易抽成，而对那些交易频率较低的商户和个人，则只收取交易抽成。商家在亚马逊上达成交易后，自行把货物寄给买家，而亚马逊则会帮他们向买家收费，并把扣除抽成后的余额汇到他们的账户。

亚马逊的这一举措受到了小型商户的欢迎，这使得它们可以依托亚马逊的口碑和渠道，让更多的消费者看到自己的商品。于是，大批的商户集中到了亚马逊平台。而对亚马逊而言，它的收获要比这些小型商户更大：亚马逊成功解决了商品品类少的问题，这足以让亚马逊更有吸引力，更能吸引消费者，更能促进其自营业务的增长。更为重要的是，这个发展消费者的策略不仅只用投入很少的成本，还能获得可观的月费和抽成收入。

通过平台化的方式，亚马逊得到了迅猛发展，进而成为继苹果之后的全球第二家市值跨越万亿美元"门槛"的公司。

资料来源：陈永伟. 万亿亚马逊的平台化历程：用平台思维辅助管道式业务的成长 [N]. 经济观察报，2018-09-19.

很多人认为，亚马逊只是一个电商企业，其盈利模式是依靠"管道式"的买进卖出赚差价。这显然是一种严重的误解。事实上，尽管亚马逊在创业之初确实是一个管道式企业，但现在它早已发展成了一个大型的"嵌套平台"（Nested Platform），或者说是平台的平台。在这个平台上，存在着电商、云计算、物流、广告等多个子平台。正是一步步从管道式企业走向平台企业，再走向嵌套平台，才让亚马逊铸就了今日的强大。由此可见，平台思维颠覆了传统的价值创造逻辑和商业模式，平台型组织和模式成为数字经济重要的组成部分。因此，身处数字化浪潮中的我们亟须加强对数字平台经济模式的认识和学习。

本章旨在让读者了解数字平台的内涵和特征，认识数字平台的互动主体和互动方式，学习数字平台治理的概念、对象、动因与策略及掌握数字平台企业商业模式创新的形式等，帮助读者掌握有关数字平台企业的知识，提升对于平台经济活动实践的认知。

# 7.1 数字平台的概念、类型与特征

## 7.1.1 数字平台的概念

数字平台作为一种媒介组织，为供需及相关主体提供连接、交互、匹配与价值创造，是以数字技术为基础从而进行新型资源配置的载体。以数字平台建设为核心是平台型企业独有的特征。早在几千年前，平台现象就已初现雏形，古罗马集市、百货商场均被认为是一种初始形态的平台。古老的平台在当今复兴并引领新的经济发展，得益于互联网、物联网、大数据、云计算、人工智能及智能设备等新一代数智技术的支撑，新型的数字平台应运而生。连接能力强、涉及范围广、运作效率高的优点，使得数字平台具备强大的网络效应，衍生出诸多全新的功能与价值。具体来说，数字平台的价值体现在三方面。

第一，数字平台能够重塑产业价值链。数字平台将传统的产业价值链从管道结构变为平台结构（见图 7-1），大幅缩短了产业链，使得信息更加透明，价值传递更加高效。传统的产业价值链中，因参与者众多导致信息不对称问题严重，大量中间商降低了信息和价值的传递效率。数字平台不仅具有充分整合多渠道资源与信息的功能，更是颠覆了传统高度离散、不透明的市场规则，实现了更加高效的信息和价值传递。例如，制造业产业平台连接起了产业链上下游企业，使其能够实时交互，缩短了产业价值链，同时各参与主体还可以借助区块链等数字技术形成数字信任，提高信息透明度。

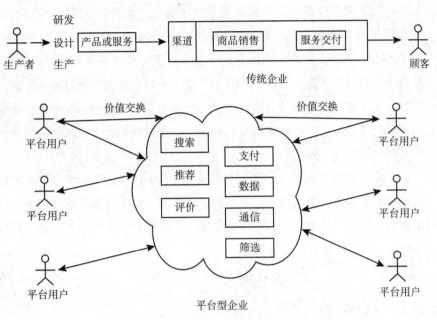

图 7-1　产业价值链从管道结构变为平台结构

第二，数字平台企业能够更好地实现用户价值。数字平台企业能够通过构建强大的用户基础，以及通过提供高质量的产品和服务来实现用户价值。通过这种方式，数字平台企业能够吸引更多的用户，并让他们在平台上参与到各种活动中来。当用户愿意投入时间与资金来使用平台上的产品和服务时，数字平台企业也能从中获益，并为平台所有者带来利润。此外，数字平台企业还可以通过数据分析和专门的算法，评估用户的需求和兴趣，在此基础上为用户提供更加个性化的产品和服务，从而提高用户的体验和忠诚度。例如，Netflix（美国奈飞公司）使用机器学习和算法分析用户的收看历史，评估用户的兴趣和偏好，从而为用户提供个性化的电影和电视节目推荐。亚马逊使用数据分析和机器学习算法来分析用户的购物历史和浏览数据，了解用户的购物偏好，从而向用户推荐相应的产品和服务。

第三，数字平台能够有效实现资源的跨界整合。数字平台打破了地域和行业的边界，突破了生产要素等禀赋的制约，促进了资源融合创新。数字平台可以将局部的经济活动范围扩展到全国甚至全球，实现跨地域资源和生产要素整合，还可以通过数据与数字技术赋能促进其余平台用户实现不同行业的互联互通，从而带来范围经济效应，实现低成本跨界，促进商业模式创新。例如，互联网招聘行业的数字平台可以助力跨地域人才招聘和在线招聘；互联网医疗行业的数字平台可以统筹优质医疗资源，提高落后地区的医疗服务质量和居民健康水平，助力乡村振兴和区域均衡协调发展。

数字经济时代，全球技术进步和产业变革加速呈现平台化、生态化特征，数字平台处于数字经济产业体系的核心枢纽地位，也是全球科技竞争的前沿阵地。联合国贸易和发展会议（United Nations Conference on Trade and Development, UNCTAD）研究认为，世界数字经济并未出现传统经济发展的"南北鸿沟"，而是由中、美两国占据主导地位。其中，数字平台企业的创新发展水平成为提升各国数字经济国际竞争力的决定性力量。过去十余年，我国一大批平台企业从激烈的市场竞争和快速的产业迭代中脱颖而出、蓬勃壮大，无论规模与影响，还是创新与活力都位居世界前列。

由此，数字平台的兴起可以被认为是21世纪以来最重要的商业事件。它正以前所未有的方式把人与人、人与物、物与物、服务与服务连接起来，给人们带来便利，给企业带来效率。利用数字平台，即使相隔千里，人们仍可以打破时空界限，实现高效的分工与合作。

**|重要概念| 平台经济**

平台经济（Platform Economics）作为一种新兴的经济系统，以数字技术为基础，由数据驱动、平台支撑、网络协同的经济活动单元所构成，也是围绕数字平台的各种经济关系的总称。平台经济以连接创造价值为理念，以开放的生态系统为载体，依托网络效应，进行价值的创造、增值、转换与实现。平台经济的发展能够显著提高全社会资源配置效率，培育诸多新企业乃至新业态，催生更多新的增长点、增长极，提升用户体验，提供大量就业岗位，繁荣各类市场，促进国际国内贸易。

从广义上说，平台经济包含从低到高三个子层面：数字平台、数字平台企业、数字平台生态系统。其中，数字平台是引擎，数字平台企业是主体，数字平台生态系统是载体，具有内在联系的数字平台生态系统的整体构成了平台经济。

平台经济发展途径多样，其中有三条基本的路径：一是搭建数字平台与创立数字平台企业；二是传统中介企业数字化升级；三是传统企业转型为数字平台型企业。无论哪一种方式，数字平台搭建都是重中之重。

## 7.1.2 数字平台的类型

数字平台类型丰富、发展迅速。电子商务平台、搜索引擎平台、社交媒体平台、交通出行服务平台、互联网金融平台、物流平台、工业互联网平台等各类运营平台正在深刻改变全球产业格局，颠覆人们的生产生活行为。数字平台的发展为传统经济注入了"新血液"，推动产业结构优化升级，在全球范围实现连接，引领社会向智能化发展。根据不同的功能属性，数字平台可划分为交易型平台（Transaction Platform）、创新型平台（Innovation Platform）和混合型平台（Hybrid

Platform）。数字平台企业的属性由数字平台所有者的业务布局、价值主张以及数字平台所有者的战略决策所决定，平台的类型划分如图 7-2 所示。

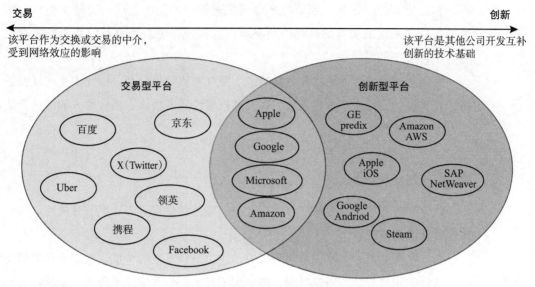

图 7-2　平台的类型划分

交易型平台，是指能够提供一个让参与者进行产品、服务交易和信息交换的中介或在线市场的数字平台，如京东、领英、Facebook 等。交易型平台企业的主要价值在于降低信息不对称所带来的供应商与最终用户之间的搜索成本、匹配成本等交易费用。平台所有者通常通过创建吸引多边用户的新功能和附加组件，设计高效的用户间匹配机制，吸引用户加入并使用数字平台。

创新型平台，指能够提供一个通用技术平台，以便其他个人或机构在此基础上开发新的产品和服务的数字平台，比如德国的企业管理解决方案软件供应商 SAP、苹果的 iOS、亚马逊的 AWS、谷歌的 Android 等。创新型平台企业的价值关键在于平台和互补品的互动共同促进了最终产品功能的多样化和性能的提升。

混合型平台，顾名思义，这种数字平台企业兼具了"交易"与"创新"二重属性，比如，苹果 App Store 的出现为全球的软件开发者搭建了一个商业变现的平台，苹果公司承担着看护者的身份，任何软件开发商或者个人都可以在 App Store 上销售软件，但是苹果公司有审查和批准在 App Store 发售的软件质量的唯一裁定权。该平台既是 App 的交易型平台，又是适配苹果 iOS 系统的互补者与苹果进行协同应用创新的创新型平台。

创新型与交易型平台主要在两方面存在差异。一方面，创新型平台面临的技术不确定性更加严峻，创新生态更加复杂，因此创新型平台也通常会呈现出更加多层、多平台的产业组织结构；交易型平台则有着相对较低的技术复杂度，通常呈现单层的平台生态，也不像创新型平台一样需要大规模地投资固定资产，事实上，交易型平台战胜传统产业的一个重要优势正是避免了大量的固定资产投资和存货。另一方面，创新型平台通常进行中间品的生产，交易型平台上则多进行面向最终消费者的最终产品交易，这也使得创新型平台的商业模式与交易型平台有所不同。

由于创新型平台市场具有更高的进入壁垒和流动性壁垒，因此主要出现在手机、计算机、云计算等少数领域，在人员规模、研发投入、销售收入和市场价值等方面较交易型平台更高。

### 7.1.3 数字平台的特征

数字平台有五个主要特征：网络效应、高效的供需资源匹配、开放性、用户依赖性及大规模跨界。

数字平台的第一个特征是网络效应，这也是最重要的特征。数字平台的形态基于连接的用户数量与质量呈现，即呈现明显的网络效应。平台型企业的收益来自网络效应的大小，正如梅特卡夫定律指出：网络价值与网络用户数量的平方成正比。因而平台流量是正反馈的基础，用户连接越多，网络效应与规模价值就越发凸显，打造平台生态圈的关键即为获取持续流量。例如，谷歌的搜索广告将用户意图转化为业绩价值；Facebook以社交平台为基础，提供精准的用户画像生成服务；优步紧抓用户的出行需求，使私家车得以充分调用。需要注意的是，除正向网络效应外，也可能存在负向网络效应，即随着用户的增多，用户获得的收益越少。

数字平台的第二个特征是高效的供需资源匹配。在数字平台企业经营过程中，高效的供需资源匹配是重中之重，聚合供应端资源并且高效匹配需求端资源，有助于提升整体运营能力，创造更多价值。数字技术支持的数字平台作为一种数字基础设施，受地理因素和时间因素的限制很小，能够利用数字技术，将不同地区、时区的用户连接到一起，快速进行技术、产品、服务、流量等多维度资源的交互，有效降低用户的搜寻、交易成本。因此，数字平台如何撮合潜在买家和卖家达成交易/交换至关重要，数字平台企业的效率也集中体现为"撮合效率"。比如京东、拼多多等电商平台以及智联招聘、58同城等交易平台最基本的功能就是高效匹配供需资源。

数字平台的第三个特征是开放性。数字平台具备网络效应的连接特征，是商业交易的桥梁搭建者和重要促成者，必然具备开放性。开放性决定着连接主体能否形成相互联系、相互依存的关系，进而构成平台生态系统。开放性越大，以平台企业为核心的平台生态系统的抗风险性能和多样性就越大，平台自身的存在和发展可能就越持久。但需要注意的是，数字平台企业的开放性不是无条件、无秩序的开放，而是基于遵守平台设定规则的前提，平台用户按照自己意愿有选择地加入，与数字平台企业共同维护的开放性。典型例子如：谷歌地图的 API 开放式接口允许第三方开发者在应用开发中轻松集成地图和位置等功能，从而进行更多应用创新；苹果开放了 App Store，允许第三方开发者将自己的应用程序发布到 App Store 上，从而获得更多的用户和收入。

数字平台的第四个特征是用户依赖性。连接的用户越早进入数字平台，就会越早对数字平台的产品、特点、文化、工具、模式等形成先入为主的熟悉优势，这种熟悉优势会转化为用户在数字平台的沉没成本。此外，平台连接的各方不再是一个个孤立的个体，而是通过数字平台形成互动关系，利用互动关系放大自身的效能和价值。连接各方通过平台满足各自的需求，这种需求同样可以形成互补，这种互补程度越高，对平台的依赖性也就越大。这种依赖性会使用户在面对新的平台连接选择时，考虑转移使用的成本。用户在平台的时间越长，沉没成本越高，相对的转移成本也就越大，用户对平台的依赖性也就越强。例如，网易严选电商平台通过会员机制，利用特权、更多优惠、提前锁定（会员费）等策略让成为会员的用户对平台产生了较强的用户依赖。

数字平台的第五个特征是大规模跨界。随着资源在更广范围、更深层次实现共享，产业边界越发模糊，数字平台助推产业实现跨界融合也逐渐成为新常态。数字平台企业作为连接、整合的枢纽，能够连接多边群体，整合多方资源，满足多边群体的需求。数字平台为企业减少了大量非必要的中间环节，创造了更多有价值的连接，提升了效率，实现了价值升级。数字平台企业还能通过协同产业链上下游企业，乃至同业竞争者，共同设计新规则、打造新格局，为供应商与客户提供更多的价值。例如，海尔卡奥斯工业互联网平台（COSMOPlat）已成功跨界赋能农业、建材、房车、机械、医疗、模具等 15 个行业，实现灵活部署、跨行业跨领域快速复制，为用户带来"衣、食、住、行、康、养、医、教"等全方位的美好生活体验，形成了生生不息的生态系统。

### ★ 专栏 7-1　网络效应

网络效应是指一个产品或服务随着它用户数量的增加而变得更有价值，或者说当一个网络中的参与者（节点）数量增加时，其价值也随之增加。网络效应又称为"网络外部性"。社交网络就是一个具有强大网络效应的典型例子。当有更多的人使用某个社交网络，社交网络就变得更有价值，因为用户可以更容易地连接到更多的人，这反过来又会吸引更多的人使用该社交网络。在互联网、传媒、航空运输、金融等行业普遍存在网络效应。

网络效应可分为两种，即同边网络效应（也称直接网络效应）和跨边网络效应（也称交叉网络效应）。具体而言，同边网络效应是指同一市场内的消费者之间具有相互依赖性，即同一产品消费者的规模增加可以直接提升其他消费者的效用，如网络社交平台Facebook、微信等的用户之间的网络效应；跨边网络效应主要来源于基础产品和辅助产品之间的技术互补性，这种互补性带来了产品需求上的相互依赖，基础产品和辅助产品都无法单独实现效用，即产品的价值实现取决于其互补产品的数量和质量，一种产品的互补性产品越多，该产品也将拥有越大的市场需求。例如，京东、亚马逊等网络零售市场的买家与卖家之间的网络效应，苹果、微软等智能产品的用户与应用软件开发者之间的网络效应。

此外，网络效应也是一把双刃剑，正向网络效应能让企业迅速壮大，负向网络效应能让企业瞬间崩塌。正向网络效应是指随着用户的增多，用户获得的收益越多。负向网络效应指随着用户的增多，用户获得的效用递减。正如宽带使用的人越多，用户的速度越慢，所以经常出现高峰期网速锐减的情况。还有在城市的交通网络中，开车的人越多，城市越拥堵，车辆的增多会给每个司机带来负向网络效应。

# 7.2 数字平台多主体关系

## 7.2.1 数字平台的多主体构成

在数字时代背景下，产品必然要融入场景，行业终将由生态覆盖。此时，单个企业已经不再是市场竞争最重要的主体，依托数字平台形成的多个主体高效协同的生态与生态之间的竞争已然成为新的趋势。因此，随着全球竞争的日益激烈，越来越多的数字平台企业已经意识到，通过构建数字平台生态系统，可以增强核心竞争力，持续地为平台用户创造出新的价值。例如，海尔集团的创始人张瑞敏指出，未来的企业都将走向两种命运：要么生态化，要么被生态化。海尔集团于2019年推出第六个战略阶段——"生态品牌战略"，成功实现了从"产品型企业"向"生态型企业"的华丽转型。

| 重要概念 | 数字平台生态系统

数字平台生态系统是由数字平台以及利益相关者所构成的特殊商业生态系统，在这个系统中，数字平台企业处于核心地位，它为其他利益相关者提供了交互或交易的场所，能帮助利益相关者进行连接和匹配。平台的利益相关者很多，包括平台的用户、平台上的经营者，以及平台的供应商等，他们之间的交互主要是通过平台进行的，在交互过程中遵从平台设计的架构，服从平台提出的价值主张。

数字平台生态系统（Digital Platform Ecosystem）以具有分层模块化架构的数字平台企业为中心，旨在利用平台参与者的数字创新来扩展平台。除了处于核心地位的数字平台企业，数字平台生态系统中还包含多类主体，通常包括：需求端用户（Demand-Side User，也称为买家，通常指终端企业用户或消费者）、供给端用户（Supply-Side User，也称为卖家，通常指互补企业或软硬件提供商等）、平台提供者（Platform Provider）和平台所有者（Platform Sponsor）四类主体。其中，平台提供者是为需求端用户与供给端用户提供产品和服务的技术载体，而平台所有者是掌握平台的经济所有权，从而能够决定谁可以参与该平台生态的主体。例如，谷歌（或其母公司 Alphabet）是安卓系统的平台所有者，而基于安卓系统的手机制造商华为、小米等是安卓平台的提供者。一个平台可能有多个平台所有者，比如诺基亚、摩托罗拉都曾是塞班系统的所有者；一个平台所有者也可以拥有多个平台，诸如 Windows 操作系统和 IE 浏览器等都同为微软公司旗下的平台。

## | 创业聚焦 |　Airbnb 的平台模式

继 Uber 和小米之后，Airbnb 举着互联网时代"共享经济"的大旗火遍全球。2008 年 8 月，Airbnb 成立之时便自定义为一个旅行房屋租赁社区，《时代周刊》曾将其称为"住房中的 eBay"。作为世界短租行业的领袖，2023 年，Airbnb 已经覆盖 220 多个国家和地区，超过 10 万个城市，估值超过 300 亿美元。读者可尝试以 Airbnb 为例，厘清平台模式的关键参与主体，并且揭示平台模式究竟是如何工作的。

### 1. Airbnb 的关键参与主体

第一步，明确需要吸引谁到平台中。对 Airbnb 来说，房主、租客、摄影师与保险公司都是可以吸引的参与者。

第二步，平台给这些角色提供了什么价值。这些参与者需要为平台贡献什么？在 Airbnb 的例子中，房主给平台贡献房源，平台吸引房主获得租金；租客给平台贡献租金，对居住环境进行评价；平台吸引租客获得更便宜、更好的旅行居住空间；摄影师给平台贡献精美的房屋照片，平台提供给摄影师报酬；保险公司给平台贡献安全的信任保障，平台给保险公司提供保费。

第三步，平台的关键用户是谁？每个角色会带来哪些接入方，哪类角色带来的接入方最多？最多的即关键用户。在 Airbnb 的例子中，房主吸引来租客、摄影师、保险公司，所以房主是平台关键用户。

第四步，明确谁是为平台贡献主要收入的付费者。在 Airbnb 的例子中，租客是贡献主要收入的付费者。

第五步，谁是平台的协作者？那就是平台的"甜味剂"——没有贡献收入，但是帮助平台吸引关键用户的角色。在 Airbnb 的例子中，"甜味剂"是保险公司，它会让房主更加放心。

### 2. Airbnb 的平台模式

搭建 Airbnb 平台模式的"三步走"战略：

第一步，定位平台用户，找到可能使用平台的多边参与者。然后分析针对各个参与者的平台价值。

第二步，确认关键用户，激活网络效应。重点是能够吸引关键用户，为了达成这个目标，适当地采用战略性手段比如补贴、免费等方法也是必要的。

第三步,灵活平衡平台上的付费者和"甜味剂"。如果某类参与者面临的平台选择很多,那么就应该考虑采用适合对应该类参与者的手段来增加使用平台的意愿,并通过激励手段把意愿培养成习惯。

资料来源:Thought works,《以 Airbnb 为例,看一看如何打造竞合平台》,2018 年 1 月 29 日。

## 7.2.2　数字平台的多主体互动

在工业化时代,企业的经营上接资源、下连市场,可以将企业的经营过程视为一个利用市场资源来满足市场需求的过程。企业要通过一系列的努力获取资源、增强核心竞争力,争取和占有限资源。如今,在数字时代,却是连接大于拥有,尤其对数字企业来说,通过连接与共生,企业的资源和能力不再受限于企业自身,而是拓展至与利益相关者构建互动关系,共同为客户创造价值,数字平台企业尤为如此。数字平台生态系统中的多主体互动关系可以分为竞合关系和共生关系两类。

### 1. 竞合关系

数字平台为多主体实现价值共创提供了适宜的合作环境,各利益相关者的利润空间得以拓宽。利益相关者之间不可割裂、相互依存的合作关系也构成了数字平台生态系统中的基本关系。然而在现实中,平台中各主体的市场目标并非完全一致,在合作过程中会尽可能实现自身利益最大化,因而形成主体之间合作与竞争同时存在的局面。但无论理论研究还是实践都有越来越多的证据表明,合作与竞争交织融合的竞合关系更有利于企业开展创新活动以及在数字平台生态系统中实现价值共创。具体来说,数字平台中不同利益相关者之间的竞合关系存在于平台用户、平台提供者和平台所有者三个层面。

平台用户层面的竞合关系。平台企业与多样化的互补企业相互联结,共同构成了一个创新网络。创新网络的规模、多样性和网络结构对数字平台生态系统整体的创新能力具有影响。其中,网络规模和网络多样性都有利于提升数字平台的竞争力,而"中心—外围"网络结构(即平台创新生态以数字平台企业为中心参与者,多样化的互补者为外围参与者)有利于平台创新。因此,数字平台企业总是试图通过有效的竞争策略来扩大互补企业的数量和多样性,并与互补企业建立特定的交易关系,从而形成有利于平台生态发展的网络结构。例如,英特尔会派技术人员对有潜力的互补企业提供专门的技术支援,2007 年以后 Facebook 开始通过开放用户数据激励互补企业和程序开发企业基于自己的平台开发游戏与其他应用。但由于创新网络中紧密的合作关系导致互补企业与平台企业之间发生知识转移,使平台企业面临着与逐步壮大起来的互补企业间的竞争风险。

平台提供者层面的竞合关系。如果数字平台网络效应足够强、最终用户多、平台归属的成本足够高，且最终用户对差异化的需求并不显著，则平台企业很容易实现"赢家通吃"并在市场中占据主导性的地位。只要以上一个或多个条件不具备，市场就可能被多个平台企业分割，或者存在足够多的潜在竞争者，这时平台企业就必须采用有效的竞争策略，以确保自己的市场份额。如何把握对其他平台的开放性是在平台提供者层面的平台企业首先需要考虑的策略。通常三种因素会促使平台企业向其他企业开放自己的平台：一是平台所有者并不具备满足最终用户特定需求（如对多样性的需求）的资源和能力时，它不得不将技术许可给其他平台，如 Palm 公司将其掌上电脑操作系统许可给索尼、三星等公司，以促进平台的技术改进和功能多样性，从而扩大用户基础；二是通过与下游用户企业共享平台技术，并结为市场联盟以扩大用户基础；三是市场结构的影响，如果最终用户的市场实力足够强（如电信运营商），就有可能迫使平台企业向其他竞争性企业开放。

平台所有者层面的竞合关系。当多个主体拥有平台的所有权并共同控制平台时，就出现了共享平台（Shared Platform）现象。共享平台有利于在平台所有者之间分担平台投资，如果平台所有者本身就是平台的用户，该平台就成为平台所有者的基础设施，有利于避免平台所有者的重复投资和恶性竞争，如银行联合体成立的 Visa 或中国银联等都是典型的共享平台。在平台生态形成的过程中，平台的治理结构到底是一个主体独占私有平台还是由多个所有者共享平台，通常取决于两个因素：一是投资规模越小，越能减轻搭便车的问题，越有利于形成共享平台；二是赢家通吃效应越不显著，越有可能形成共享平台的结构。如果共享平台不能很好地协调平台所有者之间的激励和竞争行为，就可能导致平台分割问题。平台分割的典型例子是塞班智能手机操作系统的失败。1998 年，塞班从英国一家名为 Psion 的公司分立出来，成为 Psion、诺基亚、爱立信、摩托罗拉（皆为当时最有影响力的手机企业）四家公司合资的公司。作为平台提供者的塞班与诺基亚、爱立信、摩托罗拉等平台所有者之间存在非对称的依赖关系，即诺基亚等塞班用户试图最大化塞班对它们作为用户的价值，而不是最大化塞班本身的平台价值，这使得塞班平台由于缺乏足够的独立性而走向失败。

### ✦ 专栏 7-2　平台企业的外部竞争策略

平台企业内部竞争主要是平台内部不同卖家基于提供相同的产品或服务的竞争。而平台企业的外部竞争更加复杂，更讲究策略。以下是 6 种常见的平台外部竞争策略。

#### 1. 差异化策略

差异化策略即平台需要在消费者市场中建立与其他平台不同的特点，打造自身的独特优势。比如，唯品会以品牌打折洞悉用户心理；当当网主要销售纸质书籍；京东主要销售小家电，且配送服务快。差异化不仅可以建立消费者感情认知上的差别，也可以在定价或服务上与别的平台形成区分。

### 2. 生态系统策略

生态系统策略指数字平台可以通过建立一个开放的生态系统来连接利益相关者之间的资源，形成共享的信息流，使企业间能够协同应对市场变化，并且通过将不同的产品和服务整合到一起，创造新的价值。比如，小米生态链、海尔开放创新平台 HOPE 等都采用了生态系统策略。

### 3. 开放策略

开放策略可以降低数字平台的使用门槛，让更多的用户加入，扩宽平台的使用范围。通过边界资源（如接口、许可协议等），数字平台把资源开放给外部的开发者，开发者根据平台的规则和要求开发出相应的产品或服务，然后提交给数字平台，最终由数字平台把产品和服务提供给平台用户。

### 4. 提升转换成本策略

转换成本是指用户从一个平台转向另一个平台购买商品或服务增加的费用，被企业用来构建竞争壁垒。平台企业都希望培育平台的忠实用户，都希望提升用户转换成本，加大用户对平台的黏性。若平台转换成本较高，用户便不会轻易更换平台。例如，许多酒店、航空、信用卡都用积分方法去提升用户的转换成本，如果用户更换了公司，就会损失之前的积分。

### 5. 排他性策略

用户通常会使用多个同类型平台进行交易，这种平台领域用户的多归属行为已成为普遍现象。为了保持垄断地位，平台企业可以通过设置排他性规则，即要求供需双方必须在一个平台交易，不得更换其他平台进行交易。比如京东和拼多多的竞争，京东要求商家"二选一"，以提升供给方用户转换成本的方式，提高平台的竞争力。

### 6. 非对称定价策略

非对称的价格结构是双边市场的显著特征之一，同时也是平台之间竞争的策略工具。非对称的价格结构即平台对一边的价格收费不同于对另外一边的价格收费。通常，平台型企业会对弹性较小的一边收取较高费用，对弹性较大的一边则实行较低的收费标准，低于边际成本定价甚至给予补贴。平台企业可能会在一个市场上先采取低于边际成本定价的策略，当用户数量增加到一定水平时，再高于边际成本定价。平台型企业对哪方收费的高低，往往取决于市场情况、平台盈利情况、用户数量等多种情况。比如饿了么互联网外卖平台刚推出时，用低收费甚至免费吸引商户，但随着平台用户规模不断扩大，饿了么开始对消费者实行补贴，对商户收取更高的费用。平台的定价策略和价格变化直接关系到用户对平台使用的热情，进而影响平台的用户数量和利润水平。

资料来源：李雪灵教授团队企业实地调研资料整理所得。

### 2. 共生关系

共生关系指的是在数字平台生态系统中，数字平台企业、需求方用户和供给方用户间形成了一种平衡关系，即在相依、互惠、共创和共赢的基础上进一步形成共生、互生和再生的价值创造和价值获取机制。共生关系的存在，使得平台提供者的优势不再仅来源于技术的独特性、内部价值链活动的优化升级以及资源能力的积累，还来源于对平台供给端互补性资源的有效利用，以及平台需求端无数的消费者组合而形成的商业生态社群。

数字平台企业利用供给端和需求端用户间的互补性和依赖性，借助跨边网络效应来扩大自己的用户数量，即当需求方用户数量增加时，供给方用户也会随之增加，直至短暂趋于平衡。当用户需求不断被满足后，就会吸引更多的需求端用户涌入平台，进而对供给端用户产生吸引力。因此，可以说，基于平台生态中的共生关系，平台、供给方用户和需求方用户间的良性的互动机制便建立了，该机制呈现出螺旋向上的发展趋势（见图 7-3）。

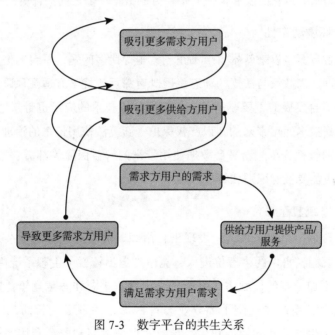

图 7-3　数字平台的共生关系

## 7.3　数字平台治理

### 7.3.1　数字平台治理的概念与特征

连接双边或多边市场是数字平台企业具有的特殊属性。数字平台企业实现收益最大化的关键在于能否实现平台市场间接网络效应的最大化，而这取决于如何通过合适的平台治理策略增强间接网络正面效应、削弱间接网络负面效应。数字平台治理指平台企业通过设置平台规则、提供支持服务以及制定其他治理策略吸引、留住用户，并对用户行为加以规范，从而实现间接网络正面效应的最大化。数字平台治理存在三方面难点。

### 1. 主体多元性

平台中参与主体的多元性引发角色定位、责任界定、需求追踪等方面的困局。首先，角色定位不清。数字平台涉及供给方、需求方、平台方等多方参与主体，不同情境下各参与主体的角色存在差异，因此，需进一步明晰复杂场景下的多元主体角色定位。其次，主体责任边界不够清晰。网络化的特性导致平台发展具有强烈的社会性与公共性，而平台的多重角色加强了其应承担的职责。平台承担的法律、道德与社会责任亟须明确，责任边界的扩展深度与速度也须廓清。最后，主体需求难以锁定。以平台为中心的多主体交互、联结过程的需求满足与价值追求呈现组合化、多元性的特点，致使多元需求与价值容易形成难以磨合的冲突，如需求方用户的隐私保护与平台方的数据增值之间的冲突。

### 2. 环境动态性

平台自诞生以来就暴露出不正当竞争等诸多问题，平台的健康发展离不开规范的辅助，而政策与法规的动态发展既有滞后担忧又有适配风险。数字技术迭代创新是平台发展的重要驱动力，但新兴数字技术的应用也带来诸多挑战和风险。比如，新技术运用带来的知识产权保护、新算法使用带来的治理冲击、新功能应用带来的管理变革、新平台数据使用带来的权益保障等都需要重新梳理和界定，而风险也需要及时识别和管控。

### 3. 系统复杂性

平台是一个生态系统，表现出自组织、涌现等重要的复杂系统特征。平台生态系统内，自由的生态位进入、竞争和退出铸就了生态系统优胜劣汰的特点，而这种不加控制的优胜劣汰可能进一步导致垄断和恶意竞争。同质化生态位集中进入生态系统也催生了部分业态盲目扩张和野蛮生长的态势。生态位的孤立成长和生态位间的协同缺失，导致发展费用高和资源利用率低等问题。平台生态圈的自由发展，也带来诸多社会责任问题，平台企业的生态化治理成为新趋势。

数字平台治理的特征可以分为以下三方面：在重要性方面，数字平台治理的重要性与数字平台架构设计相当；为了控制平台市场，平台所有者通过制定一系列规则进行平台治理，这些规则既包括约束性制度，也包括激励性政策；平台治理的根本性动因是间接网络效应，目的也正是调节间接网络效应，从而保护平台市场的健康发展。

## 7.3.2　数字平台治理的对象

间接网络效应在平台市场中的影响因素是多样的，并构成了平台治理的对象集。平台所有者可以通过影响这些对象来调节平台市场的间接网络效应。数字平台治理的对象主要包括用户网络规模、买方品种偏好、产品范围经济、产品垂直差异化、平台技术、卖方的平台栖息行为、卖方促销、产品供应者的产品创新、平台与用户关系九种。

（1）用户网络规模。用户网络规模是指加入平台市场的买方或卖方的数量规模。无论哪一方规模的提高都有助于调节平台的间接网络效应。

（2）买方品种偏好。平台中的买方对平台内各种产品的关注程度被称为买方品种偏好。买方对多样产品种类的偏好，会鼓励更多的卖方进入平台市场以提供多样化的产品，平台的间接网络效应就会加强。但当产品存在直接网络效应时，买方倾向对单一品种的产品的偏好，此时若平台产品种类过多反而会降低用户效用。

（3）产品范围经济。不同于规模经济，产品范围经济是指厂商的范围带来的经济，可以视为平台提供的产品种类。无论向平台中引入互补产品、无关产品还是弱替代产品，均能提高平台市场的间接网络效应。

（4）产品垂直差异化。平台中产品质量的区别称为产品垂直差异化，如软件高低版本不同。垂直差异化意味着平台需要提供比竞争对手更优质的产品。

（5）平台技术。平台技术包括平台为促成买卖双方交易而使用的各种技术。平台一边用户的数量与平台技术的效率影响着平台另一边用户的效用。例如，在电子商务平台中，精准的产品搜索技术和产品推荐技术都对消费者的购物决策起着积极的影响作用。能否高效匹配搜索者和广告方也会影响搜索引擎平台的效益。

（6）卖方的平台栖息行为。卖方在平台上销售产品可以选择单平台栖息或多平台栖息行为。单平台栖息行为指的是卖方只在一个平台上销售自己的产品（Single-homing）；若卖方在多个平台上提供产品，则称之为多平台栖息行为（Multi-homing）。相对于多平台栖息，单平台栖息更能影响平台市场的间接网络效应，若平台能够吸引提供了稀缺产品的卖方进行单平台栖息，则有利于该平台价值和竞争力的提高。

（7）卖方促销。卖方促销是指卖方为了吸引消费者购买其产品或服务而进行的营销活动，比如提供价格补贴。在线 UGC 平台内容创造方的转介和促销活动能够跨平台显著影响内容使用方的购买决策。平台可以适当地为卖方配置资源，以增强卖方的促销行为。

（8）产品供应者的产品创新。产品创新丰富了平台市场的产品种类，吸引着具有不同需求的买方参与平台。这虽然有利于平台的整体价值和网络效应，但其对产品供应者绩效的影响却是难以确定的。例如，在 iOS、Android 等操作系统平台中，如果产品创新只是对现有产品线的扩展，那么可能会阻碍软件开发者及其产品在平台市场的获利。

（9）平台与用户关系。平台与软件开发者发展较强的合作关系，能够保证开发者在平台中获得利益，会激励开发者继续提供更多的产品，与平台共创价值。此外，平台与用户关系的构建还应包括平台为开发者提供知识产权保护，以防止知识溢出导致其软件产品被其他平台或开发者模仿，这样才可能加强开发者进入平台的信心与动力。但是知识产权保护也可能不利于平台成长，过强的保护会形成"专利丛林"，增加其他开发者提供互补产品的成本，甚至使缺乏资源的小型创业公司难以获得授权而陷入生存困境。

需要注意的是，各平台治理对象之间存在因果关系或交互作用，各治理对象并非单独地对平台市场的间接网络效应产生影响。举例而言，平台与现有用户关系会影响平台的技术选择；平台与卖方之间构建良好关系能够鼓励卖方的创新行为；买方的品种偏好会减弱平台技术对间接网络效应的影响。

### 7.3.3 数字平台治理的策略

平台治理策略是平台所有者针对不同治理对象制定的市场规则和政策。现有研究所涉及的治理策略大致可以分为两类，即定价策略和非价格策略。

#### 1. 定价策略

定价策略探讨的是在不同情境下，对平台不同边的补贴或收费如何影响用户参与度和平台获利性。双边市场定价是一种"分而治之"策略，即平台所有者先补贴平台市场某一边吸引其参与，再从市场的另一边获取收入来弥补损失。在双边市场中，对任何一边的定价，不仅会影响到该边市场的成本、利润和参与，还会跨边地影响到另一边市场的参与意愿和福利，最终影响平台的盈利。定价策略的治理面向的对象是用户网络规模、卖方的平台栖息行为、产品创新等。

#### 2. 非价格策略

定价策略主要讨论了对交易层面产生的影响，如平台用户规模、平台及其用户的成本和利润、用户的平台栖息行为等。作为一种新型的组织形式，数字平台受到越来越多的关注，值得探讨的不仅是用户的交易行为，更要关注如何吸引、管理、维持、发展用户以及这期间用户的产品创新、用户关系和社区环境等一系列非交易行为。因此，另一种平台治理策略——非价格策略也逐渐受到重视。以治理的动因作为划分标准，非价格治理策略主要分为两类：一类是以提高交易费收益和控制用户多平台栖息为代表的治理策略，具体包括技术投资策略、排他性合同、选择性限制策略等；另一类非价格治理策略则主要涉及影响卖方产品创新行为，如平台接入控制、合作伙伴计划等。

（1）技术投资策略。平台靶向技术促成交易的成功率直接影响到平台交易收费能在多大程度上提高平台利润，比如房产网站将买方与合适的房源进行匹配，证券电子交易系统将投资者与资产进行匹配。特别在面对同类平台的竞争时，即使是很小的技术差距，也会导致平台间的利润产生显著差异。比起正确的定价，合适的投资策略对于平台更为重要，因为投资策略是面向长期且不易改变的决策。但平台技术投资决策通常会受到多重因素的影响，包括间接网络效应的强度（买方对平台内产品种类的关注程度）、第三方内容（产品供应者提供的技术或产品）与第一方内容（平台自身的技术或内容）的关系、买卖双方的期望、竞争对手的技术威胁等。

（2）排他性合同。排他性合同治理策略主要关注的是多平台竞争背景下控制用户多平台栖息行为。平台可以通过排他性合同控制卖方的多平台栖息行为，从而提高平台的间接网络效应和竞争力。这虽能减缓平台内市场竞争并显著提高用户参与，但对产品供应者而言，平台越大意味着竞争越激烈。更多的情况是，他们趋向于同较小的平台签订排他性协议，且排他性合同通常会出现在平台初创和平台成熟阶段，非排他性合同在中间阶段更多见。

（3）选择性限制策略。选择性限制策略是指平台所有者对平台中需求方用户可选择的产品种类进行限制，其治理对象涉及买方的品种偏好和产品范围经济。举例来说，当约会网站的客户细分具有较高独处成本且外部选项有限时，就可以采用选择性限制策略，限制女方可以选择的男性数量。这样不仅可以减弱男方面临的竞争从而提高其约会成功率，同时也可以向男方收取较高接入费，为平台创造更高的价值。若约会网站的客户细分具有较多外部选项，则应该采用非选择性限制策略提高客户的选择效应。这两种策略所形成的商业模式可以共存且没有市场重叠。

（4）平台接入控制。平台接入控制指的是关于平台开放程度的决策，主要治理对象涉及产品范围经济和平台用户行为。目前，这种策略主要关注平台的产品供应者进入数量或类型对其产品创新的影响。

（5）合作伙伴计划。合作伙伴计划主要治理平台与产品供应者的关系。由英特尔公司的案例发现，如果平台所有者制定正式或非正式的利益承诺机制，就能够刺激外部互补企业的平台入驻行为和产品创新，有利于平台市场的成功。

综上，数字平台不同的治理策略对于治理对象具有不同的作用机制和治理效果。例如，平台接入控制侧重在平台"开放"和"封闭"之间进行权衡，在提高对互补企业创新激励的同时，保持一些收入和利润来源的所有权；若采用选择性限制策略，平台企业通过对互补产品进行选择性促销，使用户将注意力转移到未被充分重视的补充产品上，实现对生态系统价值的复杂权衡，进而在整个生态系统中协调价值创造。数字平台针对不同治理对象（平台、互补企业、用户、产品）的主要治理策略和治理重点如表 7-1 所示。

表 7-1　数字平台主要治理策略和治理重点

| 治理对象 | 治理策略 | 治理重点 |
|---|---|---|
| 平台 | 平台接入控制 | 控制平台的开放程度，包括互补企业数量和类型 |
| | 技术投资策略 | 开发新的平台技术，对新技术进行投资 |
| 互补企业 | 排他性合同 | 控制互补企业加入多个平台的行为 |
| | 合作伙伴计划 | 吸引互补企业进入，激励互补创新 |
| | 定价策略 | 吸引互补企业加入，增强间接网络效应 |
| 用户 | 选择性限制策略 | 限制用户对产品品种的偏好 |
| | 定价策略 | 吸引用户加入，增强直接网络效应 |
| 产品 | 选择性限制策略 | 限制平台上的产品种类 |

## 7.4　数字平台商业模式创新

随着国家创新驱动发展战略的深入实施，数字平台商业模式创新步伐不断加快，产生了巨大的经济效益和社会价值，诞生了以京东、美团、字节跳动等为代表的数字经济时代平台企业商业模式创新典范。然而，近年来不少平台商业模式创新滞后问题突出，频繁产生低端"收租平台""二选一"垄断、"大数据杀熟"等负面现象，出现了诸如共享单车"烧钱大战"、电商平台"刷单炒信"、网购平台"信息盗用"等典型事件。究其原因在于：平台企业对商业模式认知存在片面性以及未能深入促进商业模式创新问题，导致商业模式过于同质化。所以，有必要加深对数字平台商业模式创新的认知和学习。根据潜在的价值来源不同，数字平台商业模式创新包括四种类型，即效率型、互补型、锁定型和新颖型。

### 7.4.1　效率型平台商业模式创新

效率型平台商业模式创新指数字平台企业通过提供最新和全面的信息来减少买卖双方之间的信息不对称，实现更优质的交易体验和更快的交易速度，从而提升平台的商业价值。海尔"人单合一"模式是典型的效率型平台商业模式创新的例子，即将生产单元、销售单元和服务单元融合成为一个整体，实现生产、销售、服务的无缝对接和协同运作，从而提高效率、降低成本、提升用户体验和产品质量。

## | 创业聚焦 |　海尔"人单合一"的商业模式创新之路

一场有关企业效率的变革性升级，正在深刻影响着现在和未来的海尔：截至 2012 年年末，海尔在全球具有 86 000 人的在册员工规模，一年后则减少为 70 000 人，然而，同期人均劳动生产率却同比增长 35%、人均创造利润同比增长 50%，企业全年利润突破百亿元，同比增长一举达到 20%，利润增幅也连续七年两倍于收入增长。到 2014 年 5 月末，海尔在册员工又迅速减少为 64 955 人，但依然保持了相当高的人均利润增长比率和业绩成长比率。

2007 年起，海尔通过"人单合一"的管理模式创新成功迈入互联网时代。在商业模式转型的促进下，海尔不断优化管理体系，不断升级智能制造，形成了从模式、体系到技术领域的立体"创新矩阵"。海尔依靠这种创新转型迅速适应了越发激烈的市场竞争，满足了更加个性化的用户需求，并加速推动了自身的创新能力。企业员工的有效调整和效率的有效提高，是我们所能看到的海尔商业模式创新的必然结果。

通常来说，无边界、去行政、反壁垒、重一线，是企业实现互联网转型的最重要体现。海尔近年商业模式转型的主要目标是打破传统制造时代的人为阻隔，摆脱封闭的层级组织形态，实现企业平台化转型发展。平台型企业被视为一个"无限开源"的企业，旨在为一线员工提供创新和创业资源，发挥他们的创新创业能力，从而成为创新创业的主角。这样一个开放的创新平台又衍生出两个创业创新平台，即"在册"和"在线"。这两个平台实际上同属于创新创业的阵营。有创业能力的在册员工被鼓励离开现有的岗位进行市场化创业，而企业外的机构和人员也可以加入在线平台进行创业。从这个角度来看，海尔的创新平台为社会就业提供了新的机会。在册人员减少，而在线人员增加，大量非海尔员工加入在线平台，使海尔的"平台员工"数量大幅增加。例如，目前有 9 万部各种车辆及 18 万名小微员工通过这个平台为海尔提供服务，为自己创造价值。他们都是海尔"人人创客"的实践者（见图 7-4）。

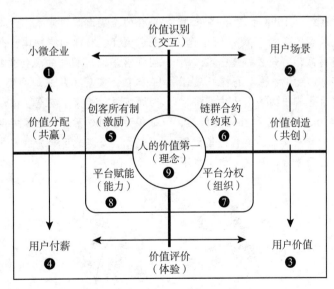

图 7-4　海尔"人单合一"模型

在线员工实现市场化转型，使其拥有了掌握自己创业命运的机会。原先一些负责海尔区域市场销售的员工，受到海尔"超利分享"机制的鼓励，离开海尔并注册了自己的小微公司，依靠海尔的品牌、用户资源，为用户提供各种增值服务，实现自负盈亏、自主经营。据了解，这样的小微公司在海尔已迅速发展到42个，统称"商圈小微"。同时，在更大的平台战略上，海尔以"主业精进"的思路，将其他服务性、支持性业务外包给全球专业领域内占有优势的一流企业，让他们来进行专业运营，而原来的海尔员工一并"外包"，实现了"专业化升级"，成为更专业平台上专业能力更强的员工。现在，海尔的员工餐饮、物业管理等辅助行业，全面实现了这种变革，在册员工由此也实现了有效递减，但他们成了另一种

"在线"意义上的海尔员工。而现有的在册员工，由于其生产效率的提高，收益也实现了同步增长，实现了自我价值的升级。

在这样一个竞争无缝隙的时代，企业与员工的命运紧密交织在一起。企业只有追赶上时代才能生存，员工才能成长获益。海尔作为全球首屈一指的白电品牌，将在创新的道路上继续前行。

资料来源：青岛日报官网，《效率跃升下的海尔商业模式创新》，2014年6月19日。

## 7.4.2 互补型平台商业模式创新

互补型平台商业模式创新指数字平台企业通过向客户提供成套的互补产品和服务来开发新的创造价值的潜力。这些互补产品和服务可以是合作公司提供的纵向互补（如售后服务），也可以是横向互补（如相机和胶卷）。此外，平台还可以从线上和线下业务拓展方面提供互补性。

**|创业聚焦|　美特好搭建区域新零售O2O平台——全球蛙新零售平台**

美特好集团创立于1993年，始终秉承"善待员工、善待顾客、善待厂商"的理念，其使命为"严选好商品，为顾客打造全渠道的极致体验"。历经30年的发展，美特好集团已经在山西、内蒙古等省份的多个大中城市铺设了近200家大卖场、优鲜店和社区生鲜店，并提供了超过一万个就业岗位；美特好集团还投资建设了全球蛙电商平台，形成了线上线下融合的全渠道营销体系，为顾客带来简单、便利、便宜、有趣的购物体验；此外，美特好集团拥有华北区领先的现代化物流中心和PC加工体系，实现了从基地到餐桌的全冷链配送，为顾客提供健康、安全、绿色的食品。美特好每年为6000万人次顾客提供服务，销售额近百亿元，是华北区领先的零售连锁企业集团之一（见图7-5）。

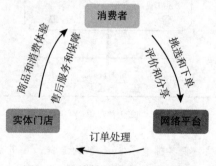

图7-5　美特好的O2O商业模式

美特好线上线下融合发力，通过入驻全球蛙 App，让顾客享受新零售极致体验，从顾客购物体验到商品可获得性，美特好持续引领山西新零售走在全国前列。

新零售时代的来临为美特好展翅腾飞提供了加速器，餐饮与超市无缝融合，线上与线下无缝融合，为用户持续提供随时随地随心购、随时随地随心体验、无时间地点局限的全方位购物体验。通过生鲜基地及加工厂，将健康、安全的食材提供给每一个顾客。

未来，美特好将持续发力线下门店及线上体验，将新零售的门店开遍城市的每一个社区，将线上线下融合的极致体验带给身处城市的每一个顾客，带给顾客极致美好的生活方式，带给顾客更省、更新鲜、更便利的消费体验，打造销售过千亿元的百年品牌，建设成为国内最佳企业雇主和最受顾客尊敬与喜爱的零售企业。

资料来源：联商网，《山西美特好再获殊荣：转型新零售　发力自有品牌》，2019 年 3 月 24 日。

### 7.4.3　锁定型平台商业模式创新

锁定型平台商业模式创新指数字平台提升高价值创造潜力客户的参与动机，以及在一定程度上采用一定的激励机制来维护和改善与战略合作伙伴的合作机会。锁定是为了防止客户和战略合作伙伴向竞争对手转移，具体表现为交换成本和网络外部性。

#### | 创业聚焦 |　会员制：亚马逊平台的撒手锏

任何一个电商平台都会有自己的会员制度。在向消费者让利的同时也为平台赢得了流量和曝光率，能有效地刺激消费，激起消费者的购买欲望。世界最大的跨境电商平台——亚马逊平台的 Prime 会员及其相应的会员折扣制度成为电商会员制的标杆。

消费者需要缴纳一定的费用才能申请注册亚马逊平台会员，目前亚马逊 Prime 会员的年费为 99 美元。在开通会员之后，就可以享受亚马逊平台对会员的各种优惠和福利政策。

第一，亚马逊平台会员可以享受平台的一日内免费送货服务。会员无论在哪里下单都会在第二天收到包裹。这就大大提高了会员的购物体验感和满足感。

第二，除了能够在最短的时间内收到包裹，亚马逊平台会员还可以享受很多购买的优惠。例如享受平台的每日优惠，提前了解各种优惠信息等。

第三，如果亚马逊平台会员不需要使用超快运输的物品，平台会给予会员额外的优惠。比如获得额外的折扣优惠等。

第四，亚马逊平台除了是一个线上购物平台，还是一个休闲娱乐平台。Prime 会员还可以免费享受平台的各种线上休闲活动，比如阅读各种电子图书、各类杂志和漫画，免费收听有声图书、几百万首音乐和精选的有声电台等。

此外，对卖家来说，如果要向 Prime 会员推荐优惠商品，也需要符合平台的规则制度。首先卖家必须使用亚马逊 FBA 自物流服务系统；另外拥有 Prime 专享折扣的身份，才能在后台设置折扣的商品，只有这样，开通了 Prime 会员的消费者才会看到相应的折扣信息，从而下单。

资料来源：LianLian Global，《亚马逊平台 Prime 会员以及会员规则解读》，2021 年 11 月 25 日。

### 7.4.4　新颖型平台商业模式创新

新颖型平台商业模式创新指数字平台企业通过推出新产品或服务、新的生产方法、新的营销方式或新市场的开发，创造新的价值创造潜力，使平台能够适应激烈的、高变动性竞争环境。

## |创业聚焦| 树根互联：打造"P2P2B"模式，构建工业互联生态

自2016年成立至今，短短几年内，树根互联股份有限公司（以下简称"树根互联"）发展迅猛。2016年12月，树根互联发布1.0版本的工业互联网平台——ROOTCLOUD（根云）；2018年，树根互联落户广州；2019—2020年，根云平台连续两年入选工业和信息化部的跨行业跨领域工业互联网平台（以下简称"双跨平台"），是目前全国15大双跨平台之一；2020年12月，树根互联完成C轮8.6亿元的融资，估值超11亿美元，成为中国工业互联网独角兽企业；2019—2021年，树根互联连续三年入选国际咨询公司Gartner《全球工业互联网平台魔力象限报告》，是目前唯一一家入选的中国工业互联网平台公司。

树根互联专注打造的根云工业互联网操作系统，具备"共性技术能力"，向下深度探索行业共性，加强共性技术能力建设；向上基于行业特性，开发工业应用，并进行工业模式的创新，最终形成了"端到端一站式通用型"的工业互联网平台，沉淀了多种工业设备的大规模连接、多源工业数据的分析、多样化工业应用开发的核心通用能力。平台核心通用能力为企业、行业数字化转型提供了强有力的支撑，也打破了赋能边界，为不同企业数字化转型指明了方向。

长城汽车、一汽大众、苏州金龙、福田康明斯、银轮股份、江铃汽车、大运汽车……在汽车行业数字化全场景服务领域，树根互联"朋友圈"已经拓展出一长串名单。在大企业沉淀的丰富实战经验，也迅速惠及更多工业企业尤其是中小企业的数字化转型，培育了更多"专精特新"小巨人。当前，树根互联在"数字＋汽车""数字＋装备制造""数字＋钢铁"等领域落地深耕。

一家大型"链主"企业，能牵动成百上千家企业，也能牵住产业链、供应链的"牛鼻子"。"中小企业转型面临投入成本高、技术基础薄弱等问题，我们可以提供低成本、低门槛的数字化转型服务，并通过产业集群平台化，推动中小企业形成合力。"树根互联联合创始人、CEO贺东东说。

"制造业企业对通过数字化实现转型升级的意愿空前高涨。"贺东东说，数字化在"领头羊"企业取得实实在在的效果之后，正迅速传递到相近的中小企业；通过大企业的先进实践，经验沉淀得以快速复制并形成基础设施服务，这极大地简化了中小企业接入通用技术的路径。

风起于青萍之末，而成气候于松塑万林。几年来，树根互联始终以开放之姿、扎实之态、生长之势，聚焦产品和服务的打磨、数字化能力的迭代和人才融合战略，为更广泛的工业细分领域提供数字化转型"新基座"。"筚路蓝缕，以启山林"，树根互联通过启动"森林计划"，精进生态化赋能的能力，构建万物葱茏的工业互联网生态，助力中国制造企业实现新突破，共同打造引领未来智能制造的"灯塔之光"。

资料来源：李雪灵、樊镁汐、刘晶等，《树大根深，赋"智"于"制"——树根互联工业互联网平台的数字化赋能之路》，第十三届"全国百篇优秀管理案例"。

## | 行动指引 |

请读者选择一两个主流平台企业，试分析他们的商业模式存在哪些创新之处，属于什么类型的平台商业模式创新？

## | 延伸阅读 |　海尔的平台化转型之路

互联网为企业带来了新的商业机遇，也挑战了企业传统组织形态。在千变万化的市场环境中，平台化转型被视为当今时代企业取得新的生存机会、提高竞争力的重要路径。海尔从"正三角"到"倒三角"再到"平台化"的组织形态转型，为企业数字化转型过程中的组织形态变革提供了参考。

### 坚持以用户为中心的创新体系

海尔的成立可以追溯至 1984 年。历经 39 年的探索，海尔已从最初生产电冰箱的一个街道小厂成长为家电制造行业的巨擘，如今更是致力于成为"全球领先的美好生活解决方案服务商"。自诞生以来，海尔坚持以用户需求为中心，创新驱动企业发展，在管理创新、组织创新、技术创新等多个方面做出了成功实践。2005 年，海尔首次提出"人单合一"双赢模式（人即"员工"；单即"订单"），重新定义了产品生产方式、员工雇佣关系与资源获取途径，引领海尔正式进入全面创新时期。

### 两次重大组织变革

海尔曾在组织结构上进行了两次重大变革：第一次是 2006 年起，组织结构开始从传统的"正三角组织结构"变革为"倒三角组织结构"；第二次则发生于 2013 年，海尔又从"倒三角组织结构"变革为"平台型组织结构"，如图 7-6 所示。

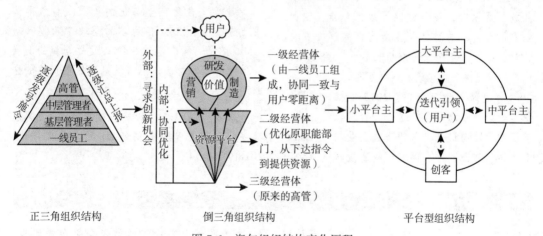

图 7-6　海尔组织结构变化历程

在科层制的组织结构中，权力宛如一个金字塔。高层管理者位于金字塔的顶端，接着是一些中层和基层管理者。一线员工则位于金字塔最底端，只负责接收并执行上层的命令。海尔为了克服科层制造成的组织僵化，在全面创新管理思想的指导下，将原来的正三角组织转变为倒三角组织。

倒三角结构的组织从上到下依次为：一级经营体（一线经营体）、二级经营体（平台经营体）、三级经营体（战略经营体），每个经营体都有独立的用人权、分配权、决策权。

自 2013 年起，海尔进入物联网时代，进一步将倒三角组织调整为节点闭环的网状组织，开始向平台化企业进行转型。新型的平台型组织中有三种角色——创客、用户、平台主，每类成员都被视为平台网络的节点，持续创造价值。

**基于平台的全新运营模式**

在多年的平台化探索基础上，海尔于2017年推出了全球首个以用户为中心的工业物联网平台：COSMO平台（Cloud Of Smart Manufacture Operation Plat），该平台能够直联用户，让用户全流程、全周期地参与到生产制造的全过程中来，通过规模化生产和高效供应链管理，实现了大规模生产与个性化定制之间的融合。COSMO平台主要由五个子平台构成：

众创汇平台：海尔于2015年推出"众创汇"产品定制平台，主要聚焦用户需求，用户可以在这个平台上参与整个定制过程，和设计师、工程师等实现零距离交互，打造属于用户独一无二的产品。用户可以通过海尔众创汇先进行需求交互，在网上模拟体验生活场景，最后定制下单。

HOPE平台：海尔开放式创新中心于2013年推出HOPE（Haier Open Partnership Ecosystem）开放创新平台，该平台以开放、合作、创新、分享的理念，通过整合各类优秀的解决方案、智慧及创意，与全球研发机构和个人合作，为终端用户提供个性化产品解决方案。

海达源平台：海尔于2015年推出"海达源"模块商资源平台，这个平台可以使全球一流资源无障碍进入，任何合法企业均可在海达源上进行注册，平台促使模块商资源提供者与用户需求零距离对接、高频交互、量价约定。

制造平台：主要包括沈阳冰箱、郑州空调、佛山洗衣机、青岛热水器、胶州空调、青岛中央空调等八大互联工厂，这些工厂以用户为中心，可以实现用户全流程参与。

物流平台：海尔的物流平台通过整合全球范围内的优质物流网络资源，搭建起开放、专业、标准、智能的大件物流服务平台。该平台以为用户提供最佳体验为第一要义，依托四网融合构建起平台的核心竞争力（即仓储网、配送网、服务网、信息网），为客户提供供应链一体化服务解决方案，可以为家电、家具、卫浴、健身器材及互补行业客户及用户提供全品类、全渠道、全流程、一体化的物流服务。

COSMO平台的核心是COSMO云，以上五个子平台全部与COSMO云互联。与COSMO云互联，不仅可以为大企业客户的生产线提供以用户为中心的大规模定制服务，还可以为中小企业输出提供全流程的、个性化的转型升级方案，帮助企业实现智能化升级，降低企业成本，提高用户黏性。

基于平台化、生态化的布局，海尔得到了飞速发展，2022年海尔的全球营业收入达3 506亿元，同比增长5.4%，这些卓越的发展成果无不显示着海尔从传统制造家电产品的企业到平台生态型企业转化的成功。

资料来源：温雅婷，靳景，刘佳丽，等.深度数字化如何重塑服务创新[J].清华管理评论，2018(9):50-54.

## 本章小结

1. 数字平台作为一种媒介组织，为供需及相关主体提供连接、交互、匹配与价值创造，是以数字技术为基础从而进行新型资源配置的载体。

2. 根据不同的功能属性，数字平台可划分为交易型平台、创新型平台和混合型平台。

3. 数字平台有五个主要特征：网络效应、高效的供需资源匹配、开放性、用户依赖性及大规模跨界。

4. 数字平台生态系统通常包含平台提供者、平台所有者、需求端用户和供给端用户四类主体。

5. 数字平台生态系统中的多主体互动关系可以分为竞合关系和共生关系两类。

6. 数字平台治理指平台企业通过设置平台规则、提供支持服务以及制定其他治理策略吸引、留住用户，并对用户行为加以规范，从而实现间接网络正面效应的最大化。

7. 数字平台治理的对象主要包括用户网络规模、买方品种偏好、产品范围经济、产品垂直差异化、平台技术、卖方的平台栖息行为、卖方促销、产品供应者的产品创新、平台与用户关系九种。

8. 治理策略大致可以分为两类，即定价策略和非价格策略。其中非价格策略又包括技术投资策略、排他性合同、选择性限制策略、平台接入控制、合作伙伴计划等。

9. 根据潜在的价值来源不同，数字平台商业模式创新包括四种类型，即效率型、互补型、锁定型和新颖型。

## 重要概念

数字平台　平台经济　网络效应
数字平台生态系统　数字平台治理
数字平台生态系统中的多主体
数字平台企业商业模式创新

## 复习思考题

1. 什么是数字平台？

2. 数字平台有哪些类型和特征？

3. 数字平台生态系统中包含哪些主体？这些主体间存在着怎样的互动关系？

4. 数字平台治理是什么？治理的对象包括哪些？针对这些对象应分别采取怎样的治理策略？

5. 结合本章的内容，谈谈你所了解的数字平台商业模式创新的类型。

## 实践练习

### 梳理一家数字平台企业的发展史

选定一家成功的数字平台企业，通过查阅文献、阅读书籍、观看纪录片等方式，梳理数字平台企业的发展历程，总结其平台化发展的关键性事件，并思考其成功的原因。

# 第8章　数字创业的国际化

## ■ 名人名言

跨越山海，智境未来，打开企业出海新格局。

——华为创始人、总裁　任正非

## ■ 核心问题

为什么会出现国际创业？

数字创业的国际化分为哪些类型？

如何有效地避免数字创业的国际化风险？

## ■ 学习目的

了解国际创业的基本概念及发展现状

认识数字创业的国际市场进入模式

掌握管理数字创业的国际化风险的基本方法

## ■ 引例

### 字节跳动的"世界范儿"养成记

"抖音，记录美好生活！"弹指一挥间，一段段崭新的视频跃然眼前。新节奏时代，抖音等短视频平台成为一种流行的休闲娱乐方式，无论上下班的路上还是休息的时间，拿着手机刷短视频的人比比皆是。

中国数字企业选择"走出去"的情况，在全球化时代越来越多，字节跳动也不例外。字节跳动公司于2016年9月推出了一款名为"抖音"的短视频社交平台。运营一年后，TikTok国际版于2017年8月正式在海外上线。面对竞争激烈的海外市场，字节跳动果断利用资本投资多个海外新闻应用与短视频平台，为TikTok进军海外市场布局。字节跳动于 2016 年投资印度最大内容聚合平台 Dailyhunt，2017 年 2 月全资收购美国短视频应用 Flipgram，获得对方音乐版权资源、创作人资源和大量 UGC 短视频内容。接下来，字节跳动于 2017 年 11 月以 10 亿美元收购了北美短视频社交平台 Musical.ly。2018 年 8 月，TikTok 与 Musical.ly 正式合并，并沿用 TikTok 的名称，原有的 Musical.ly 用户更新 App 时将自动升级到 TikTok。

对字节跳动来说，收购至关重要，收购不仅为 TikTok 扫除了进军北美市场的有力竞争者，还带来了超过 1 亿的月度活跃用户，同时也带来了与世界传媒集团合作的机会，比如迪士尼、NBC 环球等。在短短几年的时间里，TikTok 已经覆盖了 150 多个国家和地区，支持 75 种语言，在苹果 App Store 总榜上位居 40 多个国家和地区的前列。2023 年 2 月，在"中国非游戏厂商及应用出海收入 30 强"榜单中，在非游戏应用排名方面，TikTok 稳居榜首。

在海外，字节跳动的产品不仅吸引了众多普通用户，也帮助本土的明星、网红提升了人气。例如，泰国知名钢琴家、歌手 Saksit Vejsupaporn，新生代女星 Pie，女子排球运动员 Pleumjit、Haya 等，都主动注册账号，拍摄了多个热门短视频；由日本综艺红人 Ryuchell 和人气歌手彭薇薇合作拍摄的短视频，点赞破万，帮助两人在 TikTok 国际版粉丝破万。TikTok 根据不同市场的特点，开展多样化标签挑战赛，进行产品推广。其中，TikTok 针对印度市场发起教育话题，鼓励用户创建并分享教育类短视频，观看量累计超过 425 亿。当下的字节跳动，俨然已是一家"世界范儿"的企业。

过去几年中国互联网公司出海的很多，做出成绩的也不少，但主要集中在纯工具产品层面，在内容和社交属性的产品上，突破很少，或者说干脆没有。这是因为内容产品或社交产品的文化地域属性特别强，在 Facebook、X（Twitter）、Instagram 等席卷全球的"通杀级"产品出现之前，全球化时代实际上一直是西方主导的文化输出。尽管 TikTok 目前仍具有很强的工具属性，即短视频拍摄技术，但它可能是中国第一款成功向海外输出的"内容 + 社交"产品。

资料来源：经济网，《"世界范儿"养成记：听听字节跳动"走出去"的经验》。

请思考：除了字节跳动，还有哪些数字创业企业选择"走出去"，这些企业是如何"走出去"的？和字节跳动相比，这些企业在"走出去"的过程中有什么相同点或不同点？

数字技术的广泛应用，颠覆了传统的生态系统，改变了企业在国内外市场创造和交付产品或服务的方式，降低了初创企业的贸易壁垒，扩大了企业的贸易空间，打破了中小型企业的经营空间限制，形成了一种独特的基于数字技术应用的国际新创企业的商业经营现象。由此，数字创业的国际化也成为创业领域不可忽视的一大亮点。

# 8.1 国际创业

## 8.1.1 国际创业的概念

科技的不断进步和经济全球化的日益发展，使企业通过国际化获取和实现竞争优势成为必然趋势。加入 WTO 以来，进入中国市场的跨国公司越来越多；同时，参与国际竞争的中国企业也越来越多。这个现象得到了学术研究领域的高度关注，由此提出"International Entrepreneurship"的概念。但对于这个词汇的中文理解，存在"国际创业"和"企业国际化"两种翻译方式。本章采用"国际创业"译文，对创业国际化进行描述，既有新创企业的国际化，也有成熟企业的国际化。

国际创业是指跨越国界，发现、制定、评估和利用商业机会创造新商品或服务的过程，通常用国际化程度、速度和范围三个维度来衡量。国际创业属于"国际商业"和"创业"两个学科的交叉，其中国际商业学科是国际创业研究的支柱，它在国际动机上解释了新创企业和成熟企业的区别，而研究国际创业学科正好提供了一个重要的机遇。企业国际化不仅需要仔细分析市场、竞争对手和不同类型的风险（如政治、国家和商业风险），还需要有想象力和创造力，如寻找机会和界定它们的规模与范围，避免资源限制，克服进入国外市场的困难，避免陷入外来者的普遍错误。简而言之，国际化需要创业的推动，这是国际创业研究的一个基本观点，同时也为创业提供了大量的机遇。

关于国际创业的概念最早可追溯到 20 世纪 80 年代的新创公司国际化研究，其发展过程如表 8-1 所示。

表 8-1 国际创业概念的发展

| 年份 | 学　者 | 含　义 |
| --- | --- | --- |
| 1989 年 | McDougall | 国际创业是指国际新企业的发展或者其从事国际商务活动的起步阶段，这些新企业从业务的初创阶段开始便将经营看作国际性的 |
| 2000 年 | McDougall 和 Oviatt | 国际创业是指创新性、前瞻性和风险寻求行为的组合，跨越了国界，也被进行跨国比较，其目的是在商务组织中创造价值 |
| 2002 年 | Zahra 和 George | 国际创业是指在寻求竞争优势的同时，创造性地发现并利用企业国内市场以外的机会的过程 |
| 2005 年 | Oviatt 和 McDougall | 国际创业是指为创造新的商品或服务而跨越国界，发现、制定、评估和利用商业机会的过程 |

## 8.1.2 国际创业的类型

国际创业描述创业的个体跨越本国到其他国家进行创业的过程，包括将产品销售到国外，在多个国家开展商业活动，或者在国外的期刊上刊登广告等。此时的创业者不仅需要了解国内市场的需要，国外的市场情况也同样要掌握。目前，国际创业主要分为三种类型，包括依托低成本优势的国际创业、依托差异化优势的国际创业和依托集中化优势的国际创业。

### 1. 依托低成本优势的国际创业

学术界和实践界普遍认为企业进入国际市场存在着很大的资源局限性，如何有效利用现有资源关系到企业的生存和发展，成本控制是有效利用资源的重要措施，因此依托低成本优势进行国际创业成为国际创业最主要的类型。

吉利汽车原董事长李书福的目标就是"造中国最便宜的车"，这样的目标主要是借助国内低成本制造优势。2001 年，为支持和规范汽车产业发展，国家对汽车生产企业发布了多批次产品公告，吉利汽车成为国家定点汽车生产基地。借助国内的低成本优势，从 2003 年起，吉利汽车以出口轿车的方式开拓国际市场。同时，依靠在国内大市场积累的资金优势，吉利汽车开始尝试以对外直接投资的方式进军海外市场。从 2006 年开始，吉利汽车通过先后收购多家世界知名汽车及零配件公司，获得海外技术、品牌，提升了企业核心竞争力。2010 年，吉利汽车通过并购沃尔沃汽车实现国际化发展的重大突破。正是依托低成本优势（如低劳动力成本）才使得吉利汽车具有国际竞争力，并将产品成功打入国际市场。目前，吉利汽车已形成涵盖中低端品牌和豪华品牌完整产品谱系的吉利、领克、沃尔沃、宝腾、路特斯（莲花）六大汽车品牌矩阵。

因此，对于依托低成本优势的国际创业，获得具有成本优势的资源是关键。而能够具备成本优势的资源包括优惠政策、经济规模、低人力成本、低原材料成本、低制造费用成本等，国际创业者可以根据这些资源生产低成本产品，进而提高产品的国际竞争力，最终将产品打入海外市场。

### 2. 依托差异化优势的国际创业

国际创业的过程与瞬息万变的市场环境紧密相连，由于企业希望满足动态变化的市场要求，并在不同的国际市场上增强自身的接受度和灵活性，因此企业可以凭借差异化的优势，进而实现国际创业。差异化就是在行业内的企业提供给客户的、能够为产品带来额外溢价的产品和服务是独一无二的。对此，我们从名创优品的案例能够观察到企业是如何依托差异化优势来发展国际化的。

名创优品成立于 2013 年，具有产品开发能力、追求高端设计感的国际化设计师团队，从创业之初就通过打造自有品牌，获得商品定价权，形成了差异化竞争优势。2018 年，名创优品进一步成立原创设计研究院，集结全球优秀设计师资源，对商品设计能力进行全面升级。同时，名创优品还利用自身从工厂到门店的供应链整合能力，覆盖设计、生产、流通、销售等各个环节，与一系列国外品牌资产及知识产权（Intellectual Property, IP）展开合作，如漫威、迪士尼、芝麻街、

Kaokao Friends、Hello Kitty 等。为灵活应对市场变化，名创优品针对不同的国际市场打造适合的联名产品。截至 2023 年，名创优品已经进驻海外 100 多个国家和地区，尤其在美国开设了 100 家门店，且大部分都是直营。在名创优品的计划中，未来五年要在美国开 1 500 家店，收入达到百亿美元量级。如此看来，依托差异化优势发展的国际创业就是企业不停地提高其自身的灵活性和适应性，并以此来满足不同的国际市场要求，进而实现国际创业。

因此，对于依托差异化优势的国际创业，获得具有差异化优势的资源是关键。而能够具备差异化优势的资源包括产品附加值、品牌、生产技术、市场能力、服务能力等，国际创业者可以根据这些资源灵活应对不同国际市场中的需求，打造适合该市场的专属产品，提高产品的竞争力，最终实现国际创业。

### 3. 依托集中化优势的国际创业

除前两类外，企业还可以依靠集中化优势，针对特定的购买群体或产品细分市场，再通过成本领先或产品差异化的方式进行国际创业。所谓集中化，是指集中主要的精力，针对特定的客户群体。例如，好孩子是目前国内最大的专业从事儿童用品设计、制造和销售的企业集团，始创于 1989 年，是世界儿童用品行业的重要成员之一。好孩子进入美国市场之初，由于缺乏主流渠道的支持，而且竞争者众多，要想建立品牌的知名度，打开销售局面，难度非常大。而此时，由于产品竞争力下降，美国本土的婴儿用品制造公司 COSCO 正在寻求合作夺回市场份额，其渠道资源较为丰富。好孩子抓住了这一契机，在保护品牌资源的思路下，双方在战略上进行了结盟。以联合品牌的方式进行 COSCO 的品牌贴牌生产。于是双品牌 "COSCO-GEOBY" 进军美国主流市场，并在 3 年后跻身美国儿童用品行业销售额前列。好孩子专注于产品创新，借助成熟的渠道将产品铺展出去，为获得广泛"群众基础"的品牌搭建了一个进入市场的平台，同时也在陌生的国际市场树立了市场份额和品牌形象。这就是依托集中成本领先优势成功打入国际市场的典型案例。

因此，寻求一个充满机会的细分市场是国际创业者依赖集中优势的国际创业的关键，比如细分市场的市场容量、增长速度、盈利能力、竞争强度等。

## 8.1.3　国际经营模式选择

在市场经济中，顾客追求价格低于价值，这一客观要求决定了企业获取竞争优势的基本方式是低成本和差异化。国际市场亦不例外，同样遵循竞争战略的基本原则。因此，对于国际经营模式的选择，必然要从成本降低要求和差异化要求出发，将国际经营模式划分为四种基本类型（见图 8-1），即国际战略、多国战略、全球战略和跨国战略。

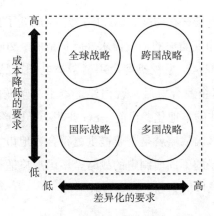

图 8-1　国际经营模式类型

### 1. 国际战略

国际战略是指企业进行国际化经营时，在成本和差异化要求不敏感的情况下所采取的战略，具体是指企业在所在国建立产品开发功能、制造功能和市场营销功能的同时，保留其在本国的产品开发功能。每个子公司都只按照母公司的要求生产销售产品，而不是根据当地客户的要求进行改进，与其他国家的子公司没有联系。

比如，采用国际战略是福特汽车的国际化经营模式。在对产品严格把关的同时，福特汽车总部对市场的决策也是严抓不放。1987 年，在国际战略的指导下，福特汽车联合国内外汽车公司开展了新的国际战略，命名为"优秀中心"。这一计划是为了避免福特汽车在全球工程中心重复建设，以实现其在全球工程中心的利润最大化。在这些中心工作的工程师参与了全球各系列车型的设计工作。通过其建立的全球工程联系——全球工程释放系统（WERS），福特汽车在全球范围内完成了大一统。凭借这个系统，德国的工程师可以让计算机的数据在世界范围内任意传播，他们可以从网上与美国或者英国的工程师取得联系。

简单地说，国际战略是指为实现利润最大化，充分利用母公司在全球范围内的技术创新能力，加强和改进国外子公司的竞争能力。国际战略适用于具有较强的技术创新能力的跨国公司的母公司，如杜邦等。

### 2. 多国战略

多国战略是指企业进行国际化经营时对差异化要求较高，而对成本要求不敏感时采取的战略。多国战略具体是指母公司在各国设立子公司，由其设计、生产、营销适合当地市场的产品或服务，并在母公司的总体战略指导下，将战略决策权分配给子公司并作出相应的战略决策。

实践中，韩国 LG 公司走的是国际化经营模式的多国战略。在美国，LG 通过与大型电子品牌合作，了解美国市场，将家电、微波炉、吐司炉等以 Goldstar

品牌推广到美国市场；在印度，LG于1997年成立了独资公司，通过本土化的研发和生产来满足印度当地的消费需求并降低成本，2006年在印度市场上，LG占据了洗衣机、录像机、电视机等家用消费类电子产品的主导地位；在中国，LG自1993年与中国企业合资后，就构建了本土一条龙的事业架构，实现了生产、营销、研发和人才的本地化，目前，LG在华产品国产率已突破90%。

简单地说，多国战略就是企业提供更符合当地市场需求的产品和服务，这是基于不同国家市场的不同而制定的战略。多国战略适合对各国之间差异，尤其是市场差异保持敏感性的企业，如联合利华等。

### 3. 全球战略

全球战略是指通过集权管理和决策，推广标准化的产品和服务，使有限的生产资源在全球范围内得到合理配置。全球战略是企业在国际化经营过程中，对差异化要求不敏感，而对成本要求相对较高时所采取的战略。该战略能在全球范围内有效地协调和控制生产活动，实现大规模的产品生产和运营，使经营效益得以改善。

采用全球战略进行国际化经营的企业有优衣库等，下面我们就来了解一下优衣库的国际化道路。1984年成立的优衣库，当年是日本卖西服的小服装店，如今已是家喻户晓的品牌。优衣库董事长柳井正认为，全球化就是本土化，本土化就是全球化，全球化的势头越来越强，本土化的特点会越来越鲜明，越本土越好的东西，在世界范围内都会有共性。所以，优衣库在美国开店，既要保持日系风格，又要兼顾美式思维方式。要将当地最优秀的人才集中起来，抓住这一地区的需求。但这并不是说要做有限区域的货，而是要通过捕捉需求，来做能畅销全球的货。日本《东洋经济》周刊曾在2001年对14 324名优衣库的消费者做过一组调查，84%的人认为优衣库的魅力就是"廉价"。那么优衣库是如何在有限的生产资源下，合理分配全球的生产资源的呢？2008年，优衣库90%的商品在中国生产，而随着中国物价和劳动力成本的增长，中国代工厂的生产成本也在逐渐提高，为了进一步降低成本，优衣库逐渐将生产转移到越南、孟加拉和印度尼西亚等亚洲国家，而在中国生产的商品的比例在2010年降至85%。优衣库通过集权管理和决策，以较低的价格成功提供优质商品，从而在全球范围内对生产活动进行协调和控制，实现了低成本运作。

简而言之，全球战略是指企业主要关注全球性效率，认为企业只有在全球范围内获得最佳的成本与质量定位，才能获得全球竞争胜利的战略。全球战略适用于全球范围内能够开发和生产符合市场需求的产品的企业，如李维斯、微软等。

### 4. 跨国战略

跨国战略是企业进行国际化经营时，在成本和差异化要求都非常敏感的情况下采取的战略，具体是指在全球竞争激烈的情况下，为了转移企业的核心竞争力，在关注本土市场需求的同时，以经验为基础，形成成本和区位效益。母公司向子公司提供产品和技术，也有子公司向母公司提供产品和技术，以避免外部市场的竞争压力，波音就是采用跨国战略的典型企业。

在飞机制造商中，波音此前一直是国产化率最高的企业。早在 20 世纪 50 年代，波音 707 的零部件中，国外生产的仅占 2% 左右的份额。然而，这家始于 20 世纪的公司却决定走全球化道路，波音集中力量发挥自身优势——设计、供应链管理、市场营销和品牌。目前，波音生产的 787 大型客机可以说是世界范围内外包生产度最高的机型，而按照其价值计算，波音只负责生产 10% 左右的大型客机，即尾翼生产和最终装配，剩下的制作则由与公司关系密切的 40 余个遍布世界各地的合作伙伴共同完成：日本制造飞机机翼，碳复合物在意大利、美国等地制造，起落飞行器则在法国制造；至于其上万件的零部件，则是由韩国、墨西哥、南非等国联合完成，所以可以说波音 787 不完全是美国制造的。为了与日益强大的对手争夺有限的新订单，以保住世界最大民航飞机制造商的地位，波音多年来在销售上竭尽所能，采取灵活制胜策略。例如，波音签署了允许西班牙 CASA 公司为波音飞机生产零部件的合同，目的是向伊比利亚航空公司推销波音 757S 飞机；波音在伦敦附近设立了一个零部件仓库，作为对英国航空公司订购 21 架波音 747-400S 客机的回报……

简单地说，跨国战略就是企业在多方面拥有竞争优势，同时关注全球的效率、多国的应变能力和全球范围内的学习能力。跨国战略适合于规模大且业务范围涉及全球很多国家和地区的企业，如宝洁、玛氏、苹果等。

| 行动指引 |

请寻找身边的国际创业企业产品，并思考这些国际创业企业属于上述哪种国际创业的类型？采用的是哪种国际化经营模式？

## 8.2　数字创业的国际化模式

### 8.2.1　数字技术对国际创业的影响

随着大数据、云计算、人工智能等技术的爆发，国际初创公司建立竞争优势被重构为以数字技术为运营法则，以技术实力作为企业立身之本。数字技术在国际初创公司中的影响力进一步凸显。一直以来，企业的国际化都是国际创业领域关注的重点，数字技术的飞速发展不仅降低了国际创业的成本，更重要的是实现了与国际创业全过程的深度融合。数字技术能使国际创业突破时空限制，实现与全球任何利益相关者的"面对面"交流。数字技术的可记忆性、可沟通性、可联想性等培育出一系列新的创业场景，如跨国数字平台、信息对称性、数字网络效应等。数字国际创业中，信息不对称性、销售渠道、网络关系等的地位将逐渐弱化，产品所代表的技术实力将成为吸引客户及获取国际竞争优势的基础。

数字化环境是数字经济背景下企业国际化生存的新环境。新技术的蓬勃发展为全球范围内企业资源的使用带来了新的可能，但在数字创新驱动下的国际化也遇到了挑战。数字社会扩大了个体的自我认同，满足了人们对自我展示、获得归属感、减少乏味的需求，但同时也带来了诸多问题，特别是在海外不同市场，呈现出文化的差异和消费行为的差异，这就需要企业对组织利益相关者（如消费者、当地政府、当地社区）的不同类型给予相应的关注。除关注企业创新的经济类指标外，还需要关注其国际社会影响，包括对个人隐私的保护、数据安全的重视、社会压力的缓解以及数字平台的监管等问题，近年来"科技向善"等概念的提出体现了企业国际化创业的发展趋势。

## 8.2.2 数字创业国际化的含义

基于前面章节提到的数字创业概念，我们将其纳入国际情境中，进一步探索数字创业国际化的含义。数字创业是指在数字技术驱动下，创新性地开发机会来创建新企业或者改造现有企业，以此创造价值的过程。数字技术的可编辑性、可扩展性、可追溯性、可供性等特征拓宽了创业活动的范围、形式与边界。那么，数字创业国际化，就是指数字化创业企业的生产经营活动不再局限于一个国家，而是一个面向世界经济舞台的发展过程。

具体而言，在国际市场上，使用数字技术的领域越广，就越有可能为企业带来促进国际市场知识积累的异质性知识，从而改善数字创业的国际化战略决策。例如，企业利用数字技术向国际客户提供信息、促进交易处理，以更好地监控客户行为和消费偏好，提高国际新创企业市场情报的搜集与集成效率。同时，数字技术帮助企业识别新的客户和分销商，并相应地作出更明智的决策，降低其在国际市场上开展业务的风险和成本。因此，当数字技术大大增加了企业与全球供应商、客户和合作者联系成功的可能性时，也改变了企业在国外市场创造和交付产品或服务的方式，降低了初创企业的贸易壁垒，扩大了企业的贸易空间，打破了中小型成长型企业的经营空间限制，最终成功实现了数字创业国际化。

### 8.2.3 数字创业的国际市场进入模式

数字创业国际化是一种企业行为，它借助数字科技手段进行国际化运作。在市场经济条件下，无论哪种技术取得竞争优势赢得顾客都是一条基本的道理准则，因此实施数字创业国际化的企业仍旧追求低成本和差异化，由此形成的数字创业国际市场进入模式大致分为四种，即跨境电商模式、品牌数字化出海模式、全球外包模式和天生国际化模式（见图 8-2）。

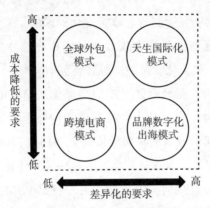

图 8-2 数字创业国际市场进入模式

#### 1. 跨境电商模式

跨境电商模式是当数字企业国际化经营时对成本及差异化的要求均不敏感时所采取的模式，具体是指数字创业企业把自己国家境内的物品直接向海外出售的模式。跨境电商模式比较适合国际创业者的初期，是数字创业企业的主要选择模式。跨境电商模式主要包括四种出口模式，即直发 / 直运平台模式、自营商对客（B2C）模式、导购或返利平台模式、自营与保税区结合模式。

（1）直发 / 直运平台模式又称 dropshipping 模式，是指电商平台向批发商或生产厂家发送收到的消费者订单信息，批发商或生产厂家将商品以零售的形式按照订单信息发送给消费者。其供货商一般为品牌商、批发商或生产厂家，所以对于第三方的 B2C 模式，直发 / 直运平台模式可以看得很清楚。这种模式的利润，有一部分是从商品零售价和批发价的差价中获得的。此外，电商平台还会通过与境外国家第三方国际物流公司合作，独立建立跨境物流体系并运营的方式来保障产品的运输。

以天猫国际为例，天猫国际中的海外品牌是直接入驻，并由商家来经营自己的店铺。从正品的角度来看，天猫国际直接邀约国外的优质商家，寻找国外有名的零售卖场品牌店。除此之外，天猫国际还和许多国家开展了国家馆形式的合作。同时，天猫国际还会设立海外仓，所有的长尾商品会以集货的模式聚集在海外仓，在接单之后再安排运输。天猫国际对商家在物流配送上提出要求，例如，保税区货品 3 ~ 7 天送达，海外直邮 7 ~ 14 天送达，对于超出期限的商家会有一定的惩罚和赔付。在清关上，天猫国际做的是三单合一，和各个海关、保税区均有合作，可以快速通关，使国内用户收到国际包裹的时间大大缩短。

（2）自营商对客（B2C）模式是指大部分商品都需要平台自行备货，所以这一类型对平台的资金和资源要求较高。自营商对客户的模式分为综合型自营和垂直型自营两大类。综合型自营跨境 B2C 平台具有较强的跨境供应链管理能力和完善的跨境物流解决方案，其销售的商品一般会以保税进口或海外直邮方式入境，但业务发展会明显受到行业政策变化的影响，采用该类型平台模式的企业包括亚马逊等。垂直型自营跨境 B2C 平台是指在选择自营类目时会集中在某一特定类目上，如食品类、化妆品类、服装类等。

以亚马逊为例，亚马逊已经成为全球无法忽视的巨无霸电商，但亚马逊也并非产品的制造者，它只是一个将渠道架构介于卖家与消费者之间的媒介。从商业模式上看，亚马逊目前有两种模式，一种是 FBA（Fulfillment by Amazon），即亚马逊仓储式配送，由亚马逊卖家向亚马逊海外仓库提前配送自己的商品，买家在亚马逊下单后直接向买家发货；另一种是 FBM（Fulfillment by Merchant），即亚马逊自发件模式，是指买家在亚马逊下单后，卖家通过国际快件包裹由自己直接发送到买家手中，自发件的流转速度相对较慢，通常需要 10 ~ 20 天。

（3）导购或返利平台模式是借助社交软件，依托平台商家给出的返利和优惠券，进行引流吸粉的推广，这一模式可以分为引流部分和商品交易部分。引流部分指的是吸引用户流量，通过导购信息、商品比价、海淘社区论坛、海淘博客、用户返点等方式进行引流。商品交易部分是指消费者通过站内链接，如 55 海淘等，将订单提交给境外 B2C 电商或境外代购，实现跨境购物。

55 海淘创立于 2011 年，截至 2023 年，已与全球 7 000 多家跨境电商品牌建立了合作关系，拥有自身独特的经营模式。首先，55 海淘提出"带你去官网买正品"，以解决用户的商品选择和价格敏感问题，让他们可以轻松找到心仪的商品；其次，55 海淘通过搭建平台以及专业买手的推荐帮助用户筛选，让用户从海量信息中快速发现自己的需求，帮助用户做出最优决策；最后，55 海淘通过返利模式来迎合用户追求经济效益的心态，即让渡一部分利润，以返利的形式直接回馈用户，增强用户的黏性，这样还能降低营销的成本，一举两得。

（4）自营与保税区结合模式是指跨境电商企业将直接参与海外商品的采购、物流、仓储等环节，对物流进行监控，并拥有自己的一套支付系统。通过建立值得信赖的跨境电商平台，提高供应链管理效率，解决仓储物流难题，如阿里巴巴国际站。

阿里巴巴国际站是阿里巴巴集团旗下的一个跨境电子商务平台，这个平台为境内外商家提供了一站式的跨境电商服务，全面满足他们在跨境贸易中的各种需求。商家可以通过阿里巴巴国际站的在线展示功能，让境内外客户直接看到他们的产品，并完成货物的交易。海外仓则提供贸易服务，为境内外商家提供各种跨境贸易的流程支撑，帮助他们更好地进行跨境贸易。

2020 年 12 月 9 日，阿里巴巴国际站"一站式集采组合购"正式上线，面向全行业，为买家提供极致的从搜索、导购、集采到履约的一站式服务，减少了买家各处寻源、多次沟通的障碍，同时也为有组货能力的商家提供了更多优质商机。

在了解了跨境电商模式的四种出口模式后，要做好跨境电商，具体需要注意些什么呢？

首先，要建立本地化运营物流。跨境电商要围绕外贸订单需求，在发挥和巩固自身优势的基础上，紧紧抓住数字化转型与智能化升级这个最大的确定性，打造跨境电商、海外仓、市场采购、离岸贸易等外贸新业态新模式。例如 eBay 等电商早就已经开始设立当地海外仓物流，目的是降低更多的配送成本。

其次，要建立和推广独立网站。既然要做跨境电商，就避免不了去浏览店铺页面。建立独立网站有助于消费者找到想要的产品类目，有利于增强消费者网购体验。另外，推广独立网站同样重要，因为没有流量，就不会有转化率，可以通过社交网络引荐流量等方式进行推广，提升产品的曝光力度。

再次，要突破语言障碍。很多跨境电商建立的网站都是英文的，但是因为跨境电商有不同国家的访客，所以必须突破语言的障碍，才能促成更多的订单。跨境电商可以基于自己所面向的市场建立多语言服务网站，比如俄罗斯语、西班牙语、阿拉伯语等，这样会节省很多运营成本和推广成本。

最后，要选择好回款相关平台，由于每个国家对金融外汇都有严格的监管，这可能会带来跨境交易收款不畅的问题，甚至可能出现款项好几个月打不过来，导致出现资金周转问题的情况。

### 2. 品牌数字化出海模式

品牌数字化出海模式是数字企业国际化经营时对差异化要求较高、对成本要求不敏感时采用的模式，具体是指通过直接投资海外的方式对数字创业企业进行国际化经营的模式。例如，在海外目标国家市场，利用资本、技术、人力和管理经验等资产的转移，或者与海外企业达成股权合作，建立由其母体控股和管理的分支机构。该模式最明显的特点是股权参与。品牌数字化出海模式可以分为两种方式：一是新建投资，二是并购投资。

（1）新建投资是指数字创业企业作为出资人在所在国设立新的生产单位，如设立新的工作室或新的公司。小米越南工厂 2021 年正式投产，越南制造的小米手机也已经于 2022 年 6 月在越南开卖。另外在海外生产手机的国内厂商不止小米一家，2020 年 12 月，华为也宣布要去法国建厂。2021 年 8 月 9 日，vivo 正式宣布启用巴基斯坦、土耳其两大智能制造中心，此外 vivo 在印度、印度尼西亚等国家也有工厂。

（2）并购投资是指数字创业企业通过收购海外目标公司超过 50% 的股权，从而实际控制目标公司。选择该方式的数字创业企业，可以直接将目标公司作为进入东道国市场的桥头堡，实现快速开拓海外目标市场的效果。但这对数字创业企业的资金规模有较高要求，并且前期对于兼并标的的寻找和考察评估工作极为重要，存在风险挑战。

以腾讯为例，腾讯在全球范围内大量收购游戏公司。游戏是重要的"现金牛"产品，但其生命周期较短，需要不断推陈出新，已经掌握流量的腾讯通过不断地收购，消灭了掌握流量的潜在竞争对手。2011 年，腾讯以 16.79 亿人民币并购了一家美国游戏开发商 Riot Games，其代表作是《英雄联盟》，2015 年又 100% 收购了它；2015 年，腾讯收购了位于欧洲的移动游戏开发和发行公司 Miniclip SA；2016 年，腾讯以 86 亿美元的高价收购了《海岛奇兵》和《部落冲突》的研发公司 Supercell；2018 年 5 月，腾讯收购《流放之路》开发商 Grinding Gear Games；2019 年 5 月，腾讯宣布收购瑞典游戏工作室 Sharkmob。从网游到手游，再到 3A 游戏，腾讯一直在跟随游戏行业的发展趋势"买买买"，在并购标的上，依托自身在国内的分发优势，先合作、投资，最后完成收购，这也是腾讯经常用到的游戏公司收购套路。腾讯收购这些公司后，为保持这些公司的游戏创作能力，大部分都会支持其保持独立运营，不会改变包括高管在内的内部人事架构。

数字创业企业想要通过品牌数字化出海模式进行国际化经营有三个要点。

一要全程履行服务职责。企业要为品牌数字化出海提供一站式解决方案，包括全程各环节履约一条龙服务，以简化品牌数字化出海面临的外贸繁杂流程，以及解决环节繁多的问题。

二要品牌出海联营服务。企业应从市场分析、营销策略、客户管理、渠道分享、风险管控、财务方案、财税方案、物流方案、仓储方案等多方面提供解决方案，助力品牌数字化出海。

三要全球深耕运营服务。组建全球子公司、组建本土团队、对接本地线上线下渠道、承接上游品牌商品在当地市场的深耕，以此打通并提升上下游的连接与效率。通过赋能企业的数字技术实现降本增效，同时，以高效的产业互联网生态优势实现商家共赢的目标。

### 专栏 8-1　华为公司"走出去"的宝贵经验

2022 年，华为全球销售收入约 6 423 亿元，国际市场收入占比超过 75%，可以说是目前中国国际化程度最高的企业之一。事实上，华为很早就意识到，只有在全球市场取得成功，才能为华为未来持续发展奠定基础。通过梳理，华为公司"走出去"的宝贵经验有如下几点：

第一，为规避海外并购风险，在前期要进行长期的合作与磨合。收购英国集成光电的华为，并不是"初见倾心"，在此次收购前，华为通过技术授信、联合研发、培训交流等方式，与英国集成光电在各种光纤网络产品的研发上展开了"蜜月式"的合作。在合作中，华为了解到英国集成光电是华为不可或缺的光纤网络产品。因此，华为在合作期结束后，对其进行收购，可谓是不惜血本。华为之所以在收购前先合作一段时间，主要是为了做好各方面的工作，包括文化的磨合、产品技术的磨合、市场的磨合。欧洲的标准有时并不适用于中国或其他国家，所以在产品研发、本土化改造、创新应用以及文化交流等方面，华为与英国集成光电有着广泛而充分的交流，而这些交流都为此次收购的顺利完成埋下了伏笔。

第二，坚持同业收购，对原有机组继续保持竞争优势并加以强化。一般而言，收购品牌、技术及研发团队的价值较收购固定资产如机器厂房更高，唯有维持原有品牌、技术独立、研发团队独立及在收购案中的运作，才能真正发挥原有单位的竞争优势。此外，在收购时尽可能做相同行业和领域的收购，跨行业收购不要抱侥幸心理。跨行业收购比同业收购失败的风险更大，这已经被无数事实证明。华为主要是看中了英国集成光电在光纤领域的领先技术，以及在收购时英国集成光电拥有的富有创新能力的研发团队。收购完成后，华为也成倍扩充了原有的研发团队，这无疑保持和加强了原有单位的竞争优势。

第三，借收购之势进行新的业务扩张。在华为看来，业务可以多样化，但无法多样化收购。华为在收购英国集成光电之后，并没有把所有的赌注押在英国集成光电身上，而是拓展新的业务空间。华为在获得光纤技术研发中心后，同时设立了与光纤技术研发中心关联不大，但能够形成多元化业务的移动设备设计与运营中心、审计中心等，还将移动设备欧洲设计运营中心设立在英国，由单兵作战向纵深多据点发展。现在，华为已经拥有四大主营业务，包括服务运营商、企业网络业务、终端业务和其他业务等。

### 3. 全球外包模式

全球外包模式是数字企业在进行国际化运营时对差异化要求不敏感，而对成本要求相对较高时采用的一种模式，具体是指数字创业企业通过与海外公司紧密联系的各种资源，例如向发展中国家外包其产业链中附加值较低的生产环节，由此形成全球价值链，进而走向国际市场。

以东软集团为例，东软集团创立初期的业务并非从国内市场做起，而是从国外市场做起，并由此逐步拓展业务领域。东软集团对日软件外包业务从 1989 年起步，2001年在东京设立东软日本公司，2006年在日本大阪和名古屋设立办事处，东软集团的第一桶金来自日本市场。这些努力使东软集团每年都能接到来自日本的大量订单，从而在日本建立了良好的关系网。以2008年为例，东软集团软件外包服务收入总计2.3亿美元，63%的订单来自日本，达到1.45亿美元。在汽车行业，东软集团早在1994年就开始承接与日本阿尔派电子公司合作的汽车辅助软件开发工作，两年后，东软集团开始发力主流方向，参与到车内各大软件的开发中来。中国汽车市场在2003年后进入成长期，东软集团正是因为之前与阿尔派合作，对国外众多品牌的汽车软件相当熟悉，再加上本土的文化优势，才开始从隐形人的身份中突围。

那么，数字创业企业如何进行全球外包，获取外包服务项目？目前主要有三种方式，即商业流程外包（Business Process Outsourcing，BPO）、信息技术外包（Information Technology Outsourcing，ITO）和知识流程外包（Knowledge Process Outsourcing，KPO）。

商业流程外包（BPO）是指数字创业企业将一些非核心业务外包给该领域的专业服务提供商，以期更好地发挥自身优势和核心竞争力，从而提高效率。最初的BPO服务商是一些跨国公司的子公司，它们的成立主要是总公司通过在人力成本较低的地区设立子公司来处理总公司非核心但必要的业务，目的是更好地利用全球资源。随后，市场对BPO服务企业的需求不断增长，伴随着数字技术和经济的高速发展，专业的BPO服务公司应运而生。在为总公司提供服务的同时，这些专业化的BPO服务公司还将服务外包给其他企业。BPO一般分为两类：一类是后台BPO外包，包括财务会计、采购、人力资源等企业职能部门业务；另一类是包括销售或IT技术支持等服务性质的前台BPO外包，例如像炎兴科技软件公司、博通国际公司等就是采用BPO模式进行国际化的。

信息技术外包（ITO）是指数字创业企业将部分或全部的信息功能委托给信息技术服务商。ITO能够帮助企业卸下背上的重压、节约资金、攻克技术短板，对于提升企业的核心竞争力大有裨益。例如，广州箭牌、欧派橱柜等都是采用ITO模式进行国际化的。

知识流程外包（KPO）是指由外部专门的服务提供商负责数字创业企业内部的特定业务。服务提供商提供的报告经即时全面地分析研究后，最终呈现给数字创业企业，作为决策参考。比如，英国阿斯利康公司、日本川崎汽船株式会社等会通过成立药品研发中心来降低成本。

### 4. 天生国际化模式

天生国际化模式是当数字企业国际化经营时对成本及差异化的要求均非常敏感时所采取的模式，具体是指以"全球化"视野为数字创业企业服务。数字创业企业从创立之初就瞄准了全球市场，而不是按照传统的阶段模式去国际化。

## | 重要概念 | 天生国际化企业（Born Global Firm）

1994 年，Oviatt 和 McDougall 第一次在理论界明确定义了"从企业成立之初就积极寻求明显竞争优势，利用多国资源，向多国销售产品"的新型企业，这是一种迅速进行国际化发展的企业组织。Knight 和 Cavusgil 则将其称为"天生的国际化企业"，并指出这类企业是"从创立之初就以技术为先导的、国际化运作的小企业"。

在这里，就不得不提到美国硅谷（Silicon Valley）。美国硅谷从 20 世纪 60 年代中期以来，伴随着微电子技术、通信技术、生物技术的发展，逐步成为美国重要的高新科技研发基地、生产基地。多年来，硅谷经济持续繁荣，高新科技争奇斗艳、日新月异，从硅谷不断涌现出思科、微软、朗讯、雅虎、亚马逊、谷歌、英特尔、苹果、Meta 等一系列天生国际化的数字创业企业。现在，硅谷遍布世界各地，俨然成为高新园区的同义词。

## | 创业聚集 | 美国硅谷的奇迹

看过《社交网络》这部电影的观众都会知道，Facebook 创办者马克·扎克伯格曾就读于哈佛大学，在哈佛时就创立了后来发展成为 Facebook 的社交网站，但为什么扎克伯格之后要来硅谷创业？别忘了，哈佛大学所在的波士顿 128 公路区也曾是与硅谷齐名的美国高科技产业两大发源地之一，还曾在 20 世纪七八十年代创造出"波士顿经济奇迹"，但为什么 20 年后，却是硅谷一枝独秀？

研究指出，这是因为硅谷是一个强健的复杂网络系统。复杂的网络系统由一群异质、多元的节点（可以是个人、团体或组织）相互连接而成，每个节点同时扮演不同的角色（例如个人可以同时是老师、投资人、好朋友、管理者等，组织可以同时是技术合作者、供应商、采购商等），因此每个节点也会通过多元的关系与其他节点连接。

但凡是社会经济或地方产业网络，都是一张复杂的网，但要"做强做大"复杂的网，却是凤毛麟角。强大表现在当外部环境发生变化时，一个系统可以非常灵活地改变结构，从而使这个系统得以生存。硅谷的强健表现在，它不是一个单一产业的网络，而是一个能发展出多个新兴产业的地方。从最早的惠普、IBM 的电子计算机产业，到英特尔的半导体产业，再到雅虎的网络业，在互联网泡沫和金融风暴之后的今天，硅谷诞生了一批又一批伟大的企业，虽然硅谷再次遭遇危机，但随着 Facebook 和谷歌的崛起，再加上苹果的几次沉浮，如今的硅谷虽然依然危机四伏，但却总能创造出新的产业和新的增长点。

资料来源：经济观察网，《Facebook 为何在硅谷创业：强健的复杂网系统》。

**专栏 8-2 电影《社交网络》推荐**

《社交网络》（*The Social Network*）改编自本·麦兹里奇的小说《意外的亿万富翁：Facebook 的创立》（*The Accidental Billionaires: The Founding of Facebook*），由大卫·芬奇（David Fincher）执导。影片的故事原型来源于网站 Facebook 的创始人马克·扎克伯格（Mark Zuckerberg）和爱德华多·萨维林（Eduardo Saverin）。影片主要讲述马克·扎克伯格和爱德华多·萨维林两人如何建立和发展 Facebook 的。影片于 2010 年 10 月 1 日在美国上映。

# 8.3 数字创业的国际化风险与风险管理

## 8.3.1 数字创业的国际化风险分析

当今时代，深刻改变世界的是数字技术。一方面是数字技术的无国界。数字技术消除国界限制，促进数字创业企业的国际合作与国际运作，加速企业国际化进程与全球化趋势。另一方面是数字技术又分出了国界。民族主义情绪高涨，去全球化潮流涌动，使得各国加强了对数字技术的封锁，同时限制了科技流动和企业活动。

数字创业企业"走出去"，或者说海外大收购并不只是初期投资多少亿美元的问题，制度层面的缺失、不同文化之间的对接等，都会让"走出去"这条路变得悬念重重。比如，TCL 集团并购法国汤姆逊时，就遭遇到了所在国法律制度、文化层面的强烈冲突，最终因为人才、制度、文化等方面的整合问题而失败。伴随着数字创业国际化投资金额的增长，创业风险也在与日俱增。如何应对数字时代的机遇与挑战，更好地促进数字创业企业的国际经营活动，提升国家科技和经济竞争能力，是当前亟待研究的课题。下面，让我们一起来试着了解数字创业国际化可能遇到的风险。

### 1. 跨境数据安全性不足

数据的重要性不言而喻，它已经成为数字时代决定企业生死存亡的重要生产要素。与此同时，数字时代也对安全管理工作提出了新的挑战，例如数据的电子化、追求高效率等。这就好比平日里安全意识不够强的众多企业的一场赌博，核心数据一旦泄露，就会造成非常严重的后果。正因为网络安全行业存在着这种博弈的状态，以至于行业整体的发展，常常会因安全事件而被带动起来。

在电子商务交易过程中，无论个人资料、企业资料，还是产业资料，都可能产生大量资料外泄、资料滥用、资料造假、资料标准不一致等风险。因此，如何将信息数据从法规制度、责任制度、安全保障、国家安全、个人隐私、商业秘密等一般性质的数据中剥离出来，科学地对敏感数据进行跨境转移的专项规制和管理，对监管部门提出了很大的挑战，这关系到国家安全、企业安全和个人安全。从企业层面来看，很多企业在从事国际贸易过程中会受到贸易国和本国的双重规则限制，数据跨境流动风险加剧、数据跨境流动规则认知不足、数据脱敏技术水平不够等问题层出不穷。

其实，对于分级保护数据，国家早有明文规定。如涉及国家机密，国家保密局将严格按照机要等级或绝密等级划分资料，并采取相应的保护措施。但在现实中，这些数据绝大多数属于企业的商业秘密，并不能上升到国家秘密这个层面。对于这类信息，公安部、国家保密局等四部委曾在 2007 年出台过《信息安全等级保护管理办法》，根据信息系统的重要程度、信息被破坏后的危害程度等，将信息划分为 5 个安全等级，并对信息实行等级保护。

此外，在美国上市的中概股，也面临着美国不断强化的数据审查权，一项强制要求中概股企业和会计师事务所提交相关数据的《外国公司问责法案》于 2020 年 12 月在美国问世。这就不可避免地涉及中概股的数据转移问题。《中华人民共和国数据安全法》于 2021 年 6 月 10 日经十三届全国人民代表大会常务委员会第二十九次会议表决通过，自 2021 年 9 月 1 日起施行。这一法案的出台，是为了更好地保障各种数据安全，以应对当前用户数据和其他数据使用程度日益提高的发展趋势。

## | 行动指引 |

打车软件优步（Uber）从 2013 年下半年正式进入中国，到 Uber App 在中国全面停止服务，Uber 进入中国市场还不到 3 年。

Uber 自上线以来一直采取烧钱策略，通过向用户和司机提供高额补贴的方式抢占市场。然而在大手笔投入之后，Uber 却暴露出巨大的安全漏洞，虚假订单、信用卡盗刷造成了巨大的资金浪费。对造假行为的漠视容忍，直接危害到企业赖以生存的现金流。

请思考：Uber 为什么退出中国？信息数据安全问题在 Uber 退出中国市场中产生了怎样的影响？

### 2. 全产业链数字化程度较低

三四十年前，70% 的国际贸易都是贸易成品，到 2010 年，成品贸易占 40%，各种零部件和原材料的中间贸易占 60%；到 2018 年，超过 70% 的产品是零部件和原材料的中间体，即世界主要贸易品不再由一国一地区的企业向另一国销售，而是动辄数十国、数百家企业生产的数千种零部件相互组合，形成跨国分布的产品、产业链。一个产品可能在几十个国家生产，涉及数千个零部件。所以，头部企业不能光看企业规模，还要看一个企业能不能把产业链上数以千计的中小企业组织在一起，成为一个产业链的集群。例如苹果手机涉及的大大小小的零件超过500个，而为苹果加工零件的数百家企业分布在数十个国家。

数字经济的蓬勃发展加剧了世界主要大国对产业链的争夺。作为一种新型的经济形态，数字经济重构了产业链的组织形态，并深刻地影响着产业链的运行强度。产业链数字化的兴起，其实质是建立企业内部和产业链之间广泛的互联互通，从而将数字技术应用于传统行业。未来，决定这家企业在数字世界中地位的，将是产业互联网、主动织网或被动触网上的节点。拥有一条"企业数据链"或"产业数据链"，就决定了这个企业的潜在价值。

产业链是指由内含链条组合而成的有机集合体，包括供需链、企业链、空间链、价值链等各个环节。四个内含链分别反映了一个完整的产业链，这实际上是产业价值实现和增值过程的正向供给传递关系和反向需求拉动关系。当面临不确定性因素的冲击时，产业链能够保持正常运转并持续创造价值的能力被视为产业链强度的突出表现。作为数字化创业企业，数字化管理不仅要解决企业内部的问题，更重要的是要打通外部业务的上下游链条，使业务开展的各个环节快速透明，从而提升企业的管理运营水平，增强企业的生产能力。通过数字技术实现产业链上下游的互联互通，连接"数据孤岛"，保持产业链的稳定性，既要重视"资源"，也要重视"协同"，即既要解决产品有没有、技术有没有的问题，又要让这些资源得到有效配置。中国一批优秀的企业，如阿里巴巴、京东、华为、美的、海尔、富士康等，其产业链的数字化让这些企业在经营中获益良多。

## | 创业聚焦 |　阿里巴巴从"全球卖"切换为"全球买"

"把全球品牌卖给中国消费者，把中国制造卖给亚洲用户。"这是阿里巴巴在世界范围内力推的策略。低成本的中国制造依然是阿里巴巴走出去的优势。阿里巴巴速卖通（AliExpress）将支付和物流配送系统提供给中小企业，使其在全球范围内的业务更加便捷。但是，美欧用户对阿里巴巴则相对冷淡。究其原因，主要在于两点：一是欧美本身拥有成熟的零售体系，像亚马逊、eBay这样的电商基本可以满足消费者；二是假货问题，阿里巴巴因售假被多家奢侈品厂商告上过法庭，这也间接影响了欧美地区阿里速卖通品牌用户对阿里巴巴速卖通的信任。

在现阶段的美国市场上，阿里电商很难获得充分的施展空间。因为这里既有难以撼动的宿敌亚马逊和eBay，也有沃尔玛、百思买这样的自营线上业务，还有美国本土高度成熟的线下零售体系。欧洲也有成熟的零售渠道，这一点和美国的情况差不多。同时，英国网站流量监测平台Twenga Solutions的数据显示，在英法德电商中，亚马逊和eBay最受青睐。再加上其他本土电商以及日本乐天这样专注法国和德国的公司，阿里速卖通在欧洲没有太大的发展空间。

但是从"全球卖"切换到"全球买"的维度，我们看到欧美的品牌商拓展海外市场的意愿非常强烈，天猫国际如果能够更好地接入这批商家，抓住中国中产阶级的崛起，抓住消费升级的浪潮，就能为中国消费者服务，甚至为整个亚洲未来的用户服务，这是一个非常大的空间。

比如，对于中国消费者，很多欧洲的品牌商并不了解，阿里巴巴欧洲运营团队在帮助他们判断哪些是潜在投资机会的同时，也会和他们进行沟通，增进他们对中国市场和消费者的了解。同时，对于中国消费者看好的商品，品牌商也可以借助阿里大数据的积累形成一定的预判。2015 年 8 月，阿里巴巴首次与美国百货业零售巨头梅西百货（Macys）达成战略合作；一个月后，阿里巴巴又在商品供应链、跨境电商、大数据等方面与德国零售贸易集团麦德龙携手合作，以满足中国消费者对优质品牌的需求。

目前，天猫国际已与法国、德国、意大利、西班牙等政府展开合作，借助阿里大数据的积累，优先推出中国消费者最热衷购买的产品，为欧洲众多品牌商提供快速的入口支持和线上推广支持。

资料来源：全球创投研究院（IGV）。

### 3. 东道国政策风险

东道国政策风险主要是指国家或地区的政治稳定，对外资进入的友好程度以及相应的战争、征收等政治风险，是国际企业选择数字创业海外市场进入模式的关键因素。简单来说，东道国的外部不确定性会对数字创业的国际企业进入模式的选择产生影响，外部不确定性越高的企业越会选择把控度高的进入模式，比如法国政府在 2019 年 3 月公布法案，对谷歌、亚马逊、Facebook 等互联网公司在法国本土的盈利收入征收 3% 的数字税，从而避免避税行为的发生。因为这些互联网公司利用用户的个人数据获得高额利润，但这些利润的转移并不是通过实体交易的方式，从而没有缴纳相应的税收。对数字创业的国际企业来说，在征收数字税的国家可能会遇到同样的问题。

### | 重要概念 | 　数字税

"数字税"是专门针对网络公司的欧盟税收规则。欧盟委员会于 2018 年 3 月针对大型互联网企业发布了调整课税规则的立法建议。根据这一建议，凡是在本国发生的互联网业务所得，欧盟成员国都可以征税，并且按照目前的规则，网络公司只需要一次性在总部所在地缴税就可以了。法国财政部部长布鲁诺·勒梅尔于 2019 年 3 月向政府提交了对约 30 家网络巨头征收 3% 数字税的法律草案，同年 7 月 11 日法国参议院通过数字税法案。

## 8.3.2　数字创业国际化风险管理

数字创业国际化的风险形式多样且无处不在，数字创业企业要有风险意识，在"走出去"的同时，要保持清醒的头脑，识别和评估风险，做到有的放矢、有前瞻性，将风险控制在最小的范围内。整体而言，可以从以下几个方面着手，提升国际数字创业企业自身的风险应对能力。

### 1. 完善数据制度体系建设

互联网的创新应用和深度普及促进了海量数据的产生、存储和流动。人们享受广泛丰富的信息服务的同时，也面临着数据安全的风险。出于对个人资料的保护和维护国家安全的需要，世界主要国家和地区日益重视对资料的保护和利用，对资料的保存、流动和利用等方面的法律规范也开始被采纳。数据保护法规于2011年在76个国家建立，到2013年9月又增加到101个。地方留存与跨境流动立法围绕大数据推进的进程不断加快。2017年，我国《网络安全法》正式实施，其中第37条规定："关键信息基础设施的运营者在中华人民共和国境内运营中收集和产生的个人信息和重要数据应当在境内存储。因业务需要，确需向境外提供的，应当按照国家网信部门会同国务院有关部门制定的办法进行安全评估；法律、行政法规另有规定的，依照其规定。"在国内开展业务的数字公司，根据《网络安全法》对数据跨境传输的要求，面临着"数据合规"的挑战。

下面，我们通过苹果的案例来进一步解读。

2018年1月9日，苹果官方宣布由云上贵州大数据产业发展有限公司（以下简称"云上贵州"）负责营运 iCloud 在中国大陆地区的服务，并于2018年2月28日起正式营运。事实上，苹果早在2017年7月就公开宣布将在贵州贵安新区投资10亿美元建立 iCloud 数据中心，并与云上贵州展开合作。一直以来，苹果中国大陆的iCloud 数据中心都建立在海外，由爱尔兰

公司 Apple Distribution International 实际运营，即"海外数据中心＋海外运营"模式。由于数据中心和运营主体均不在国内，也不需要获得相应的电信业务运营牌照。然而，2017年正式实施的《网络安全法》提出的国内存储要求迫使苹果在中国设立数据中心。

苹果在中国境内通过 iCloud 服务收集的个人信息和重要数据，按照《网络安全法》第37条的规定，应当依法在中国境内存储，其被纳入"关键信息基础设施"的 iCloud 数据中心基本得到确认。因此，此次苹果在华设立 iCloud 数据中心，除符合上述国内存储的合规要求外，还能改善海外数据中心带来的网络服务不稳定问题，从技术角度提升用户体验感，可谓一举多得。

### 2. 打通全链条"数据孤岛"

随着全球化和国际化分工合作的深入，节点企业之间相互交织，形成一个非

线性、多层次的庞大复杂体系，中国拥有全球最大的工业体系，产业链网络中节点数量呈爆炸式增长。由于系统复杂、信息不透明等原因，难以掌握产业链深层次的节点关系，且无法从宏观上对全链条安全进行更好地分析，导致链条关系跨区域、跨行业难以得到更好掌控。因此，要打通"数据孤岛"，实现"全链条"知识关联，培优塑强"链主"。依托全链条知识图谱，提取产业领域数据库、行业知识库等海量数据源中的有效信息，对产业链画像进行智能化、精准化绘制。对重点产业链条进行梳理，加快培育工业生态龙头企业和专业化新型企业。

## |重要概念| 数据孤岛

数据孤岛（Isolated Data Island）是指数据之间缺乏足够的关联性，不能兼容数据库。在企业信息化中可将数据孤岛分为两类：一类是物理性的数据孤岛，另一类是逻辑性的数据孤岛。物理性的数据孤岛是指不同部门之间的数据相互独立存储，各自维护，彼此隔离，在物理上形成一个孤岛，这就是物理性的数据孤岛。逻辑性的数据孤岛是指不同的部门从各自的角度来理解和定义数据，从而赋予某些相同的数据以不同的意义，这无形中增加了跨部门之间的数据协作沟通成本。

以汽车产业为例，下面让我们来具体了解一下。

车联网是现在的热门话题，很多汽车厂商在做车联网时，会认为车联网技术就是在汽车上加个大屏幕，这是一个非常大的误区。特斯拉在设计 Model S 的时候就以打造真正的互联网汽车为目标，从一开始就让机械系统和电控系统相互融合，让机械语言和 IT 语言成为一套统一的语言，所有的信息都可以在里面互相连接。Model S 也由此成为全球首款真正实现车联网技术的汽车。汽车的智能化将使每一辆汽车不再是彼此独立的孤岛，而是移动设备，它们可以连接到其他车辆，也可以连接到后台服务中心，还可以连接到交通监管机构。

### 3. 借力数字外交战略

数字外交是信息社会发展过程中外交领域出现的新现象和新趋势，被认为是服务于一国外交的新兴手段和工具，包括但不限于国家外交机构、驻外使领馆利用其开设的网站、社交媒体账号等开展外交工作。数字时代，数字技术不仅成为外交工作的组成部分，而且也在逐渐影响和改变外交本身，数字外交已经有了新的内涵。数字外交的发展是对信息技术、信息社会、数字时代和数字治理的共同促进，已成为各国政府高度重视的领域。但是，数字外交既有发展的机遇，也有面临的挑战。数字技术一方面具有普惠和赋能特性，有利于推动外交平等化，增强科学决策，更好地为国际社会和国家需求服务；另一方面，规范缺失、网络安全隐患等问题也使得数字外交发展受限。

下面，我们来看一看数字企业华为是如何借力国家外交政策的。

作为全球领先的 ICT 基础设施和智能终端提供商，华为致力于将数字世界带给每个人、每个家庭、每个组织，构建万物互联互通的智能世界。清晰规划海外战略的华为，在 1996 年就开始筹划进军俄罗斯。华为海外首单合约始于当年受经济发展迟滞影响，市场需求较大的俄罗斯电信行业。选购通信器材更看重的是产品的性价比以及增值服务，这一点在行业市场上还没有一个统一的技术规范，而保持良好外交关系的中俄两国有着相似的政治和文化背景，这些都为中国企业提供了进入俄罗斯市场的有利条件。华为领导层决定采用"集中优势兵力，打赢薄弱环节"的策略，先从电信发展较弱的国家"下手"，步步紧逼，层层围追堵截，最终在发达国家杀出重围。

## | 延伸阅读 |　未来只有一种企业，那就是数字国际企业

近年来，中国数字经济的发展为数字国际企业提供了新的机遇：数字经济的兴起，为数字国际企业创造了大量新的业态和新的经营模式，给传统产业带来了深刻的影响，也给数字国际企业带来了新的发展机遇，在这场变革中，"数字化、服务化、去中介化、定制化"（四化）的新趋势也正在跨国企业的全球价值链中显现。数字化更有利于企业从三个方面发展：一是赋能，即降低运营成本，提高工作效率，加速响应客户需求；二是差异化优势，包括加快产品、服务和业务流程创新，提供全新的用户体验、产品和服务；三是明确战略，促进业务模式的创新和不断壮大。

迅速崛起的数字化平台不仅使国际上重要的全球性企业结构发生了变化，同时也使全球投资政策的既有模式面临挑战。一方面，数字化使国际企业通过数字化工具实现对市场的服务，不需要在各国直接建立企业和分支机构，就可以进一步深化和强化全球产业链；另一方面，数字经济的发展能够不断地通过基础设施连接到全球各个国家，使海外的业务不断扩大，区域的业务不断分化，特别是在偏远的发展中国家。

根据联合国贸易和发展会议发布的《2017年世界投资报告：投资和数字经济》，数字国际企业在海外的资产占比仅为 40%，但销售额的 70% 来自海外。这说明，在有形投资和创造就业方面，数字国际企业多属于对东道国影响较低的"轻资产"类型。但是，它们的投入对促进生产力和帮助带动当地数字经济发展产生了重要影响。

此外，数字技术不仅可以带来基于大数据的集中生产，还可以带来灵活分散的生产活动，例如 3D 打印技术等。数字技术既可以帮助海外生产回流，也可以推动更多的产业外包服务。简单地说，数字化是增长的，而且增长的速度是很快的。数字国际企业的扩张速度远远超过互联网平台、电子商务公司和数字内容公司等其他跨国公司。

数字时代，数字国际企业的全球化运营体现了四个发展趋势。第一，一对一接触点体验优化，始终以客户为中心，驱动客户整个生命周期。第二，利用新技术、新平台获得竞争优势，以平台和数字技术为支撑，以数据分析为基础，提升决策制定，推动经营创新。第三，得益于数字化，创业者可以灵活地调整管理方式。第四，数字化可以吸引年轻员工，比如针对 00 后员工，有的企业通过数字化让管理更轻松。

快速发展的数字经济确实能够为进入海外市场的商业和创业活动提供新的渠道，同时也为参与全球价值链提供了新的机遇。数字经济

也可以提供新的工具来应对各种艰难的发展问题。不过，关于如何消除数字鸿沟、如何将潜在的社会发展负面影响降到最低，以及如何应对复杂的互联网监管难题等，也是数字国际企业要面对的一系列挑战。但无论如何，未来只有一种企业，那就是数字国际企业！

资料来源：《第一财经日报》，《联合国贸发会议：数字化改变全球投资模式》。

## 本章小结

1. 数字技术的进步被认为是推动企业走向国际市场的主要动力之一。
2. 数字技术的各种应用，极大增强了企业灵活应对海外市场机会的能力，使企业有效地控制了海外业务的运营成本，从而与其他企业在海外市场展开竞争。
3. 数字创业企业"走出去"，或者海外大收购不只是初始投资的问题，制度层面的欠缺、不同文化的对接等，都会使走出去的道路布满悬疑。
4. 数字创业的国际企业就是在数字化管理下，让业务开展的各个环节快速透明，这不仅要解决企业内部的问题，还要打通外部业务上的下游链条。
5. 影响数字创业的国际企业海外市场进入模式选择的关键因素是东道国政策风险。

## 重要概念

国际创业　数字创业的国际化　信息数据安全　数字化产业链　数字税　数据孤岛　数字外交

## 复习思考题

1. 为什么要研究和学习数字创业的国际化？
2. 数字创业、国际创业与数字创业的国际化之间的关系是什么？
3. 试述数字创业企业进军国际市场的历程。
4. 我们从数字创业研究拓展至数字创业的国际化研究，这种拓展有什么意义？
5. 举出一个数字创业的国际化企业案例，并简单谈一谈该企业数字创业的国际化过程、选择的国际市场进入模式、面对的数字创业的国际化风险和风险管理办法这四个方面。

## 实践练习

### 设计一份调查问卷

结合本章的内容，设计一份调查问卷，并进行问卷发放和数据收集。要求如下：

（1）将问题控制在 20 个左右，最好不超过 30 个。在设计问题时，要保证问题不具重复性。也要将全面的调查信息内容包含在问卷问题的设计中，一份好的问卷既要简明扼要，又要内容概括性强。

（2）认真准备和设计调查问卷，问题可以来自本章的主要知识点，也可以是你平时对数字创业的国际化的理解，还可以是你不清楚的问题或疑问。

（3）自己在数字创业的国际化企业中寻找合适的受访者，企业类型不限。

（4）注意保护受访者的基本信息。

（5）问卷数据收集回来之后，可以通过答题时间过短、IP 地址大量相同、填空题内容不合理、陷阱题等方式筛选并剔除掉无效问卷，以保证问卷数据的有效性。

（6）仔细分析问卷数据，你发现了什么？

（7）你觉得在问卷数据结果中，哪些在你的预料之中？哪些在你的意料之外？

（8）回过头来看一看你设计的调查问卷，你认为有哪些地方值得修改，重新修改并完善你的调查问卷。